49. DEUTSCHER GEOGRAPHENTAG BOCHUM

BAND 1
UMBAU ALTER INDUSTRIEREGIONEN

49. DEUTSCHER GEOGRAPHENTAG BOCHUM

4. bis 9. Oktober 1993

Tagungsbericht und wissenschaftliche Abhandlungen

im Auftrag
des Zentralverbandes der Deutschen Geographen
herausgegeben von
DIETRICH BARSCH und HEINZ KARRASCH

Band 1: Umbau alter Industrieregionen

Franz Steiner Verlag Stuttgart
1995

Umbau alter Industrieregionen

koordiniert von

MANFRED HOMMEL

Franz Steiner Verlag Stuttgart
1995

Die Vorträge des 49. Deutschen Geographentages Bochum 1993 werden von Dietrich Barsch und Heinz Karrasch herausgegeben und erscheinen in vier Bänden:

1: Umbau alter Industrieregionen
   (Koordinator: Manfred Hommel)
2: Ökologie und Umwelt – Analyse, Vorsorge, Erziehung
   (Koordinator: Hans-Jürgen Klink)
3: Die Dritte Welt im Rahmen weltpolitischer und weltwirtschaftlicher Neuordnung
   (Koordinatoren: Christoph Beier und Jürgen Blenck)
4: Europa im Umbruch
   (Koordinator: Heiner Dürr)

Die Deutsche Bibliothek - CIP-Einheitsaufnahme
Deutscher Geographentag <49, 1993, Bochum>:
Tagungsbericht und wissenschaftliche Abhandlungen / 49. Deutscher Geographentag Bochum, 4. bis 9. Oktober 1993 / im Auftr. des Zentralverbandes der Deutschen Geographen hrsg. von Dietrich Barsch und Heinz Karrasch. - Stuttgart : Steiner.
   ISBN 3-515-06412-5
NE: Barsch, Dietrich [Hrsg.]; Tagungsbericht und wissenschaftliche
   Abhandlungen
Bd. 1. Umbau alter Industrieregionen. - 1995
Umbau alter Industrieregionen / koordiniert von Manfred Hommel. [Im Auftr. des Zentralverbandes der Deutschen Geographen hrsg. von Dietrich Barsch und Heinz Karrasch]. - Stuttgart : Steiner, 1995
   (Tagungsbericht und wissenschaftliche Abhandlungen / 49. Deutscher Geographentag Bochum, 4. bis 9. Oktober 1993 ; Bd. 1)
   ISBN 3-515-06709-4
NE: Hommel, Manfred [Hrsg.]

ISO 9706

Jede Verwertung des Werkes außerhalb der Grenzen des Urheberrechtsgesetzes ist unzulässig und strafbar. Dies gilt insbesondere für Übersetzung, Nachdruck, Mikroverfilmung oder vergleichbare Verfahren sowie für die Speicherung in Datenverarbeitungsanlagen. Gedruckt auf säurefreiem, alterungsbeständigem Papier. © 1995 by Franz Steiner Verlag Wiesbaden GmbH, Sitz Stuttgart. Druck: Druckerei Peter Proff, Eurasburg.
Printed in Germany

INHALT

Vorwort (D. Barsch, H. Karrasch) 7
Schlußwort des neuen Vorsitzenden des Zentralverbandes (G. Heinritz) 11
Einführung (M. Hommel) 15

Fachsitzung 1: Das neue Ruhrgebiet

Einleitung (B. Butzin) 17
Strukturwandel im Ruhrgebiet (J. Gramke) 19
Gefährdungs- und Entwicklungspotentiale des Ruhrgebietes (B. Butzin) 25
Auf der Suche nach regionalen Leitbildern? Regionale Entwicklungs-
    konzepte für das Ruhrgebiet (H. H. Blotevogel) 34
Ein Leitbild für die Stadtregion Rhein-Ruhr? (K. R. Kunzmann) 52

Fachsitzung 2: Neue Technologien

Einleitung (H.-D. Haas) 67
Arbeitsteilung, neue Technologien und Regionalentwicklung
    (E. W. Schamp) 71
Altindustrieregionen und Technologiepolitik auf nationaler und regionaler
    Maßstabsebene: die Beispiele Greater Boston/USA und Kyushu/Japan
    (R. Sternberg) 85
Die Wissenschaftsstadt Ulm: Auswirkungen auf den Strukturwandel in der
    Region Donau-Iller (F. Schaffer) 94
Kooperativer Strukturwandel im Ruhrgebiet: der Beitrag des Instituts
    Arbeit und Technik (IAT) (J. Hilbert und G. Simonis) 105

Fachsitzung 3: Ökologie und Raumplanung

Einleitung (O. Sporbeck) 114
Planungsstrategien für eine ökologische Stadtentwicklung im Ballungsraum:
    das Beispiel Dortmund (R. Marks) 115
Planerischer Umgang mit Altlasten auf ehemaligen Bergbauflächen:
    das Beispiel Prosper III in Bottrop (H. P. Noll) 123
Der Braunkohlenbergbau in Westsachsen im Spannungsfeld zwischen
    wirtschaftlicher Erneuerung, ökologischer Sanierung und Sozial-
    verträglichkeit (A. Berkner) 133

Fachsitzung 4: Erneuerung städtischer Lebensräume
in den neuen Bundesländern

Einleitung (H. Schmidt) 144
Marktwirtschaftliche Entwicklungsprozesse im Stadtzentrum: das Beispiel
    Jena (G. Meyer) 146

Quartärer Sektor und wirtschaftlicher Umbau in Ostdeutschland:
  das Beispiel Cottbus (C. Ellger) 154
Defizite und neue Konzepte der technischen Infrastruktur am Beispiel
  des Raumes Halle/Saale (W. Walossek) 171
Konfrontation der Stadtplanung und Stadtentwicklung mit dem Immobilien-
  markt: das Beispiel Leipzig (H. Schmidt) 180

Verzeichnis der Autoren 190

VORWORT

Die zunehmende Differenzierung in allen Wissenschaften hat auch vor der Geographie nicht haltgemacht. Spiegelbild dieser Entwicklung ist auch der Deutsche Geographentag, der seit mehr als 100 Jahren – von kriegsbedingten Unterbrechungen abgesehen – die deutschen Geographen alle zwei Jahre zusammenführt. Die Fülle der Themen, die der zunehmenden Spezialisierung entspricht, hat dazu geführt, daß derjenige der sich einen Überblick über den Stand der mitteleuropäischen Geographie verschaffen möchte, in der Fülle der Details versinkt. Auf der anderen Seite haben sich die Spezialisten in vielen Fällen auf dem Geographentag auch nicht mehr wiedergefunden, da ihnen in der Regel die Differenzierung noch nicht weit genug gegangen ist. Der Zentralverband der Deutschen Geographen als Organisator des Deutschen Geographentages hat dieses Dilemma seit langem verfolgt und versucht, Abhilfe zu schaffen. Ausdruck des empfundenen Unbehagens ist u.a. die Einsetzung einer Kommission gewesen, die sich unter Führung von Günter Heinritz mit einer Erneuerung, einer Reorganisation des Deutschen Geographentages beschäftigt hat. Diese Kommission hat eine Reihe von Vorschlägen erarbeitet; und auf dem Geographentag in Bochum ist zum ersten Mal versucht worden, dieses Konzept umzusetzen. Es sieht u.a. vor, daß der Geographentag in Leitthemen und streng mottogebundene Fachsitzungen strukturiert wird. Entsprechend der vier Leitthemen des 49. Geographentages werden nun auch 4 Teilbände vorgelegt. Die damit verbundene Volumenzunahme ermöglicht eine umfassende Dokumentation der Referate, zwar nicht in einer Langfassung, jedoch in einem Umfang, der i.a. über das in der Sitzung Dargebotene hinausgeht. Dazu kommen die Einführungen der Sitzungsleiter, die die Einzelthemen in den größeren Zusammenhang einordnen. Insgesamt hat es in Bochum die folgenden vier Leitthemen gegeben:

I   Umbau alter Industrieregionen
II Ökologie und Umwelt-Analyse, Vorsorge, Erziehung
III Die Dritte Welt im Rahmen weltpolitischer und weltwirtschaftlicher Neuordnung
IV Europa im Umbruch

Bei der Programmplanung des Bochumer Geographentages gab es ausgiebige Diskussionen darüber, inwieweit auch Fachsitzungen zugelassen werden können, die nicht durch die ausgewählten Leitthemen und die Arbeitskreissitzungen abgedeckt werden, die aber wichtige Forschungsfronten anzeigen und „auf den Markt drängen". Um niemanden auszugrenzen, einigte man sich auf zusätzliche Variasitzungen. Auf ihre Aufnahme in die wissenschaftlichen Abhandlungen des Geographentages sollte jedoch verzichtet werden, um nicht die angestrebte Transparenz zu verwischen. Damit ist freilich eine eigenständige Publikation solcher Sitzungen nicht ausgeschlossen, sondern grundsätzlich sogar zu begrüßen. Daß tatsächlich ein Bedarf für diese zusätzlichen Sitzungen bestand, wird

durch die 6 Variasitzungen belegt, die auf dem Geographentag stattfanden. Sie waren den folgenden Rahmenthemen gewidmet:
1. Ausbildung von Geographen /Arbeitsmarkt für Geographen
2. Geomorphologische Prozesse und Bilanzierungen
3. Karakorum und Himalaya – Berichte aus laufenden Forschungsprogrammen
4. Neue Raumstrukturen globaler Politik. Herausforderungen für die Politische Geographie
5. Raumbewertung mit Geographischen Informationssystemen - Anwendungen in der Umweltplanung
6. Fernerkundung und Geographische Informationssysteme im Umweltmonitoring

Eine weitere Neuerung des 49. Geographentages war es, daß auf eine langatmige Begrüßungszeremonie verzichtet werden sollte. Konsequenterweise ist daher in die Verhandlungsbände nur die Schlußansprache des neuen Zentralverbandsvorsitzenden aufgenommen worden, die eine Schlußbilanz beinhaltet. Es wurde also auch in der Publikation bei den offiziellen Reden kräftig „abgespeckt", was letztlich der ausführlicheren Dokumentation der mottogebundenen Fachsitzungen zugute kommt. Man mag bedauern, daß dadurch auch einige Vorträge von eingeladenen prominenten Rednern fehlen, so etwa der Eröffnungsvortrag des Bundesumweltministers Prof. Dr. Klaus Töpfer, der allerdings im „Rundbrief Geographie" veröffentlich worden ist.

Das neue Konzept macht – wie bereits angedeutet – auch eine Änderung der Form des Verhandlungsbandes des Deutschen Geographentages notwendig. Traditionsgemäß sind bisher die Einzelreferate in gekürzter Form (auch Zusammenfassung) unter den Themen der Fachsitzung, in der sie gehalten worden sind, publiziert worden. Dafür geben die bisherigen Bände den Beleg. Damit ist eine beachtliche Dokumentation der deutschen Geographie, wie sie auf den Geographentagen dargeboten worden ist, geschaffen worden. Möchte man jedoch, daß diese Bände nicht nur als Archiv, etwa zum Studium der Entwicklung von Fragestellungen, benutzt werden, sondern als Nachschlagewerk, dann ist es notwendig, daß hier andere Formen der Publikation gefunden werden. Für den letzten Verhandlungsband, der den Geographentag in Basel wiedergibt, ist deshalb an die einzelnen Fachsitzungsleiter der Wunsch herangetragen worden, zusammen mit dem Referenten einen gemeinsamen Aufsatz zum Thema der Fachgruppensitzung zu erstellen. In den meisten Fällen ist das auch hervorragend gelungen, so daß der Verhandlungsband zum 48. Geographentag Basel neben dem dokumentarischen Charakter vor allen Dingen aber einen echten Nachschlagcharakter und einen hohen Informationswert besitzt, der über die Darstellung der bisherigen Zusammenfassung weit hinausgehen dürfte.

Selbstkritisch sollte gesehen werden, daß durch die Teilung der Verantwortlichkeiten in Koordinatoren und Herausgeber der Erscheinungstermin der Publikation merklich verzögert wurde. Um weitere zeitliche Verluste zu vermeiden, mußten am Ende auch einige Kompromisse akzeptiert werden, die sich in manchen Uneinheitlichkeiten ausdrücken. Die Herausgeber sind aber mit den

Koordinatoren der Überzeugung, daß es gelungen ist, die neue Konzeption des Geographentages auch in den Verhandlungsbänden sichtbar zu machen. Mit großem Interesse wird verfolgt werden, wie die Aufgliederung in Teilbände von den Lesern aufgenommen werden wird und ob die erhoffte Steigerung der Verkaufszahlen realisiert werden kann.

Die Herausgeber danken namens des Zentralverbandes der Deutschen Geographen dem Verlag herzlich für die stets gute und reibungslose Zusammenarbeit.

Dietrich Barsch   Heinz Karrasch

Günter Heinritz

SCHLUSSWORT DES NEUEN VORSITZENDEN DES ZENTRALVERBANDES

Meine Damen und Herren,

mit dem Schlußwort zum Geographentag tritt der neue Vorsitzende unseres Zentralverbandes in sein Amt ein. Seine erste Amtsobliegenheit ist gleichzeitig eine seiner angenehmsten, nämlich unser aller Freude und Dankbarkeit über einen überaus gut besuchten, überaus gelungenen großen Kongreß unseres Faches Ausdruck zu geben. Zwar ist er noch nicht zu Ende; morgen und übermorgen stehen uns noch viele Arbeitkreissitzungen und Exkursionen bevor, doch alle die, die diese Tagung vorzubereiten und durchzuführen hatten, dürfen spätestens jetzt beginnen aufzuatmen. Und Sie dürfen sich darüber freuen, daß Ihr Konzept aufgegangen ist, das Wagnis 49. Deutscher Geographentag bestanden ist. Das Wagnis? Ja, ganz sicher war es ein Wagnis, dem Geographentag viele alte Traditionszöpfe abzuschneiden, an schon fast zu Ritualen gewordenen Formen zu rütteln und „Nein" zu sagen auf viele Wünsche nach weiteren Fachsitzungen, denen nachzugeben bedeutet hätte, daß das Programm doch wieder Züge einer bauchladenartigen Beliebigkeit gehabt hätte. So war vieles neu am 49. Deutschen Geographentag, von der pfiffigen Idee der Zergliederung des Programmheftes in bequeme Tagesfaltblätter über eine Eröffnungssitzung ohne alle Grußworte bis hin zu dem großzügigen, kommunikationsfreundlichen Empfang aller Teilnehmer in der Ruhrlandhalle am Montagabend. Neu und innovativ aber war vor allem die Strukturierung des Programms, d.h. die Entfaltung von nur vier Leitthemen in Fachsitzungen, die sehr viel mehr war als nur eine didaktische Leistung. Sie war vor allem die Konsequenz aus einem sehr modernen und zugleich ganz ursprünglichen theoretischen Verständnis unseres Faches, das Herr Lötscher in seinen Begrüßungsworten am Montag in einen Satz gefaßt hat, als er sagte: „Unsere Leitidee war, daß die Geographie eine interdisziplinäre Wissenschaft mit vielen physio- und humangeographischen Teilbereichen ist und von den Natur-, über die Geistes- bis zu den Sozialwissenschaften reicht. Was lag also näher, als das Postulat, uns – themenzentriert – am Problem zu treffen, d.h. interdisziplinär einen Fragenkomplex von verschiedener Seite zu beleuchten?"

Deshalb säße heute im Glashaus, wer da etwa aus Ärger darüber, daß „sein" Teilgebiet im Bochumer Programm nicht oder zu wenig zum Zuge gekommen sei, auf den Ortsausschuß Steine werfen wollte, weil er eben damit zugleich sein Unvermögen eingestehen würde, seinen Beitrag zur interdisziplinären Lösung der hier vorgelegten Probleme leisten zu können. Ich gestehe, ich war durchaus auf entsprechende Klirrgeräusche eingestellt; um so mehr freue ich mich, daß sie ausgeblieben sind.

Es waren also vor allem solche fachtheoretischen Überlegungen und nicht die Unterwerfung unter die Zwänge und Erfordernisse heutiger Presse- und Öffentlichkeitsarbeit, die die Programmgestaltung des Bochumer Geographentages bestimmt haben, so sehr ihr sicher auch das guten Echo, das dieser Geographentag in den Medien gefunden hat, zu verdanken ist.

Die sorgfältige und sehr arbeitsintensive Programmplanung ist vor allem der wissenschaftlichen Qualität dieses Kongresses zugute gekommen. Wenn wir nun morgen oder übermorgen nach Hause fahren, dann hat wohl keiner von uns das Gefühl, daß es sich eigentlich nur um Gespräche mit Kollegen in den Wandelhallen des Kongresses gelohnt hat, hierher zu kommen, sondern ganz sicher sind wir auch fachlich bereichert von dem, was wir hier zu hören bekommen haben. Daß wir hier so viele gute, interessante und wirklich Neues bietende Vorträge gehört haben, ist kein Zufall, sondern eben jener unsichtbaren Arbeit zu danken, die die Bochumer Kollegen, insbesondere die fünf Koordinatoren der Leitthemen und die Sitzungsleiter, sich mit der Programmgestaltung gemacht habern.

Freilich war es damit nicht getan! Der Ortsausschuß unter der Leitung von Herrn Lötscher hatte ja auch die Last der gesamten technischen und organisatorischen Vorbereitung zu schultern. Wieviel Arbeit und Mühe, wieviel Idealismus und persönliches Engagement hinter einem solchen Kongreß stehen, kann ein Außenstehender ja kaum beurteilen. So ist es nun an uns, dem Geographischen Institut der Ruhr-Universität Bochum, dem Ortsausschuß und ganz besonders seinem Vorsitzenden, Ihnen, lieber Herr Lötscher und Ihnen, lieber Herr Duckwitz als dem Leiter des Geographentagbüros und -stabes und allen Ihren Mitarbeitern und studentischen Hilfskräften von Herzen für Ihre Leistung zu danken.

Meine Damen und Herren, an dieser Stelle habe ich aber noch eine andere Dankesschuld abzutragen. Dieser Dank gilt den nun aus ihren Ämtern scheidenden Vorstandsmitgliedern des Zentralverbandes der Deutschen Geographen, Frau Margret Mergen und Herrn Dr. Klaus Kost vom DVAG, die im Vorstand des Zentralverbandes engagiert und konstruktiv mitgearbeitet und nicht nur die Interessen ihres Verbandes dort vertreten haben. Unser Dank gilt in besonderer Weise Herrn Kollegen Karrasch, der als Schriftführer unseres Verbandes in seiner unauffälligen, bescheidenen aber überaus gewissenhaften und verbindlichen Art einen ganz, ganz wichtigen Beitrag dazu geleistet hat, daß die Arbeit des Vorstandes in den zurückliegenden vier Jahren so gut vorangekommen ist. Und unser Dank gilt vor allem meinem Vorgänger im Amt des Ersten Vorsitzenden, der heute aus gesundheitlichen Gründen, wie Sie wissen, ja leider nicht unter uns sein kann, Herrn Prof. Dietrich Barsch. Er hatte ganz gewiß keinen leichten, ja er hatte einen schlechten Start, denn als er vor vier Jahren in Saarbrücken sein Amt übernahm, konnte er nicht ahnen, wie wichtig seine Präsenz schon im folgenden Wintersemester infolge der mit der Wende in der DDR verbundenenm Vorgänge sein würde. So trat er eine lange geplante vielwöchige Forschungsreise an und fand bei seiner Rückkehr eine ungeduldig auf ihn wartende Kollegenschaft vor, vor allem aber einen immensen Berg von dringlichen Problemen und Aufgaben, die er dann ohne Schonung seiner Arbeitskraft, ja seiner Gesundheit mit bewundernswerter Energie angegangen ist und erreicht hat, daß unser Fach in den neuen Bundesländern nicht unter die Räder, sondern heute zu weitgehend arbeitsfähigen Strukturen gekommen ist. Zugleich hat er die Chance, die sich am Saarbrükker Geographentag abgezeichnet hat, die Geographie zumindest im Bereich der Hochschule in einen Verband zusammenzuführen, beherzt ergriffen und damit ganz sicher ein Signal gesetzt, das nun auch für die Entwicklung im Zentralverband von großer Bedeutung sein kann. Dafür schulden wir ihm größten Dank. Ich möchte diesen Dank heute hier öffentlich abstatten und darf ihn verbinden mit unseren allerbesten Wünschen für eine baldige Genesung.

Meine Damen und Herren, zu den wichtigsten Aufgaben des Zentralverbandes der Deutschen Geographen gehört lt. Satzung die Förderung der geographischen Forschung und Lehre in Deutschland und ihre Nutzbarmachung für das öffentliche Wohl und die Vertretung der Deutschen Geographen in der Öffentlichkeit und gegenüber den Behörden. Ob die dafür uns zur Verfügung stehenden Mittel und unsere derzeitige Verbandsstruktur angemessen oder auch nur ausreichend sind, ist eine durchaus offene Frage, mit der wir uns in den kommenden zwei Jahren nicht offensiv und streitend, sondern kreativ und mit Phantasie auseinandersetzen wollen. Dabei dürfen wir nicht vergessen, daß die Reihenfolge, in der die eben zitierten Aufgaben in unserer Satzung angeführt sind, Prioritäten zum Ausdruck bringt. Es geht also vor allem und in erster Linie um unser wissenschaftliches Anliegen und seine Nutzbarmachung für unsere Gesellschaft, und erst in zweiter Linie um Lobby- und Öffentlichkeitsarbeit für unser Fach. Die in der Satzung genannten Ziele umspannen sicher nicht die gesamte Breite der vor uns liegenden Aufgaben und Probleme, aber sie markieren vier Kernbereiche, die wir stets neu gestalten müssen. Ich bitte Sie alle, mitzutragen und mitzuwirken an der Förderung der Geographie in genau diesem Sinn. Wir sind gemeinsam verantwortlich für die Geographie und für das, was aus ihr wird. Gerade nach diesen schönen Tagen in Bochum gilt, was Peter Schöller, an den alle, die ihn gekannt und verehrt haben, gerade in diesen Tagen hier in Bochum wohl oft gedacht haben, 1969 in seiner Abschlußrede am Ende des konfliktreichen Kieler Geographentages gesagt hat: „Es wäre falsch und gefährlich zu meinen, wir seien noch einmal davongekommen. Wir sind nicht davongekommen und werden nicht davonkommen, immer wieder und immer neu die Existenzfragen unseres Faches zu stellen, unserer Forschung, unserer Ausbildung und unserer Praxis".

So übernehme ich heute mein Amt mit der Versicherung, mich nach meinen besten Kräften und Vermögen in diesem Sinn einzusetzen. Ich übernehme es mit Zuversicht, weil ich weiß, daß ich auf die Hilfe vieler zählen darf und daß der gute Wille zur Zusammenarbeit bei der Bewältigung der auf uns zukommenden Aufgaben auf allen Seiten besteht. Ich übernehme es mit Optimismus für die Entwicklung unserer Wissenschaft, weil ich auch bei diesem Geographentag wieder das gesehen habe, was eine lebendige Wissenschaft ausmacht. Die Vielfalt von Themen und Forschungsansätzen, das ständige Bemühen um Weiterentwicklung und Vertiefung von Fragestellung und Erkenntnis, die Bereitschaft zur Diskussion und Kritik und vor allem den Einsatz so vieler Kollegen und Helfer, die diese Tagung organisiert und gestaltet haben. Es ist mir eine Freude, Ihnen mitteilen zu können, daß die Kollegen in Potsdam bereits dabei sind, den nächsten, den 50. Deutschen Geographentag vorzubereiten. Er wird in der ersten Oktoberwoche unter dem Leitwort „Aufbruch im Osten, sozialverträglich, umweltverträglich, wirtschaftlich möglich" stehen und damit das in Bochumg begonnene Thema weiterführen, indem es unseren Blick auf die neuen Bundesländer und seine östlichen Nachbarstaaten lenken wird.

Auf Wiedersehen in Potsdam und eine gute Heimreise!

EINFÜHRUNG

Manfred Hommel, Bochum

„Umbau alter Industrieregionen" hieß das erste Leitthema des Kongresses des Bochumer Geographentages, das in mehrerer Hinsicht eine Sonderstellung einnahm. Ihm war der medienwirksame Eröffnungstag gewidmet. Es gab keine Konkurrenz durch Fachsitzungen zu anderen Themen. Das Motto: „Ruhrgebiet – regionale Erneuerung – weltweiter Umbruch" wurde bei diesem Leitthema unmittelbar aufgenommen, und die gastgebende Region mit ihren spezifischen Problemen fand hier ein Forum.

Im Gegensatz zu den anderen Leitthemen gab es bei dem ersten kein öffentliches Einführungsreferat. Denn der Eröffnungsvortrag des Geographentages, der diese Funktion hätte übernehmen können, wurde von Bundesumweltminister Prof. Dr. Klaus Töpfer gehalten, der als Thema „Umweltpolitik – Friedenspolitik der Zukunft" wählte und damit alle vier Leitthemen ansprach und verknüpfte. Dafür wurde im Schlußvortrag des Kongresses durch den geschäftsführenden Direktor der Internationalen Bauausstellung (IBA) Emscherpark, Prof. Dr. Karl Ganser, über „Das Ruhrgebiet – Vorbild für die Erneuerung von Industrieregionen?" das erste Leitthema dann nochmals aufgenommen; leider gelang es nicht, diesen Vortrag in den vorliegenden Band aufzunehmen.

Die Strukturprobleme alter Industrieregionen sind in der regionalpolitischen Diskussion der letzten Jahre immer stärker in den Vordergrund getreten. In den meisten Industrieländern werden die wachsenden Unterschiede zwischen dynamischen Metropolitanregionen sowie zunehmend auch landschaftlich reizvollen ländlichen Räumen mit moderner Infrastruktur in günstiger Lage zwischen den Verdichtungsräumen einerseits und strukturschwachen Altindustriegebieten andererseits heute als brisanter eingeschätzt als die – keineswegs gelöste – klassische Disparität zwischen Verdichtungsräumen und ländlichen Peripherregionen. Der Umbau alter Industrieregionen bildet somit ein langfristiges ökonomisch-politisches Aufgabenfeld, das in Bochum sowohl aus regionaler Sicht als auch in sektoraler Perspektive diskutiert wurde.

Die Fachsitzung 1 „Das neue Ruhrgebiet" (Leitung: BUTZIN, Bochum und GRAMKE, Essen) war der Tagungsregion und dem Prozeß ihrer Modernisierung gewidmet. Dabei standen jedoch weniger das Erreichte und seine Bewertung im Mittelpunkt als vielmehr Fragen nach den Potentialen, Problemen und Leitbildern der zukünftigen Entwicklung dieser klassischen Altindustrieregion.

In der Fachsitzung 2 „Neue Technologien" (Leitung: HAAS, München und KOST, Essen) wurde die zentrale Bedeutung von technologischem Wandel und technologischen Innovationen für die Regionalentwicklung gerade in altindustrialisierten Räumen sowohl grundsätzlich als auch anhand von Fallstudien aus Deutschland, Japan und den USA behandelt. Die Fachsitzung 3 „Ökologie und Raumplanung" (Leitung: BERKNER, Leipzig und SPORBECK, Bochum) beschäftigte sich an Beispielen aus dem Ruhrgebiet und dem mitteldeutschen Braunkohlengebiet mit Problemen und Strategien der ökologischen Erneuerung.

Während in den Fachsitzungen 2 und 3 somit die beiden entscheidenden Ansätze zur Restrukturierung von Altindustriegebieten thematisiert wurden, war die Fachsitzung 4 – ähnlich wie Fachsitzung 1 – einem regionalen Schwerpunkt von besonderer Aktualität gewidmet: der „Erneuerung städtischer Lebensräume in den neuen Bundesländern" (Leitung: MEYER, Mainz und SCHMIDT, Halle). Damit konnte auf diesem ersten Geographentag im wiedervereinigten Deutschland der spezifische Problemdruck in den neuen Bundesländern, die in einem Umbau nahezu aller Strukturen begriffen sind, im Rahmen unseres Leitthemas durch eine eigene Fachsitzung angemessen berücksichtigt werden.

FACHSITZUNG 1:
DAS NEUE RUHRGEBIET

EINLEITUNG

Bernhard Butzin, Bochum

Das Thema weist mit dem Adjektiv „neu" in durchaus unterschiedliche Horizonte. Geht es um einen Erfolgsbericht des annähernd gelungen erachteten Strukturwandels oder, bescheidener, nur um die kritische Bilanz des Erreichten? Wenngleich das Thema in dieser Lesart nicht ganz ohne Reiz gewesen wäre, waren sich die Autoren einig über eine gänzlich andere Sinngebung: Strukturwandel ist als Dauerprozeß, daher als Aufgabe und Herausforderung ernstzunehmen. Das „neue Ruhrgebiet" hat seinen thematischen Standort also nicht in der Gegenwart, sondern in der Zukunft zu suchen.

Dieser Suchprozeß spiegelt sich nicht nur in den eher tastenden Argumentationen der Autoren, sondern auch in dem ungewöhnlichen Sitzungsteil einer Podiumsdiskussion mit Politikern, Unternehmern, Medienexperten und Wissenschaftlern. Dieser Teil war auf den dringend erforderlichen Beginn eines kontinuierlichen Diskurses angelegt, ein gleichsam abschließender Ergebnisbericht erschien unangemessen.

Der Beitrag von J. Gramke stellt diese Zukunftsorientierung in aller Deutlichkeit heraus: Nicht aktuelle oder gar vergangene Stärken und Schwächen einer Region entscheiden über deren Zukunft, sondern die Fähigkeit, d.h. vor allem die Bereitschaft zum aktiven Wandel als Gestaltungsaufgabe. Wandlungsfähigkeit wird so zu Entwicklungsfähigkeit und Zukunftskompetenz. In diesen Kontext sind die anschließenden Beiträge eingebettet.

B. Butzin stellt die Gefährdungs- und Entwicklungspotentiale für die Zukunft des Ruhrgebietes dar. Gefährdungen liegen durchaus nicht nur in der z.T. noch immer nicht bewältigten Last vergangener Denkroutinen und Strukturmuster der Wirtschaft, der Politik, des Arbeitsmarktes. Vielmehr entstehen mit dem und durch den Modernisierungsgang neue Gefährdungen einer Auflösung der Region: Wird das Ruhrgebiet als regionale Einheit überhaupt in Zukunft noch gewollt oder gebraucht? Was kann – oder muß – ein vielleicht anders zugeschnittener, sicher aber sich völlig neu definierender Regionstyp für die Wandlungs- und Zukunftskompetenz an (unverzichtbaren?) Leistungen erbringen? Macht die Diskussion um „Leitbild(er) für das Ruhrgebiet" überhaupt Sinn, wenn ja, für welche Region, welchen Regionstyp? Schließlich: Ist ein Singular oder ein Plural zu suchen? Angesichts weitestgehender Unsicherheit und Unübersichtlichkeit schon mittelfristiger Zukünfte, angesichts des Problemlösungs- und Akzeptanzverschleißes bislang bewährter Planungsmaximen wird ein Umdenken vom Leitbild als normativ fixiertes „Ziel des Wandels" zu Leitprinzipien als „Motor des Wandels" gefordert. Nur prozessuale Planungskultur und Lernfähigkeit verbürgen Zukunftskompetenz.

H. H. Blotevogel und K. Kunzmann beschreiben unterschiedliche, einander ergänzende Wege, wenn sie der Frage nach Leitbildern auf den zwei verschiedenen Maßstabsebenen „Regionale Entwicklungskonzepte" (REK) und einer „Stadtregion Rhein-Ruhr" nachgehen. H. H. Blotevogel beobachtet in dem neuen Hoffnungsträger der REK eine – auf den ersten Blick überraschende – Scheu vor der Formulierung von Leitbildern, deckt zugleich aber ein latentes, i.a. unbewußtes, vor allem nirgendwo reflektiertes, Leitbild der „modernisierten Re-Industrialisierung" auf. Es bleibt ganz den alten reviertypischen, industriekulturellen Denktraditionen verhaftet und wird aus der Innensicht Punkt für Punkt als nicht zukunftsfähig entlarvt.

K. Kunzmann wagt den visionären Blick nach vorn. Ausgehend von der Außensicht eines Europas der Regionen fordert er ein Städtenetz, in dem die Akteure funktional arbeitsteilig und hierarchiefrei kooperieren statt konkurrieren. Dazu sollen die je unterschiedlich ausgeprägten urbanen Profile gestärkt und eine funktionale Ergänzung in strategischen Allianzen mit den rheinischen Städten angestrebt werden. Gerade die drängendsten Probleme erfordern eine solche „andere Metropole", da die Kommunen allein Verkehrs-, Abfall-, Wohnungs-, Image-, Finanz-/Steuer- und Umweltproblemen nicht werden lösen können. Auch miteinander ergänzende Kulturangebote sowie Sprach- und Handlungsfähigkeit innerhalb der EU oder gegenüber Brüssel bedürfen solcher vernetzter, strategischer Allianzen.

Drei Herausforderungen werden deutlich: Zum einen hat die Suche nach einem neuen Ruhrgebiet gerade erst begonnen. Sie wird in einer auf Planungstheorie, großräumige Funktionalität und kleinräumige Identifikationsfähigkeit gerichteten Spurensuche fortgeführt und integriert werden müssen. Zum zweiten scheint der klassische chorologische Begriff der Region mit der allerorts beobachtbaren „Renaissance des Regionalen" obsolet geworden zu sein und in seinen postmodernen Sinngehalten erst noch aufgespürt werden zu müssen.

Zum dritten dürfen kreative Suchstrategien die Verantwortbarkeit ihrer Gestaltungsprinzipien für „neue Regionen" und deren Zukünfte nicht der Beliebigkeit inkrementalistischer Projektplanung opfern. Die Suchstrategien kommen nicht ohne Zukunftsethik aus. Andernfalls stärkten sie aller Wahrscheinlichkeit nach die aktuellen Tendenzen zur regionalstrukturellen Polarisation, sozialen Segregation und Entsolidarisierung mit der gebauten, sozialen und natürlichen Umwelt.

Funktionssysteme und Lebenswelten der Region drifteten weiter auf Konfrontationskurs.

STRUKTURWANDEL IM RUHRGEBIET

Jürgen Gramke, Essen

Wenn sich alte Bekannte nach einiger Zeit wieder begegnen, hört man oft den Satz „Du hast Dich überhaupt nicht verändert".

Das ist als Kompliment gemeint und soll so viel heißen wie: Du hast Dich gut gehalten.Wenn aber einer Region im Abstand von Jahren bescheinigt wird, sie habe sich gar nicht verändert, so ist das ein vernichtendes Urteil. Denn in diesem Fall bedeutet Stillstand Rückschritt, weil konkurrierende, veränderungswillige Standorte in der Zwischenzeit die zukunftsträchtigen Felder besetzt haben. Das Festhalten am Althergebrachten verhindert eine aktive Zukunftsgestaltung und gefährdet das wirtschaftliche Überleben.

Natürlich bedeutet jeder Neubeginn ein gewisses Risiko, denn niemand kann in die Zukunft sehen. Andererseits säßen wir ohne eine gewisse Risikobereitschaft noch heute in Bärenfelle gehüllt um ein Lagerfeuer – will sagen: Mit dem Risiko, das jede Veränderung in sich trägt, ergeben sich zugleich enorme Chancen und Potentiale. Fortschritt und Wohlstandswahrung sind ohne Veränderung ebenso undenkbar wie Standortvorteile im internationalen Wettbewerb.

Wie hält es das Ruhrgebiet mit Wandel und Veränderung?

Unsere Region macht derzeit Schlagzeilen mit Stahlflaute und Kohlenkrise – also im Revier nichts Neues und alles wie gehabt? Wandel Fehlanzeige? Die Antwort ist ein klares „Nein". Aber die Probleme bei Kohle und Stahl, zum Teil spektakulär inszeniert, drohen auf das Ruhrgebiet als ganzes übertragen zu werden und so das mühsam überwundene Klischee vom kranken Riesen an der Ruhr zu unheilvollem neuem Leben zu erwecken.

„Mauern in den Köpfen stehen manchmal länger als die, die aus Betonklötzen errichtet sind", hat Willy Brandt einmal gesagt. Die Pflege liebgewonnener Vorurteile und eine reißerische Überschrift sind allemal verlockender als eine Auseinandersetzung mit der Wirklichkeit. Dies gilt in besonderer Weise für Urteile über das Ruhrgebiet, das sich in den letzten drei Jahrzehnten stärker verändert hat als andere Ballungsräume in Europa.

Ich will nur ein Beispiel für den Unterschied zwischen Schein und Sein nennen: In kaum einem Bericht über das Ruhrgebiet fehlt die Information, daß hier im Montanbereich zwischen 1987 und 1991 32000 Stellen verloren gegangen sind. Doch wer dies feststellt, der muß auch sagen, daß dieser Stellenabbau auf einem sozial einmalig hohen Niveau erfolgte; und der muß auch sagen, daß parallel zu diesem Arbeitsplatzabbau bei Kohle und Stahl in anderen Bereichen 93 000 neue Stellen geschaffen wurden.

Es stimmt: Der Anpassungsprozeß bei Kohle und Stahl wird weitergehen, durch die derzeitige Konjunkturkrise sogar im Zeitraffertempo. Einige zehntausend Stellen werden es in den nächsten zwei statt, wie zunächst geplant, fünf oder mehr Jahren sein. Und nicht jeder spektakulären Werksschließung wird zeitgleich ein entsprechender Aufschwung an anderer Stelle gegenüberstehen.

Strukturwandel ist eben keine Erscheinung von Tagen oder Wochen, sondern ein kontinuierlicher und anstrengender Prozeß, der permanent gepflegt sein will, der Zeit braucht und der nur mittel- und langfristig qualitative Verbesserungen bewirkt. Aber dafür entstehen so auch verläßliche Pfeiler der weiteren Entwicklung, die nicht wie Pappmaché-Wände beim ersten rauheren Konjunktur-Lüftchen gleich wieder einknicken.

Das Ruhrgebiet setzt bei dem vorhersehbaren Anpassungsprozeß bei Kohle und Stahl in erster Linie auf die eigenen Stärken, zu denen eine ausgeprägte Kooperationsfähigkeit zählt. So arbeiten unter meiner Leitung die im Initiativkreis Ruhrgebiet der deutschen Wirtschaft zusammengeschlossenen Unternehmen und der Verein „pro Ruhrgebiet" gemeinsam mit der Landesregierung, mit dem Landesarbeitsamt, dem Einzelhandel und dem Handwerk im Sonderstab „Ersatzarbeitsplätze für Beschäftigte der Stahl- und Bergbauindustrie" zusammen. Schon jetzt liegen einige tausend konkrete Arbeitsplatzzusagen vor, und gerade junge Menschen in der Ausbildung oder am Beginn des Berufslebens erhalten eine neue Zukunftsperspektive.

Die Wandlungsfähigkeit einer Region entscheidet heute über ihre Zukunftsfähigkeit oder Zukunftsunfähigkeit. Die Devise muß lauten, Veränderungen zu gestalten, und nicht, sie zu verhindern. Wandel erfordert, sich früh- und damit rechtzeitig darauf einzustellen, bereit für Veränderungen zu sein und dies in konkretes Handeln umzusetzen.

Das Ruhrgebiet macht es seit über 30 Jahren vor. Die Abkehr von den Monostrukturen hat den größten industriellen Ballungsraum Europas krisenfester gemacht. Die Bedeutung von Kohle und Stahl, einst Motoren, in ihrer erdrückenden Dominanz dann aber eher Bremsen einer zukunftsorientierten regionalen Entwicklung, besitzt heute Normalmaß. 1961 lagen noch annähernd 30% aller Arbeitsplätze des Ruhrgebiets im Montansektor. Heute sind es unter 10%. Investitionsgüter haben Grundstoffe und Produktionsgüter als wichtigsten Industriezweig abgelöst. Aus dem Revier ist das Ruhrgebiet geworden.

Wenn wir im Ruhrgebiet gesagt haben: „weg von den Monostrukturen", dann haben wir damit auch gesagt: „weg vom Größensyndrom". Industrielle Saurier sterben aus, weil sie nicht schnell und flexibel genug auf die in immer kürzeren Abständen vom Markt geforderten Anpassungen reagieren können. 92% der rund 141000 sozialversicherungspflichtigen Unternehmen im Ruhrgebiet sind heute Klein- und Mittelbetriebe, engagiert und spezialisiert am Markt und deshalb erfolgreich.

Viele neue Unternehmen mit bis zu 20 Mitarbeitern stützen die Ruhrgebietswirtschaft zusätzlich. Ihre Zahl stieg im Ruhrgebiet in der zweiten Hälfte der 80er Jahre um 41% gegenüber der ersten Hälfte, im Bundesdurchschnitt nur um 28%. Die Quote der Betriebsschließungen lag im selben Zeitraum im Ruhrgebiet bei 21%, bundesweit mit 27% hingegen deutlich höher.

Der Abschied vom lange gepflegten Größensyndrom geht einher mit einem Abschied von der „Platzhirsch"-Mentalität der Großen bei Kohle und Stahl. Längst ist die Behinderung zukunftsweisender Wirtschaftszweige der Erkenntnis gewichen, daß von einem ausgewogenen Strukturmix alle profitieren. So wie die großen Montanunternehmen in andere Bereiche diversifizieren – beispielsweise erwirtschaftet keiner der im Ruhrgebiet ansässigen Stahlkonzerne mehr als 40% seines Umsatzes mit Eisen und Stahl – so liegen die Schwerpunkte und Stärken des Ruhrgebiets heute in den Bereichen Energie, Chemie und neue Werkstoffe, in der Entsorgungs- und Umwelttechnologie und bei Dienstleistungen.

Lassen Sie mich beim Stichwort „Dienstleistungen" eine kurze Anmerkung machen: Mit rund 1,2 Mio. Erwerbstätigen, das entspricht 55% aller Arbeitnehmer, ist der Dienstleistungssektor heute vor dem produzierenden Gewerbe (950 000 Beschäftigte = 44% aller Arbeitnehmer) größter Arbeitgeber im Ruhrgebiet. Wichtig dabei ist aber die Erkenntnis, daß Dienstleistungen allein keine sichere Zukunftsperspektive bieten. Dienstleistungen brauchen Anwendungsfelder. Und die liegen in der Industrie. Ohne Blaumänner sind auch weiße Kittel nutzlos.

Deshalb war die Abkehr von den Monostrukturen im Ruhrgebiet richtig und notwendig, aber die Region muß auch künftig ein Industriestandort bleiben. Allerdings ein Industriestandort mit hoher Lebensqualität und Ausstrahlungskraft. Vor diesem Hintergrund gewinnen produktionsorientierte Dienstleistungen immer größere Bedeutung.

Zu deren Förderung leistet die Hochschullandschaft des Ruhrgebiets wertvolle Voraussetzungen und Beiträge. Mit 14 Universitäten und Fachhochschulen ist sie die dichteste in Europa – und das, obwohl die gesamte Region noch vor 30 Jahren auf der Landkarte deutscher Hochschulen ein vollkommen weißer Fleck war.

Die Universitäten und Fachhochschulen des Ruhrgebiets geben wichtigste strukturverbessernde Impulse und erhöhen die regionalen Chancen im Wettbewerb um Neuansiedlungen. 2/3 der rund 150 000 Studentinnen und Studenten studieren die zukunftsträchtigen Natur-, Ingenieur- und Wirtschaftswissenschaften. Im Bundesdurchschnitt sind es nur rund 50%. Der Erstsemesterzuwachs (1985-1991: +50%) liegt im Ruhrgebiet deutlich über dem NRW- und Bundesdurchschnitt (mit +33% bzw. +31%).

Häufig in der Nähe der Universitäten und Fachhochschulen haben sich ruhrgebietsweit zahlreiche Forschungseinrichtungen, Technologiezentren, Transferstellen, sowie Max-Planck- und Fraunhofer-Institute etabliert. Sie geben der Forschung zusätzliche Impulse und fördern die rasche Umsetzung von Forschungsergebnissen in Handlungskonzepte und Produkte. Diese gute Basis muß genutzt und weiter ausgebaut werden, um die regionale Innovationsfähigkeit weiter zu stärken. Denn noch liegt das Ruhrgebiet bei den Aufwendungen für Forschung und Entwicklung unterhalb des Bundesdurchschnitts. So erklärt sich auch die relativ geringe Zahl an Patentanmeldungen aus unserer Region.

Neben Verbesserungen der Wirtschaftsstruktur muß Wandel sinnlich erfahrbar sein, wenn er von den Bürgerinnen und Bürgern als lohnendes Ziel anerkannt und mitgetragen werden soll. Die Sicherung und Erweiterung von Frei- und Erholungsflächen trägt hierzu ebenso bei wie z.B. die kontinuierliche, von jedem erlebbare Verbesserung der Luft- und Wasserqualität. Allein in den letzten 20 Jahren sind die Schadstoffemissionen im Ruhrgebiet um 52% zurückgegangen, bei einzelnen Schadstoffen sogar um bis zu 90%. Vom grauen zum blauen Himmel – auch das ist Strukturwandel.

Gleiches gilt für die erhebliche Verbesserung der Gewässerqualität. So zählt die Ruhr heute zu den saubersten und auch ökologisch intaktesten Flüssen dieser Größenordnung in einem Ballungsraum. Ähnlich positiv sieht die Bilanz für die Lippe aus. Im Mittelpunkt künftiger Initiativen steht die Sanierung der Emscher. Ihr ökologischer Um- und Rückbau bildet ein Leitthema der Internationalen Bauausstellung (IBA) Emscher Park, die vom Kommunalverband Ruhrgebiet mit konzipiert und konkret gestaltet wird.

Die IBA Emscher Park ist ein herausragendes Element der Strukturpolitik. Das ehrgeizige Projekt will die Narben aus der Zeit rücksichtsloser Industrialisierung beseitigen und dabei soziale, ökologische und ökonomische Belange auf neuartige Weise miteinander verknüpfen. Hier kann das Ruhrgebiet Pionierarbeit bei der Zukunftsgestaltung leisten. Wandel und Erneuerungskraft können so zum Markenzeichen unserer Region werden.

Die frühzeitige Auseinandersetzung mit Umweltproblemen sichert dem Ruhrgebiet heute Vorsprünge gegenüber anderen Ballungsräumen, die von den hier gesammelten Erfahrungen mit einem ökologisch orientierten Strukturwandel profitieren können. Das Ruhrgebiet als Vorbild und Zukunftswerkstatt – auch das ein Ergebnis konsequenter Neuorientierung in der Vergangenheit.

Zur überzeugenden Umweltqualität treten im Ruhrgebiet eine Vielzahl attraktiver Angebote und Einrichtungen in den Bereichen Kultur und Sport hinzu. „Starlight-Expreß" und Aalto-Oper oder Gruga- und Westfalenhalle sind Symbole der vielgestaltigen Freizeit- und Erlebnislandschaft Ruhrgebiet, die vom Breitenangebot bis zum Spitzenereignis das gesamte Spektrum abdeckt.

Zusammen mit einer leistungsfähigen Infrastruktur und der hohen Wirtschaftskraft verbessern diese sog. weichen Standortfaktoren bei Bewohnern wie Außenstehenden das Erscheinungsbild und Image des Ruhrgebiets. Die seit 1985 im zweijährigen Abstand durchgeführten Imageanalysen zeigen das – auch im direkten Vergleich mit einem Zentrum wie Frankfurt – ganz deutlich. Neben der schon immer ganz überwiegend positiven Beurteilung durch die Bürgerinnen und Bürger des Ruhrgebiets selbst – 95% leben gerne hier – erhält die Region in fast allen Bereichen von Mal zu Mal bessere Noten. Und wo noch Defizite angemahnt werden, beim Wohnraumangebot und beim Verkehr, da befindet sich die Region in bester Gesellschaft mit allen übrigen Ballungsräumen.

Strukturwandel und, davon abgeleitet, ein positives Image sind keine Selbstläufer oder Dinge, die man einmal hat und dann für immer auf der Habenseite verbuchen kann. Das Ruhrgebiet schätzt sich daher glücklich, mit dem Verein „pro Ruhrgebiet" und dem Initiativkreis Ruhrgebiet gleich zwei Instrumente zu besitzen, die sich seit Jahren permanent, nachhaltig und aktiv für einen erfolgreichen Strukturwandel und ein besseres Image einsetzen.

Ein unschätzbares Plus des Ruhrgebiets bedeutet das nun fünf Jahre währende Engagement des Initiativkreises Ruhrgebiet der deutschen Wirtschaft. Auf der organisatorischen Plattform des 1981 gegründeten Vereins „pro Ruhrgebiet" geben im Initiativkreis die führenden deutschen Unternehmen und wichtige europäische Unternehmer wie Peter Wallenberg und Gerard Worms der Region durch zusätzliche Investitionen, durch die Finanzierung und Realisierung von

Veranstaltungen mit Weltformat und durch persönlich engagiert mitgetragene Öffentlichkeitsarbeit wichtigste Impulse beim Strukturwandel.

Für den Veranstaltungsbereich erinnere ich nur an Kulturereignisse wie die Ausstellungen „Von Monet bis Picasso" in Essen und „Chinas Goldenes Zeitalter" in Dortmund, an wissenschaftliche Kongresse und Symposien von Weltrang wie das Internationale Forum Forschung, das sich im November dem Thema „Mensch-Verkehr-Umwelt" annimmt, und ich erinnere an sportliche Leckerbissen wie die Fechtweltmeisterschaften, denen 1994 Weltmeisterschaften im Turnen und 1995 im Kanu folgen. All' dies und mehr wäre ohne den Initiativkreis am Ruhrgebiet vorbeigegangen. Ohne diese Highlights aber würden unserer Region ausstrahlungsstarke Impulsgeber und Zeichen einer selbstbewußten Aufbruchstimmung fehlen.

Von der permanenten Weiterentwicklung der regionalen Attraktivität – auch als Investitionsstandort – hängt ein weiterhin erfolgreicher Strukturwandel im Ruhrgebiet wesentlich ab. Die erreichten Fortschritte müssen konsequent genutzt und ausgebaut werden. Schon jetzt existieren günstige Voraussetzungen.

Das Ruhrgebiet liegt als Schnittpunkt sowohl der Nord-Süd- als auch der West-Ost-Verkehrsachse im Herzen Europas. Mit seiner einmalig dichten Verkehrsinfrastruktur ist es hervorragend in das gesamteuropäische Verkehrsnetz eingebunden. Die Region kann sich auf diese Weise in einem Umkreis von 250 km einen Markt von 60 Mio. potentieller Kunden erschließen, 20% der EU-Bevölkerung.

Umgekehrt ist das Ruhrgebiet auch als Absatzmarkt interessant, denn hier leben 5,4 Mio. Menschen, die über ein jährliches Einkommen von rund 111 Mrd. DM verfügen.

Im Gegensatz zu vielen anderen Ballungsräumen besitzt das Ruhrgebiet ein großes Reservoir quantitativ, qualitativ und preislich attraktiver Flächen. Die Immobilienpreise und Mieten sind vergleichsweise günstig.

In einem nächsten Schritt geht es darum, diese Stärken international noch stärker zu präsentieren. Daß hier noch Defizite bestehen, hat zuletzt 1992 eine Umfrage bei 825 führenden Wirtschaftsmanagern in Großbritannien, Frankreich, Schweden und den Niederlanden gezeigt. „Wirtschaftskraft ohne Lebensqualität", so lautet, verkürzt, ein im Ausland weitverbreitetes Vorurteil über das Ruhrgebiet. Wandel und Wahrnehmung von Wandel klaffen hier noch weit auseinander. Als Ergänzung zu der wirtschaftsbezogenen Investorenkampagne startet der Kommunalverband Ruhrgebiet deshalb 1994 eine internationale Imagekampagne, die den erreichten Strukturwandel anschaulich dokumentieren wird.

Strukturwandel darf aber nicht allein auf einen Wandel der Wirtschaftsstruktur zielen – da sind wir im Ruhrgebiet schon auf einem guten Weg. Auch die Rahmenbedingungen gehören auf den Prüfstand. Massiver Handlungsbedarf besteht z.B. noch im Bereich der öffentlichen Verwaltungsstrukturen.

Dabei geht es um die Frage nach der Wettbewerbsfähigkeit und Europafähigkeit unserer Verwaltung. Kosteneinsparung und Verfahrensverkürzung sind Beispiele für notwendige Schritte, um das derzeitige Übermaß an staatlicher Normierung und Kontrolle in Gestaltungsräume zu verwandeln. Nur durchschaubare

Institutionen, Strukturen und Entscheidungsprozesse schaffen Vertrauen und Orientierung. Fragen wir nur für unsere Region nach den Zuständigkeiten, werden schon viele mit den Schultern zucken. Wieviel schwieriger muß es da Partnern bundesweit und erst recht international fallen, sich im bestehenden Behörden- und Zuständigkeitsdschungel zurechtzufinden.

Wir fühlen uns zwar als Region, doch fehlt es an erkennbarer und handlungsfähiger Einheit – im Ruhrgebiet stehen dem drei Regierungsbezirke, zwei Landschaftsverbände und zahlreiche weitere Institutionen der Mittelebene in ihrer undurchschaubaren Gesamtheit entgegen. Wirtschaftsraum und politischer Raum sind nicht deckungsgleich.

Die Mittelebene braucht einen Zuschnitt, der klare Aufgabenverteilung, Effizienz und Durchschaubarkeit gewährleistet. Dabei kann es nicht um einen undurchdachten Kahlschlag gehen. Das Ruhrgebiet bezieht seine Stärke aus seiner Vielfalt. Diese Vielfalt gilt es in jedem Fall zu bewahren. Gleichzeitig aber muß nicht jede Kommune alles bieten. Schwerpunktsetzungen und eine noch engere Kooperation bieten Möglichkeiten zur Effizienzsteigerung, die auch im Wettbewerb der Regionen unverzichtbar sind, um international erkennbar und leistungsstark agieren zu können.

Neben der Vielfalt bleibt die Aufgeschlossenheit Neuem gegenüber eine unverzichtbare Voraussetzung für weiterhin erfolgreichen Strukturwandel. Wenn das Ruhrgebiet Veränderung als Chance zum Fortschritt versteht und nutzt, wird es auch im Wettbewerb der europäischen Zentren eine führende und vorbildliche Rolle übernehmen können. Alle Voraussetzungen dafür sind gegeben.

GEFÄHRDUNGS- UND ENTWICKLUNGSPOTENTIALE DES RUHRGEBIETES

Bernhard Butzin, Bochum

1. Von Potentialen im Ruhrgebiet zu Potentialen für ein neues Ruhrgebiet

„Das neue Ruhrgebiet" heißt die Sitzung, „Gefährdungs- und Entwicklungspotentiale" sind das Thema. Wovon kann da die Rede sein? Berichten nicht täglich die Medien vom alten Ruhrgebiet, von Kohle und Stahl, Protestmärschen, Warten auf Hilfe von außen – wie gehabt? Ist vielleicht nur neu, daß nun auch die Autoindustrie zur altindustiellen Branche wird? Sicher nicht.

Entwicklungspotentiale im neuen Ruhrgebiet finden sich zuhauf. Das belegen u.a. die neuen „regionalen Entwicklungskonzepte", über die Herr Blotevogel in dieser Sitzung berichtet. Bergbau und Stahl machen nur noch gut 9% aller Beschäftigten aus. Bald werden sie vielerorts allein von den „hochwertigen unternehmensorientierten Diensten", den Schlüsselbranchen des Jahrzehnts, überflügelt sein.

Der Bereich „Umweltindustrie" mag beispielhaft stehen: Hier sind neue Kooperationsstrategien zwischen ansässigen Groß- und Klein- oder Mittelbetrieben außerordentlich erfolgreich, da sie an die historisch gewachsene Fach- und Netzwerkkompetenz anschließen können. Allein Ende der 80er Jahre sind über 100.000 Arbeitsplätze an Rhein und Ruhr auf diesem Sektor entstanden (GRABHER 1989, S.24).

Auch das alte Ruhrgebiet birgt durchaus Entwicklungspotentiale: Da finanziert ja nicht nur der Großvater aus seiner Bergbaurente das Informatikstudium der Enkelin. Da setzt die Internationale Bauausstellung (IBA) Emscher Park europaweit Maßstäbe, daß und wie man die riesigen innerstädtischen Industriebrachen als Jahrhundertchance des städtischen Umbaus be- und ergreifen kann. Andererseits läßt gerade das neue Ruhrgebiet ganz wesentliche Gefährdungspotentiale erkennen. Drei Bereiche sind symptomatisch.

Zum einen stärken sich die „mentalen Absetzbewegungen" der sog. Flügelstädte: Dortmund will die Metropole Westfalens, Hagen die des Sauerlands sein. Duisburg und Oberhausen setzen sich ins Rheinland ab. Das Ruhrgebiet: Gibt es das denn noch? Wird es heute überhaupt noch gewollt, gar gebraucht?

Zum zweiten entkoppelt sich das Wirtschafts- vom Beschäftigungswachstum: Bei annähernd gleichbleibender Stahlproduktion sank unter dem Rationalisierungsdruck die Beschäftigung um 52% – Tendenzen, die bei den meisten Massen- und Großserienproduktionen beobachtet und zukünftig (auch etwa in der Auto- und Elektronikindustrie) als typisch erwartet werden. Eine hohe, dauerhafte Arbeitslosigkeit ist die Folge, damit eine soziale Polarisierung.

Zum dritten findet eine rapide Entkoppelung von Konzern- und Regionalentwicklung statt. Im Gegensatz zu Vorurteilen mangelnder Modernisierungsfähigkeit alter Montanunternehmen haben die Ruhrgebietskonzerne eine hochgradige

Innovationsdynamik entfaltet. Aber die erfolgreiche Diversifikation hat zu einer massiven Regionsflucht geführt, richtete sich die Partnersuche doch auf eben jene Technologiegeneration, die bis in die 60er Jahre durch „Bodensperre" und „Bildungssperre" aus der Region ferngehalten worden war. Allein der Umbau der Hoesch-Gruppe in den 70er und 80er Jahren brachte dem Ruhrgebiet einen unternehmensbezogenen Umsatzverlust von 21%, dem internationalen Raum aber einen Gewinn von 20% ein.

Fazit: Alle drei Entkloppelungsprozesse, die mentale Absetzbewegung, die soziale Polarisierung und die Globalisierung der Wirtschaft sind systematische Ergebnisse erfolgreichen Strukturwandels im Ruhrgebiet. Das aber heißt: Das neue Ruhrgebiet löst nicht nur das alte ab, sondern sich selbst zugleich auf.

Ist dieser Befund nun tatsächlich ein Gefährdungspotential? Woher wissen wir, ob ein Sachverhalt die Entwicklung fördert oder gefährdet? Offenbar ist die Frage nach den Potentialen im neuen Ruhrgebiet so einfach gar nicht zu beantworten. Sie fordert eine perspektivische Erweiterung, muß nach Potentialen für ein neues Ruhrgebiet fragen, muß sich an einem Leitbild der zukünftigen Regionalentwicklung orientieren.

Nach dieser Blickerweiterung auf Zukunftspotentiale (1) folgt die Argumentation vier weiteren Schritten: Die Rahmenbedingungen der Regionalentwicklung lassen einen Schwenk „vom statischen Leitbild" zur „motorischen Leitperspektive" geraten erscheinen (2). Es folgt eine empirische Spurensuche nach Leitperspektiven (3) deren Schlüsselpotentiale im Ruhrgebiet untersucht werden (4). Den Schluß bildet die Skizze eines Leitprinzips für ein „neues Ruhrgebiet" (5).

2. Rahmenbedingungen der Regionalentwicklung: Vom Leitbild zur Leitperspektive

Geopolitische Umbrüche, sozialer Struktur- und Wertewandel, zunehmender Vertrauensschwund in die politische Steuerungsfähigkeit erhöhen den Handlungsdruck beständig, verweisen aber die bewährten regionalwirtschaftlichen Entwicklungsmaximen in das Traumland der Wachstumsstabilität.

Eine Vogelperspektive tut not. Sie eröffnet uns zweierlei: Allem Anschein nach steht mit dem Chip, der Telekommunikation und Biotechnologie nicht einer der üblichen 50jährigen basistechnologischen Generationswechsel an. Es gilt vielmehr, Abschied zu nehmen von einem ganzen Regulationsregime, dem sog. Fordismus. Er zeichnet sich aus durch arbeitsteilige, standardisierte Massenproduktion im Verein mit hoher Massenkaufkraft, festgefügten wohlfahrtsstaatlichen Regelwerken, bewährt-hierarchisierten Politikstrukturen, wachstumsideologischer und ökologischer Unbedarftheit.

Jeder einzelne dieser Grundpfeiler steht gegenwärtig zur Disposition. Ein solch allumfassender Wandlungsdruck erfordert ein bislang völlig unbekanntes Ausmaß an Wandlungsfähigkeit.

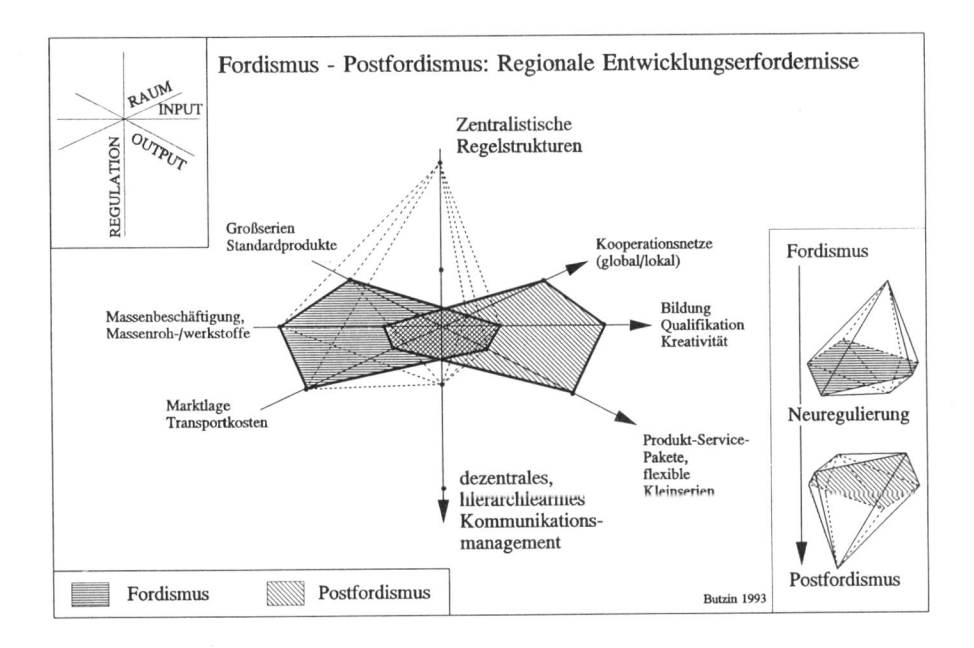

Abb. 1

Im fordistisch geprägten alten Ruhrgebiet dominierten Großbetriebe mit materiell-physischen Standorterfordernissen wie Lagevorteilen, Massenarbeitskraft und Großserienfertigung. Auf dem Weg zum neuen Ruhrgebiet wird jeder dieser Faktoren einen qualitativen Sprung bewältigen müssen. Heraus aus einer Summe materieller Ressourcen zu einem Regime immaterieller Kompetenzen: Lagevorteile weichen der Bedeutung leistungsfähiger Telematik- und Kooperationenetze. Gunstfaktoren der Material- und Arbeitskraftverfügbarkeit werden verdrängt vom Gewicht qualifikatorischer und kultureller Potentiale: Rohstoffe „Wissen" und „Kreativität" sind gefragt. Standardisierte Massenproduktion verliert ihre Bedeutung zugunsten flexibler Kleinserienproduktion und kundenspezifischer Produkt-Service-Pakete. Entscheidend ist, daß sich für die neuen Steuerungs- und Innovationserfordernisse hierarchisch organisierte Weisungskanäle gegenüber hierarchiearmen Netzwerk- und Dialogstrukturen als weniger erfolgreich erwiesen haben.

Die Vogelperspektive eröffnet uns ein Zweites: Neben der telekommunikativ bedingten Raumkompression erleben wir auch eine Zeitkompression: Die Halbwertszeit unseres Wissens schrumpft angesichts eines immer rascheren Wandlungstempos beständig und wird gegenwärtig bei etwa sieben Jahren angesetzt. Der Wandlungstakt ist somit kürzer als der Realisierungszeitraum von regionalen Entwicklungsprogrammen der 70er Jahre. Mit der „Zeitschrumpfung" geht ein folgenreicher Verlust von Erfahrungswissen und Handlungsgewißheit einher. Im Gleichtakt verschleißen bewährte Denk- und Problemlösungsroutinen und – unausweichlich – auch die Prognosefähigkeit: Begründete Vorhersagen können ja immer nur so gut sein wie die Beobachtung und Interpretation der Vergangenheit.

Fazit: Wir stehen in einem doppelten Dilemma. Dem wachsendem Handlungsdruck steht durch Akzeptanzverlust und leere Kassen eine verminderte politische Steuerungsfähigkeit gegenüber, der damit zunehmende Orientierungsbedarf ist aber von einer abnehmenden Orientierungsmöglichkeit begleitet.

Wenn dieser Befund richtig ist, sind inhaltlich fixierte, monolithische Leitbilder und Großprogramme des Typs „Siedlungsschwerpunktkonzept" nicht mehr vertetbare Angriffe auf die Zukunft. Andererseits geraten Leitbilder des Slogantyps („Starkes Stück Deutschland") aus entwicklungspolitischer Sicht in die Nähe des Verpackungsmülls. Also ist ein dritter Weg zu suchen: Das Leitbild darf nicht mehr statisch als Ziel, sondern muß als Motor des Wandels, d.h. als (lernfähige) Leitperspektive entworfen werden.

Unter dem Orientierungsdilemma leidet auch der Imperativ der Popperschen Forschungslogik. Dem hypothetisch-deduktiven Forschungstyp kommen die empirischen – wenngleich nur vorläufig bewährten – Hypothesen und Regelhaftigkeiten abhanden (z.B. Industrialisierungs-Urbanisierungs-Hypothese, Proporz von Wirtschafts- und Beschäftigungswachstum): Spurensuche, qualitative Regionalforschung heißt die Alternative.

3. Spurensuche nach Leitperspektiven

Die Spurensuche richtet sich auf drei empirische Untersuchungsebenen: auf neue, in Deutschland vorfindbare Entwicklungsstrategien der Verdichtungsräume, auf solche der Einzelstadtebene sowie auf die europäischen Technologie- und Industriemetropolen.

Die Untersuchung der Verdichtungsräume und Mittelstädte führt zu Ergebnissen, die überraschend genau zwei der o. g. Wandlungserfordernisse Rechnung tragen. Intensiv bemühen sich die Verdichtungsräume um eine neue regionale Kooperationsbasis, suchen nach Modellen von Kommunalverbänden. Vier Gründe sind für diese neue Wertschätzung der Region verantwortlich:

1. Im neuen Europa der Regionen sind nur Großregionen sprach-, handlungs- und somit konkurrenzfähig (BUTZIN/HELBRECHT/MIOSGA/REHLE 1993).
2. Funktionale Vorteile ergeben sich aus der Vermeidung kontraproduktiver Bürgermeisterwettläufe: Anstelle innerregionaler Konkurrenz tritt regionale Komplementarität, die die überregionale Konkurrenzfähigkeit stärkt.
3. Großstadt und Umland sind in ihrer Funktionsfähigkeit aufeinander angewiesen. Abfall- und Verkehrswirtschaft, Freizeitgesellschaft und Ökologie erfordern ebenso wie die Vorhaltung zentralörtlicher Sozialeinrichtungen einen gesamtregionalen Lastenausgleich.
4. Entscheidend ist: Sowohl neue Lebens- als auch Unternehmensstile nutzen die ganze Region als Ressource, machen die Gesamtregion zu ihrem Programmraum. Spannungsreiche Erlebnisqualität und diversifizierte Urbanisie-

rungsvorteile verdanken sich erst der regionalen Vielfalt und Gegensätze: Ob München, Münster oder Mülheim: Lebensqualität und Standortklima werden erst einzigartig durch ihre Einbindung in oberbayerische, münsterländische oder ruhrgebietstypische Regionalqualität.

Fazit: Die Region hat funktionsräumlichen Eigenwert, lebensweltlichen Eigensinn und ist für das neue Ruhrgebiet ein zentrales Strategieelement. Die Regionalkultur ist als prägender Kontext von Städten ein Entwicklungspotential erster Ordnung.

Die eingangs ermittelten Auflösungstendenzen des Ruhrgebietes müssen daher als gewichtiges Gefährdungspotential eingeschätzt werden.

Die „Regionalkonferenzen" erscheinen so – ungeachtet ihrer wesentlichen Impulse – als begriffliche Mogelpackung: Sie sind „Kommunalkonferenzen" und bieten keinen Ersatz für die einzufordernde handlungsfähige Region „Ruhrgebiet".

Das zweite Ergebnis der Spurensuche bezieht sich auf einzelstädtische Entwicklungsstrategien (HELBRECHT 1994). Hier dominieren eindeutig Bemühungen um neue Organisations- und Kommunikationsformen wie z.B. Citymanagement und Private-Public-Partnerships. Die Gründe können folgendermaßen zusammengefaßt werden:

1. Unübersichtlichkeit und Akzeptanzdefizite haben dazu geführt, daß viele Problemsituationen sich nur noch über neue Kommunikationsformen, über gemeinsame Lernprozesse und Willensbildung der lokalen Akteure steuern lassen. Planungstechnokratisches Spezialistentum in hierarchischen Weisungskanälen versagt hier.
2. Im Vordergrund der Bemühungen um neue Kommunikationsformen stehen a) die Organisation von Konflikt-, Konsens- und Aushandlungsverfahren zwischen öffentlichen und privaten Akteuren, b) die Mobilisierung von kreativen Potentialen und die Initiierung von gemeinsamen Lernprozessen durch Dialog, c) die Erarbeitung von Konsensinseln, die dem Zweck dienen, eine rasche und reibungslose Umsetzung in konkrete Projekte zu gewährleisten.

Eine neue Kommunikationskultur gilt als hochrangiger Potentialfaktor für die Willensbildung und die Lern-, Steuerungs- und damit Entwicklungsfähigkeit. Leitbilder dienen dabei nicht dem baulich oder rechtlich substanziellen Übergriff in die Zukunft, sondern mehr der motivatorischen Funktion, Engagement und Kompetenz für neuartige Problemwahrnehmungen und -lösungen zu entfalten. Dieser Leitbildtypus ist auf die Förderung von Vielfalt und zugleich auf die Erhöhung von Flexibilität angelegt.

Die Spurensuche richtet sich zum dritten auf die bedeutsamen Strategiefelder und Motoren der Entwicklung des Ruhrgebiets im Kranz europäischer Technologie- und Industriemetropolen. Diese Vergleichsstudie wurde gemeinsam mit dem IFO-Institut München unter Federführung von Herrn Kunzmann erstellt (BUTZIN et al.1992). Für ein „neues Ruhrgebiet" lassen sich die Ergebnisse dieser mehrschichtigen Spurensuche zu drei Gruppen motorischer, zukunftsrelevanter Potentiale verdichten, nämlich zu Kreativ-, Kommunikations- und Netzwerkpotentialen. Das Ruhrgebiet steht hinsichtlich seiner Stärken und Schwächen im

Kranz der europäischen Technologie- und Industriemetropolen durchaus nicht schlecht da.

4. Schlüsselpotentiale für ein neues Ruhrgebiet

4.1 Kreativpotential I: Hochwertige wirtschaftsorientierte Dienste

Das erste Kreativpotential erfaßt die „hochwertigen unternehmensorientierten Dienstleistungen", also Forschung und Entwicklung (FuE), Organisation und Management (OuM) sowie Information und Kommunikation (IuK).

Stärken: Die hochwertigen Unternehmensdienste allgemein und der FuE-Bereich im besonderen sind im Ruhrgebiet traditionell hochleistungsfähig und überdurchschnittlich gut besetzt. In NW dominieren die Hellwegstädte und die Rheinschiene mit Werten um 10% aller Beschäftigten. In der Ruhrgebiets- und Landesperipherie sind Besatzziffern von 3–4% typisch.

Schwächen: Der hohe FuE-Besatz herrscht besonders in den klassischen Industriebranchen und wird annähernd proportional zu dessen Beschäftigungsverlusten abgebaut. Sehr schwache Entwicklungen sind im Vergleich zum übrigen NRW, aber auch in der Elektrotechnik und im Maschinenbau festzustellen. Erhebliche Unterbesetzungen und Minderentwicklungen finden sich überdies im OuM- und IuK-Personal. Zu beobachten ist ein klassisches Muster der Dezentralisierung in die nordrhein-westfälische Peripherie und in die neuen, grenzüberschreitend kooperierenden Aufsteigerregionen wie z.B. der Großraum Aachen. Offenkundig ist aber auch die Konzentration in der Region Düsseldorf. Das Ruhrgebiet aber sitzt zwischen zwei Stühlen, kann weder an Agglomerations- noch an Deglomerationsvorteilen teilhaben. Im Ergebnis hat sich ein Abkopplungsprozeß der FuE-, stärker noch der OuM- sowie IuK-Entwicklung eingestellt.

Fazit: Das erste Kreativpotential der höherwertigen wirtschaftsorientierten Dienstleistungen ist – bei noch guten Besatzziffern – stark gefährdet. Die regionale Funktionsteilung läßt eine strategische Allianz, d.h. eine Rhein-Ruhr-Region sinnvoll erscheinen, zumal u.a. auch in Düsseldorf Sorgen einer zu schmalen industriellen Basis geäußert werden.

4.2 Kreativpotential II: Bildung/Qualifikation

Stärken: Die Angebote der Forschungs- und Bildungsinfrastruktur sind mit sechs Hoch- und acht Fachhochschulen sowie je zwei Max-Planck- und Fraunhofer-Instituten ausgezeichnet. Entsprechend gut ist das Angebot an hochqualifizierten Arbeitskräften. Vielfältige innovative Studiengänge sind in der Erprobungsphase. Die Studentendichte (Anteil der Studierenden an der 18-24jährigen Wohnbevölkerung) liegt mit 25% deutlich über dem Mittel anderer deutscher Verdichtungsräume (22%).

Schwächen: Der Arbeitsmarkt ist für die hochqualifizierten Arbeitnehmer nicht hinreichend aufnahmefähig. Ende der 80er Jahre studierten 10% aller bundesdeutschen Informatiker und Informatikerinnen an den Hochschulen des Ruhrgebietes, beschäftigt aber waren hier nur knapp 4%. Brain drain von regional dringend benötigtem Entwicklungspotential ist die Folge. Weiterhin reicht die Innovationsfähigkeit der Klein- und Mittelbetriebe noch immer nicht aus. Die hohe Facharbeiterkompetenz in der Region ist auf traditionelle Industriezweige begrenzt.

Fazit: Die Bildung und Qualifikation als zweites Kreativpotential zeichnet sich durch sehr gute Angebote, aber unzureichende regionale Nachfrage aus.

4.3. Kreativpotential III: Kultur

Das regionale Kulturangebot hat nicht nur als weicher Standortfaktor große Bedeutung. Als „Kulturschaffen" spielt es auch eine Schlüsselrolle für die lokale und regionale Kreativität.

Stärken: Das Breitenangebot an Kultureinrichtungen und -veranstaltungen liegt weit über den Standards vieler europäischer Vergleichsregionen. Dringliche Ergänzungsangebote in der Spitzenkultur werden seit einigen Jahren erfolgreich durch die Aktivitäten des Initiativkreises Ruhrgebiet (IR) gefördert.

Schwächen: Die Pro-Kopf-Aufwendungen der Kulturetats sind im Ruhrgebiet angesichts leerer Kassen und hoher Sozialhilfebelastung sehr gering. Die höchsten Beträge erreichen ausnahmsweise ca. 200 DM pro Kopf. Die meisten Großstädte (Frankfurt ca. 700 DM, Wuppertal 450 DM) liegen ein Mehrfaches über diesen Werten. Auch der Bereich der Spitzenveranstaltungen ist noch entwicklungsbedürftig.

Fazit: Das Kulturschaffen als drittes Kreativpotential ist erheblich gefährdet.

4.4 Regionales Kommunikationspotential

Für die Kreativität und Willensbildung einer Region, für ihre Selbststeuerungs- und Kommunikationsfähigkeit spielen neue Formen des innerregionalen Dialoges, der politischen Kooperations-, Konsens- und Aushandlungsfähigkeit eine entscheidende Rolle.

Stärken: Den neuen „Regionalkonferenzen" dürfte als Instrument der „regionalisierten" Strukturpolitik – trotz offenkundiger Kinderkrankheiten – eine wichtige Impulswirkung zukommen. Auch der Kommunalverband Ruhrgebiet (KVR) – eine andernorts intensiv angestrebte, im Ruhrgebiet jedoch ungenügend akzeptiert Einrichtung – kann nach seiner Strukturreform als günstige Plattform der regionalen Selbststeuerung erachtet werden. Besonders positiv wirken sich die Private-Public-Partnerships des IR und des Vereins pro Ruhrgebiet aus. Auf der Habenseite steht auch die IBA-Philosophie an herausragender Stelle.

Schwächen: Nach wie vor mindern die landespolitisch initiierte Zergliederung, Kommunalegoismen und unzureichende Kooperationsbereitschaft der Städte die Entfaltungsmöglichkeiten einer polyzentrisch vernetzten regionalen Einheit. Die Bedeutung gesamtregionaler Synergieeffekte aus einer kooperierenden städtischen Vielfalt wird noch immer verkannt. Überregional bedeutsame Printmedien fehlen ebenso wie zukunftsträchtige Entwicklungsperspektiven.

Fazit: Im Potentialfeld der Kommunikations- und Selbststeuerungsfähigkeit sind gute institutionelle Voraussetzungen gegeben. Sie reichen jedoch in ihrer Wirkung und Akzeptanz nicht aus.

4.5 Überregionale und internationale Netzwerkkompetenz

Dem letzten Feld der Schlüsselpotentiale, der überregionalen und internationalen Netzwerkkompetenz, wächst im unternehmens- und kommunalpolitischen Bereich mehr und mehr Bedeutung zu. Kreativität und Innovationsfähigkeit können in einer radikalen gesellschaftlichen Umbruchsituation weder allein noch für die erforderliche Dauer aus endogenen Potentialen gespeist werden.

Stärken: Erste Kooperationen auf der Ebene der europäischen Kommunalverbände sind eingeleitet, im KVR wurde ein Europabüro eingerichtet. Sie haben aber noch kaum Erfolge zeitigen können.

Schwächen: Beteiligungen an europäischen Netzwerken und internationale Kooperationen sind über Absichtserklärungen noch kaum hinausgekommen. Hier besteht erheblicher Nachholbedarf.

Fazit: Überregionale und internationale Netzwerkkompetenz sind als zukunftsrelevantes Schlüsselpotential und Strategieelement noch nicht ernstgenommen.

Fassen wir dieses Stärken-Schwächen-Profil der Schlüsselpotentiale zusammen, so kommt man trotz erheblicher Gefährdungen zu einer durchaus noch positiven Bilanz. Die Angebotsseite erscheint auch angesichts massiver Nachholbedarfe gut. Sie wird aber u.a. von den Kommunen und der Wirtschaft unzureichend akzeptiert und nachgefragt. Erneut zeigt sich: Die gesellschaftliche Morphogenese des Ruhrgebiets erfordert Lern- und Überzeugungsarbeit aller Beteiligten, denn die anstehende Entwicklung muß in erster Linie das noch zu schaffende Netz der regionalen Akteure wollen.

5. Leitprinzip „neues Ruhrgebiet"

Erkennt man die Region als Syntheseebene von globalem Denken und lokalem Handeln, als Nährboden lokaler Problemlösungskompetenz im globalen Wandlungsdruck an, so kann nur eine neue Region Ruhr (oder gar Rhein-Ruhr?) Programmraum der Leitperspektive sein. Drei Handlungsfelder oder Leitprinzipien erscheinen für ein neues Ruhrgebiet vordringlich:
1. Die vernetzte Region. Als Schlüsselpotentiale einer Strategie der „polyzentrischen Vernetzung" gelten die höchstmögliche innerregionale Diversität bei optimaler Kooperation zwischen arbeitsteilig spezialisierten Städten („Einheit in Vielfalt"), Regionalkultur als prägender Kontext sowie Netzwerkkompetenz mit Kooperation nach innen und strategischen Allianzen nach außen.
2. Die flexible Region. Schlüsselpotential ist die regionale Wandlungskompetenz: Anpassungsfähigkeit durch Innovationspotentiale, Selbststeuerungsfä-

higkeit durch neue Kommunikationspolitik, Zukunftsfähigkeit durch eine „Kultur der Zukunftsentwürfe".
3. Die kreative Region. Das Schlüsselpotential bildet eine neue „regionale Kommunikationskultur": Auflösung starrer Weisungskanäle zum Diskurs der regionalen Akteure, Initiierung gemeinsamer Lernprozesse und Willensbildung, Mobilisierung kreativer Akteure und innovativer Milieus.

Die folgenden drei Maximen des Umdenkens und der Zukunftskompetenz werden für ein neues Ruhrgebiet entscheidend sein:
– Vom mehrkernigen Ballungsraum zum interurbanen Kooperationsnetz!
– Von der Regionalplanung zur Zukunftswerkstatt!
– Von ‚High Tech' zur ‚High Competence'!

Literatur

Butzin, B., I. Helbrecht, M. Miosga und N. Rehle (1993): Neue Strategien der Regionalentwicklung. Vergleich ausgewählter Fallstudien der Bundesrepublik. Essen.

Grabher, G. (1989): Industrielle Innovation ohne institutionelle Innovation? Der Umbau des Montankomplexes im Ruhrgebiet. Berlin. (Wissenschaftszentrum Berlin für Sozialforschung. Discussion papers FS 89–7).

Helbrecht, I. (1994): „Stadtmarketing". Konturen einer kommunikativen Stadtentwicklungspolitik. Basel.

Lipietz, A. (1991): Demokratie nach dem Fordismus. In: Das Argument 189. S. 677–694.

AUF DER SUCHE NACH REGIONALEN LEITBILDERN?
REGIONALE ENTWICKLUNGSKONZEPTE FÜR DAS RUHRGEBIET

Hans Heinrich Blotevogel, Duisburg

1. Einleitung

Die Überschrift läßt erwarten, es gebe für das Ruhrgebiet „regionale Entwicklungskonzepte" und in ihnen „regionale Leitbilder", also normative Zukunftsvorstellungen, an denen sich das Handeln der für den Prozeß der Regionalentwicklung relevanten Akteure orientieren könne und möge.

Um das Ergebnis vorwegzunehmen: Tatsächlich gibt es regionale Entwicklungskonzepte, aber weithin ohne ausformulierte Leitbilder. Allerdings ist dies noch nicht die ganze Geschichte, denn tatsächlich existieren auch „regionale Leitbilder", aber eher verdeckt und latent, jedoch keineswegs unwirksam. Nur: Ist überhaupt jemand „auf der Suche" nach ihnen?

Von welchem „Akteur", welcher Organisation können wir regionale Entwicklungskonzepte und Leitbilder für das Ruhrgebiet erwarten? Da ist zunächst der Kommunalverband Ruhrgebiet (KVR): Im Jahre 1920 als kommunaler Mehrzweckverband unter dem Namen Siedlungsverband Ruhrkohlenbezirk gegründet, fungierte er über 50 Jahre zugleich als Regionalplanungsverband für das Revier. Seit der Organisationsreform der nordrhein-westfälischen Regionalplanung in den 70 Jahren besitzt er jedoch keine Regionalplanungskompetenz mehr.

Diese ging 1976 auf die Regierungspräsidien und die dort neu errichteten Bezirksplanungsräte über. Seitdem wird die Regionalplanung für das Ruhrgebiet nicht mehr im Revier selbst, sondern von außen, nämlich von Düsseldorf, Münster und Arnsberg aus, besorgt – eine Organisation, die man auswärtigen Besuchern nur schwer als rational vermitteln kann, um es einmal diplomatisch auszudrücken.

In den Gebietsentwicklungsplänen, die von den Bezirksregierungen erarbeitet und den Bezirksplanungsräten aufgestellt werden, sucht man allerdings Aussagen über Leitbilder im Sinne normativer Zukunftsvorstellungen über die Region vergebens. Dies hängt nicht nur mit der regionalen Aufteilung des Ruhrgebiets auf drei Planungsräume, sondern auch mit dem tradierten Selbstverständnis der Gebietsentwicklungsplanung als einer im wesentlichen generalisierten, überörtlichen Flächennutzungsplanung zusammen.

2. Regionalisierte Strukturpolitik in Nordrhein-Westfalen

Fündig werden wir erst bei der regionalen Wirtschaftspolitik, die seit etwa 1988/90 in Nordrhein-Westfalen konsequent regionalisiert wird und als „regionalisierte Strukturpolitik" eine planungspolitische Innovation ersten Ranges darstellt (vgl. beispielsweise HEINZE u.a. 1992, Regionale Politik und regionales Handeln 1991). Die Kernelemente der regionalisierten Strukturpolitik lassen sich durch das Schlagwort der vierfachen Kooperation und Vernetzung zusammenfassen:

(1) Räumliche Kooperation zwischen Gemeinden und Kreisen.

Für diesen Zweck wurden in den Jahren 1988/89 im Rahmen der sog. Zukunftsinitiative für die Regionen Nordrhein-Westfalens (ZIN) insgesamt 15 Regionen gebildet. Wie aus Abb. 1 hervorgeht, bildet das Ruhrgebiet nicht *eine* Region, sondern besteht aus 6 ZIN-Regionen, die teilweise weit über das Revier hinausreichen (Niederrhein, Märkische Region). Diese regionale Gliederung wurde nicht von der Landesregierung vorgegeben, sondern war das Ergebnis von politischen Prozessen in den Regionen; dabei spielten die Regierungspräsidenten, die politischen und administrativen Spitzen der kreisfreien Städte und Kreise sowie die Hauptgeschäftsführer der Industrie- und Handelskammern die entscheidenden Rollen.

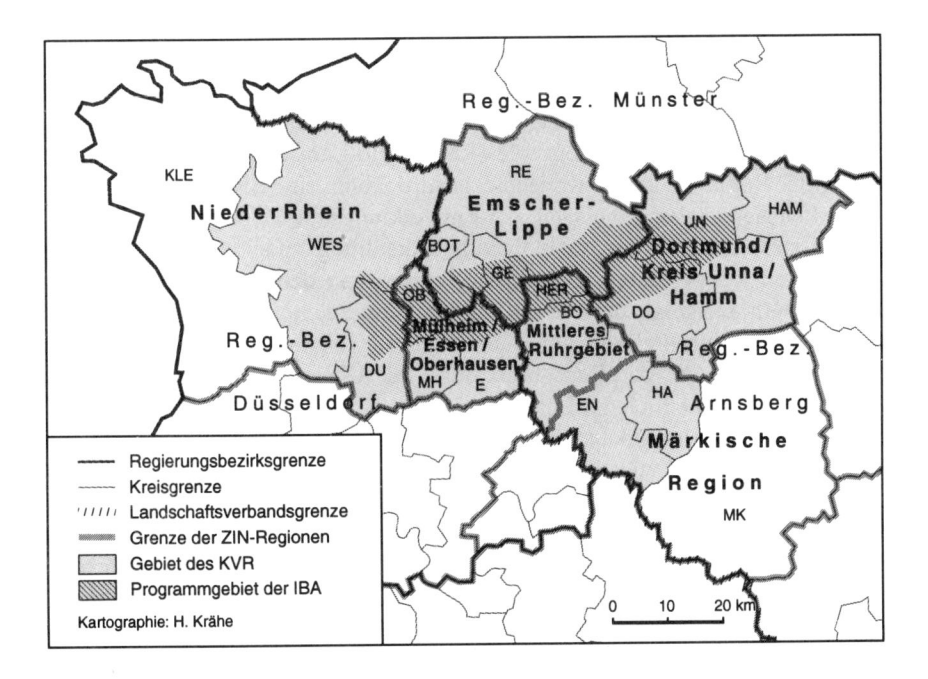

Abb. 1: ZIN-Regionen im Ruhrgebiet

(2) Vertikale Kooperation zwischen den politisch-administrativen Ebenen.

Angestrebt wird ein systematisches Zusammenwirken zwischen den Gemeinden und Städten, Kreisen, Regierungsbezirken, dem Land, Bund und schließlich der EU. Damit wird der Einsicht Rechnung getragen, daß regionale Strukturpolitik heute immer mehr zu einer ebenenübergreifenden Aufgabe wird.

(3) Horizontale Kooperation zwischen den verschiedenen Fachpolitiken.

Ziel ist die systematische Vernetzung der regionalen Wirtschaftspolitik mit anderen Fachpolitiken, beispielsweise der Infrastrukturpolitik, der Arbeitsmarktpolitik, der Bildungspolitik usw. bis zur Gleichstellungspolitik. Sie wandelt sich damit tendenziell von einer klassischen Ressortpolitik zu einer integrierten Entwicklungspolitik.

(4) Funktionale Kooperation zwischen den Akteuren.

Damit sollen die wichtigsten Gruppen von Akteuren, die für die Regionalentwicklung bedeutsam sind, in den Prozeß der Regionalpolitik einbezogen werden: Verwaltung, Politik, Wirtschaftsverbände, Gewerkschaften, Wohlfahrtsverbände, Wissenschaft usw. Das vorrangige Ziel ist die Förderung kooperativen Handelns aller wichtigen Akteursgruppen, um alte Blockaden zu überwinden und Synergieeffekte zu erzeugen.

Das kooperative Handeln soll durch zwei Instrumente erreicht werden:
(1) Regionalkonferenzen. Diese finden in allen 15 ZIN-Regionen ein- bis zweimal jährlich statt. Sie haben keine formale demokratische Legitimation, sondern sind informelle Beratungsgremien, deren Arbeitsergebnisse ggf. anschließend den Gemeinde- und Stadträten, Kreistagen, Bezirksplanungsräten sowie schließlich der Landesregierung vorgelegt werden.
(2) Regionale Entwicklungskonzepte (REK). Die Landesregierung fordert von den 15 Regionen diese Konzepte ausdrücklich ein. Sie sollen enthalten: Stärken-Schwächen-Analysen, ein Entwicklungsleitbild sowie eine Darstellung der wichtigsten regionalpolitischen Handlungsfelder mit prioritär eingeschätzten Leitprojekten. Die REKs werden von den Regionalkonferenzen aufgestellt; sie gehen dann den Kommunalparlamenten der kreisangehörigen Gemeinden zur Stellungnahme sowie den Kreistagen und Stadträten der kreisfreien Städte zur Beschlußfassung zu. Über die Bezirksplanungsräte werden sie schließlich der Landesregierung zugeleitet, die sie ggf. zur Leitlinie ihres Handelns macht.

Inzwischen liegen aus allen sechs Regionen, die ganz oder teilweise auf das Ruhrgebiet entfallen, die REKs vor. Sie sind meist zwei- oder dreigeteilt: Zunächst enthalten sie eine Strukturbeschreibung der Region mit einer Stärken-Schwächen-Analyse. Dann folgen Ausführung zum regionalen Entwicklungsleitbild; allerdings fehlt in vielen Konzepten dieser Abschnitt, oder er ist lediglich rudimentär ausformuliert. Schließlich werden die wichtigsten politischen Handlungsfelder dargestellt und Projektvorschläge benannt.

3. Aussagen zu Leitbildern in den Regionalen Entwicklungskonzepten

Befragen wir die vorliegenden Konzepte auf in ihnen enthaltene Leitbildvorstellungen, so können drei Ergebnisse herausgestellt werden:
(1) Aussagen zur künftigen Entwicklung des Ruhrgebiets als ganze Region fehlen völlig. Dies ist bei der abweichenden Gliederung der ZIN-Regionen

vielleicht auch nicht zu erwarten; es wäre aber immerhin denkbar, daß die im Ruhrgebiet gelegenen ZIN-Regionen ihre Leitvorstellungen untereinander koordinieren und aufeinander abstimmen. Dies ist jedoch nicht der Fall. In den Konzepten der Randregionen Niederrhein und Märkische Region wird die Zugehörigkeit zum Ruhrgebiet nicht einmal thematisiert – ohne Zweifel ein Indiz für eine bewußte oder unbewußte regionalpolitische Absetzbewegung vom Ruhrgebiet.

Nur in den Konzepten der drei ZIN-Regionen des Kernreviers wird ein Bezug zum Ruhrgebiet explizit hergestellt, allerdings auf recht unterschiedliche Weise. Die Region Mittleres Ruhrgebiet/Bochum betont die engen Verflechtungen mit ihren Nachbarregionen, insbesondere die Funktion Bochums als Arbeitsmarktzentrum für das nördliche Ruhrgebiet. Hingegen definiert sich die Region Emscher-Lippe gerade durch eine Abgrenzung von den vermeintlich besser gestellten Hellwegstädten, und aus dieser Position der Inferiorität wird ein besonderer Förderbedarf gegenüber Land, Bund und EU geltend gemacht, beispielsweise zur Gründung einer eigenen Universität. Die Region MEO (Mülheim/Essen/Oberhausen) schließlich sieht sich explizit als integraler Bestandteil des Ruhrgebiets und strebt eine verbesserte interkommunale Kooperation an. Ein eigenständiges Profil und Leitbild im Kontrast und in Abgrenzung vom Ruhrgebiet steht hier nicht zur Debatte. Dies ist insofern kein Zufall, als auch in der Vergangenheit gerade die Stadt Essen immer ein Vorreiter der Idee einer Ruhr-Region war (vgl. BLOTEVOGEL 1993).

(2) Explizite Aussagen zu Leitbildern der einzelnen Regionen finden sich in den Konzepten von drei Regionen überhaupt nicht und in denen der drei anderen Regionen lediglich in vager Form.

Einzelheiten können den Übersichten in Abb. 2 entnommen werden. Dort wurde versucht, auch die mittelbar leitbildrelevanten inhaltlichen Aussagen der sechs REKs tabellarisch zusammenzufassen.

Die Inhaltsanalyse führt zu einem enttäuschenden Ergebnis: Nach explizit ausformulierten Leitbildern für die Entwicklung der Regionen sucht man vergeblich. Es überwiegen weithin Leerformeln und regional austauschbare Allgemeinplätze!

(3) Dies ist allerdings noch nicht die ganze Geschichte. Wenn man sich nämlich etwas intensiver mit den Konzepten befaßt (und an den Beratungen der Regionalkonferenzen und ihrer Ausschüsse teilnimmt), kommt man zu zwei weiteren interessanten Beobachtungen:
- Hinter den Strukturbewertungen, den Ausführungen zu den Handlungsfeldern und den Prioritätensetzungen zu den einzelnen Leitprojekten stehen durchaus Leitbilder. Sie werden zwar selten explizit beschrieben, doch heißt dies nicht, daß sie unwichtig oder unwirksam wären.
- In den Gremien, speziell in den Regionalkonferenzen und ihren Ausschüssen, besteht im allgemeinen wenig Bereitschaft und möglicherweise auch nicht die Fähigkeit, eine offene Leitbilddiskussion zu führen.

Über die Gründe hierfür kann vorerst nur spekuliert werden. Offenkundig sind es die meisten Akteure nicht gewohnt, in alternativen Entwicklungen

"NiederRhein" (Duisburg, Wesel, Kleve)

"Der NiederRhein – attraktiver Wirtschafts- und Lebensraum"

(1) "Wirtschaftsraum mit Standortqualität"
   – Offenheit für wirtschaftliche Aktivitäten (wirtschaftsfreundliches Klima)
   – Bestandspflege
   – Betriebsansiedlungen
   – regionsspezifische Konzeptausformung
   – innerregionale Differenzierung

(2) "Lebensraum NiederRhein"
   – weiche Standortfaktoren: regionale Lebensqualität und soziokulturelles Klima
   – Leitbildorientierung: Weltoffenheit und Internationalität

Quelle: Regionales Entwicklungskonzept NiederRhein. Januar 1993

"MEO" Mülheim – Essen – Oberhausen

"Ausbau und Gestaltung einer wirklichen Region"

– Ergänzung der lokalen Identität durch regionale Identität
– Überwindung traditioneller kommunaler Konkurrenz
– Erhalt und Ausbau der polyzentrischen Region
– Ausbau der regionalen Kooperationsfähigkeit
– MEO als integraler Bestandteil des Ruhrgebiets
– Kooperation der Region in und mit dem Ruhrgebiet
– Verhinderung der weiteren Auseinanderentwicklung von Hellweg- und Emscherzone
– Erhalt und Ausbau der regionalen Vielfalt

Quelle: Regionales Entwicklungskonzept für die Region Mülheim an der Ruhr, Essen, Oberhausen (MEO). Januar 1993

"Emscher – Lippe" (Bottrop, Gelsenkirchen, Kreis Recklinghausen)

Keine expliziten Aussagen zum Leitbild

"Perspektiven / Zukunftschancen":
– im produzierenden Gewerbe neben Kohle und Stahl zusätzliche Beschäftigungsimpulse, insbes. in der Umweltschutztechnik
– positive Aspekte des Dienstleistungssektors: Handel, Verkehr, produktionsorientierte Dienste, Freizeitgewerbe
– Verfügbarmachung von Gewerbeflächen und Altlastensanierung
– Gründung einer Universität und einer selbständigen Fachhochschule
– Qualifizierung, Weiterbildung
– Optimierung der Verkehrsinfrastruktur

Quelle: Emscher-Lippe-Entwicklungsprogramm – Fortschreibung –. Dezember 1991

"Mittleres Ruhrgebiet" (Bochum, Herne, Hattingen, Witten)

"Industriell-tertiär geprägte Region"

– ausgeprägte Arbeitsteilung zwischen Städten und Regionen des Reviers (Süd-Nord, zwischenstädtisch)
– große Bedeutung gewerblicher Standortanforderungen
– positives Potential: Lage

Ansatzpunkte:
– Verbesserung der intra- und interregionalen Kooperation
– Verbesserung der materiellen Infrastruktur, insbes. Verkehr
– Überwindung des Flächenengpasses
– Verbesserung der beruflichen Qualifikation
– Weiterentwicklung des Innovationspotentials und des Technologietransfers
– Regionales Marketing (Image-Politik)

Quelle: Entwicklungskonzept für die Region "Mittleres Ruhrgebiet". 2. Verwaltungsentwurf. März 1993

"Dortmund / Kreis Unna / Hamm"

Keine expliziten Aussagen zum Leitbild

"Generelle Entwicklungsziele":
– Sicherung und Schaffung eines ausgewogenen Gewerbeflächenangebots
– Verbesserung und Koordination der Infrastruktur
– Förderung und Ausbau von Wissenschaft, Forschung und Entwicklung
– verstärkte Bemühungen um einen ausgewogenen Arbeitsmarkt, Qualifizierung und Förderung von Frauen
– Verbesserung der natürlichen Lebensbedingungen, Sanierung der Altlasten

Quelle: Regionales Entwicklungskonzept Dortmund / Kreis Unna / Hamm. Dezember 1992

"Märkische Region" (Hagen, südlicher Ennepe-Ruhr-Kreis, Märkischer Kreis)

Keine expliziten Aussagen zum Leitbild

Generelles Ziel: "Weiterentwicklung einer leistungsstarken Wirtschaft"
– Gewerbeflächenmobilisierung
– Innovation und Technologietransfer
– Beschäftigung und Qualifizierung
– zukunftsweisende Verkehrsinfrastruktur
– entwicklungsfähige Ver- und Entsorgungsinfrastruktur
– weiche Standortfaktoren

Quelle: Regionales Entwicklungskonzept für die Märkische Region (Entwurf). August 1992

Abb. 2: Leitbildaussagen in den Regionalen Entwicklungskonzepten

und Perspektiven zu denken. Vorherrschend ist lineares Denken, das in der Regel einfach die Verhältnisse der Gegenwart in die Zukunft projiziert. Die spezifische regionale mentale Prägung der Vergangenheit formt offenbar auch die „Denkräume" der Zukunftsentwicklung, und zwar auf eine überwiegend einengende Weise. Alternative Entwicklungspfade werden nicht ins Kalkül gezogen, da sie entweder „undenkbar" sind oder als verunsichernd gelten; Alternativ-Szenarien werden als zu verwirrend abgelehnt.

Eine offene Leitbilddiskussion mit alternativen Optionen wird auch deshalb abgelehnt, weil das darin enthaltene politische Konfliktpotential gescheut wird. Viele Akteure, speziell die Verwaltungsspitzen, haben oft ein Interesse daran, die (zumeist maßgeblich von ihnen erarbeiteten) Vorlagen ohne zeitraubende politische Diskussionen zügig „durchzubringen".

Ein dritter Faktor ist in der Organisation der Regionalkonferenzen angelegt. Da sich ihre Teilnehmer im wesentlichen aus Vertretern von politischen Parteien, Interessengruppen und Organisationen zusammensetzen, dominiert vielfach die rollengeprägte Argumentation zu Lasten einer offenen Bereitschaft zum flexiblen Zusammenwirken.

Welches sind nun die „verdeckten", quasi im mentalen Hintergrund wirkenden Leitbilder?

Sie lassen sich am besten indirekt aus den Handlungsfeldern, die in den REKs als vorrangig dargestellt werden, erschließen:
- Mobilisierung von Gewerbeflächen (hier wird regelmäßig ein wesentlicher Engpaß der wirtschaftlichen Entwicklung mit einem entsprechenden Handlungsbedarf gesehen),
- Verbesserung der Verkehrsinfrastruktur,
- Sicherung der Abfallentsorgung,
- Forschung und Entwicklung, Innovationsförderung und Technologietransfer,
- Bildung und berufliche Qualifizierung,
- Regions-Marketing, dabei primär Außen-Marketing zum besseren „Verkaufen" der Region als Wirtschaftsstandort.

4. Das latente Leitbild der „modernisierten Re-Industrialisierung"

Die hinter diesen als vorrangig eingeschätzten Themenfeldern erkennbaren Handlungsorientierungen lassen sich zusammenfassend als das *Leitbild einer „modernisierten Re-Industrialisierung"* charakterisieren.

Es bedeutet keineswegs ein einfaches Festhalten an den traditionellen Montanbranchen, wie dem Ruhrgebiet von außen immer wieder vorgeworfen wird. Die Akteure im Ruhrgebiet sind ebenso wie die Landesregierung realistisch genug, um einzusehen, daß eine einfache Strategie der Strukturerhaltung nicht weiterführt. In diesem Punkt stimmen z.B. Gewerkschaften, Wirtschaftsverbände und Politiker aller Couleur überein. Sie sind sich ebenfalls grundsätzlich einig in der Forderung, daß der Rückgang der traditionellen Branchen sozial abgefedert werden muß – umstritten ist hier allerdings, in welchem Umfang und über welchen Zeitraum.

Das Interpretationsschema, das dem latenten „Leitbild der modernisierten Re-Industrialisierung" zugrunde liegt, läßt sich in fünf Punkten referieren:

(1) Die Krise der Ruhrgebietswirtschaft ist primär eine sektorale Strukturkrise von Kohle und Stahl. Bei der Kohle ist langfristig aus energiepolitischen Gründen (wohlgemerkt nicht als regionalpolitisch motivierte Subvention!) ein „Fördersockel" zu erhalten, um eine hinreichende Versorgungssicherheit mit einem einheimischen Energieträger zu gewährleisten. Bei der Stahlindustrie wird eine gewisse Schrumpfung auf einen wettbewerbsfähigen Kern angenommen.

(2) An Stelle der schrumpfenden montanindustriellen Basis sind neue, sog. Wachstumsindustrien anzusiedeln. Als neue, moderne Schlüsselindustrien werden in erster Linie die Mikroelektronik sowie die Umwelttechnik (Umweltverfahrenstechnik, Abfalltechnik, Sanierungstechnik) angesehen. Ergänzend vermutet man Wachstumschancen im tertiären Sektor, speziell im Bereich Verkehr/Logistik sowie bei den produktionsorientierten Dienstleistungen.

(3) Um die Re-Industrialisierung mit modernen Wachstumsbranchen zu erreichen, werden vier entscheidende Engpässe mit entsprechendem Handlungsbedarf vermutet:

    a) Flächenengpässe mit der Folgerung: Gewerbeflächenmobilisierung.
       Hier fordern Wirtschaftsverbände und weithin auch Gemeinden und Gewerkschaften eine forcierte Strategie der Gewerbeflächenausweisung und -erschließung, auch auf Kosten der Freiräume. Die Bezirksregierungen und die Landesregierung favorisieren demgegenüber eher das Brachflächenrecycling und versuchen, die Inanspruchnahme von Freiflächen auf Ausnahmen zu beschränken.

    b) Technologieengpässe mit der Folgerung: Förderung anwendungsorientierter Technologien und des Technologietransfers, z.B. von den Hochschulen in die regionale Wirtschaft.
       Im Hintergrund dieser Einschätzung steht die Vorstellung von technologischen Zyklen und der raumwirtschaftlichen Steuerungsfähigkeit der Lokalisation der auf neuen Technologien basierenden Industrieproduktion als Ersatz für den auslaufenden montanindustriellen Zyklus.

    c) Qualifikationsengpässe der Arbeitskräfte mit der Folgerung: Verbesserung der beruflichen Bildung sowie vor allem der Fort- und Weiterbildung für moderne technologische Qualifikationen.
       In vielen REKs wird ein Ausbau der Hochschulen sowie der Angebote zur Fort- und Weiterbildung, speziell zur Umschulung und zur Vermittlung moderner Technologien wie insbesondere der Mikroelektronik, gefordert.

    d) Infrastrukturengpässe, speziell der Verkehrsinfrastruktur, mit der Folgerung: Autobahnausbau, Flugplatzausbau, Modernisierung der Binnenhäfen.

Weitreichende Erwartungen werden insbesondere mit der Gründung von sog. Güterverkehrszentren, d.h. logistischen Knoten mit Schnittstellen zwischen den verschiedenen Verkehrsträgern, verbunden.
(4) In den Regionen vorhandene regionale Stärken bzw. Potentiale, die für die modernisierte Re-Industrialisierungsstrategie genutzt und weiter gestärkt werden sollen, sind nach diesem Interpretationsschema:
  – die zentrale Lage auf der unvermeidlichen „blauen Banane",
  – die vorhandenen Hochschulen und anderen Forschungseinrichtungen („dichteste Hochschullandschaft Europas"),
  – die gute Verkehrsinfrastruktur.
(5) Die Sinnhaftigkeit dieses Interpretationsschemas und des zugehörigen Leitbildes wird prinzipiell kaum reflektiert, geschweige denn in Frage gestellt; sie basiert auf einem Grundkonsens zwischen wichtigen Akteursgruppen:
  – den Verwaltungen der Städte, Kreise und Gemeinden;
  – der „Wirtschaft", d.h. speziell den Kammern und wirtschaftsnahen Politikern in allen drei etablierten Parteien,
  – den Gewerkschaften, speziell der IG Bergbau und Energie, der IG Metall und dem DGB; diese Gruppe hat gerade im Ruhrgebiet einen erheblichen Einfluß auf die Meinungsbildung in der Mehrheitspartei SPD.

Wenn dennoch ansatzweise Diskussionen über Leitbildfragen entstehen, kommt oft das Argument: „Wir sind eine Industrieregion". Das ist durchaus ontologisch gemeint: Das Ruhrgebiet sei „seinem Wesen nach" eine Industrieregion, also gestern ebenso wie heute und morgen. Dieses ontologische Totschlagsargument ist natürlich nichts anderes als eine aus der spezifischen regionalen Identität gespeiste, unreflektierte Leitbildorientierung.

5. Kritik der latenten Leitbildorientierung

Das beschriebene Interpretationsschema basiert jedoch auf einer Reihe von sachlichen Fehleinschätzungen und problematischen regionalpolitischen Schlußfolgerungen. Sie sollen im folgenden in fünf Punkten diskutiert werden.

(1) Künftige Bedeutung der Montanindustrie

Der Niedergang der Montanindustrie ist weitreichender, als der politischen Öffentlichkeit bisher bewußt ist. Beispielsweise war in Duisburg noch in den 70er Jahren die Illusion weit verbreitet, daß sich die Stahlindustrie langfristig auf den für Deutschland optimalen und auch international wettbewerbsfähigen Standort Duisburg am Rhein konzentrieren werde. Im Bergbau besteht noch heute vielfach die Vorstellung, man könne aus energiepolitischen Gründen einen „Fördersockel" von 35 bis 40 oder gar 50 Mio t langfristig halten.

Von einem wettbewerbsfähigen Kern des Kohlebergbaus spricht bei Förderkosten in Höhe von über 300% des Importkohlepreises schon lange keiner mehr. Auch der politische Konsens über den Erhalt des Bergbaus aus energiepolitischen Gründen bröckelt; denn erstens öffnet sich die Schere zwischen heimischen

Förderkosten und dem Weltmarktpreis immer weiter, so daß auch der Finanzierungsbedarf weiter wächst. Zweitens erscheint das energiepolitische Risiko heute nur noch gering, zumal nach der deutschen Einigung auch die ostdeutschen Braunkohlereserven mitberücksichtigt werden müssen. Drittens schließlich wird die Energiepolitik zunehmend europäisiert. Unter diesen Randbedingungen ist der vollständige Niedergang des Ruhrbergbaus nur noch eine Frage der Zeit, d.h. eine Frage politischer Aushandlungsprozesse.

Leider sieht es mit der Stahlindustrie nicht viel besser aus. Zwar liegt die heute im Ruhrgebiet noch verbliebene Stahlindustrie hinsichtlich Kostenbelastung und Arbeitsproduktivität im Mittelfeld ihrer traditionellen westeuropäischen Konkurrenten. Gravierende Risiken erwachsen jedoch von zwei Seiten: zum einen aus der Preiskonkurrenz ausländischer, vor allem ostmitteleuropäischer und osteuropäischer Anbieter, zum andern aus der technologischen Revolution der Mini-Elektrostahlwerke und der neuen Technologie des Dünnbandgießens, die wahrscheinlich einen großen Teil der bisherigen Warmbreitbandstraßen überflüssig machen wird.

Es spricht viel dafür, daß sich in den nächsten Jahrzehnten das Standortsystem der deutschen Stahlindustrie weiter dramatisch verändern wird. Zum einen wird sich die Produktion von Massenstählen weiter in Billiglohnländer verlagern, und zum andern wird voraussichtlich ein dezentrales Netz von hochproduktiven Ministahlwerken auf Schrottbasis entstehen. Einige von ihnen werden sicherlich auch im Ruhrgebiet ihren Standort finden, aber möglicherweise nicht viel mehr als beispielsweise im Rhein-Main-Raum. Die vielfach gehegte Hoffnung, am Ende werde im Ruhrgebiet ein gesundgeschrumpfter und wettbewerbsfähiger montanindustrieller Produktions- und Beschäftigungssockel von beachtlicher Größe übrig bleiben, ist eine Illusion.

(2) Weitreichende Entindustrialisierung

Der Niedergang der Montanwirtschaft ist nicht nur eine sektorale Strukturkrise, sondern Teil eines umfassenderen Entindustrialisierungsprozesses. Dieser Vorgang läßt sich nicht einfach mit der traditionellen Drei-Sektoren-Theorie oder der Theorie technologischer Zyklen erklären; er hat verschiedene strukturelle und räumliche Dimensionen:
– Er ist Teil einer generellen Krise der standardisierten Massenproduktion, d.h. der großbetrieblich organisierten, wenig flexiblen und hierarchischen Produktionsorganisation.
– Er ist Teil einer zunehmenden internationalen, weltwirtschaftlichen Arbeitsteilung, die zu einer Verlagerung von standardisierten Produktionen in die Länder der europäischen Peripherie sowie in außereuropäische Schwellenländer führt.
– Er ist schließlich Teil eines interregionalen Dezentralisierungsprozesses der Industrie zu Lasten der Ballungsräume und zugunsten der benachbarten ländlichen Räume.

Wie rasant der Entindustrialisierungsprozeß voranschreitet, mögen wenige Zahlen verdeutlichen (Tab. 1). Danach ist der Beschäftigtenbesatz in Bergbau

Auf der Suche nach regionalen Leitbildern? 43

		Beschäftigte im Bergbau und im verarbeitenden Gewerbe		Fertigungsberufe und Bergleute		Technische Berufe (Ing., Mathem., Chem., Techn.)	
		absolut in 1 000	pro 1 000 Einwohner	absolut in 1 000	pro 1 000 Einwohner	absolut in 1 000	pro 1 000 Einwohner
Ruhrgebiet (KVR)	1986	730,2	138,9	658,4	125,3	127,8	24,31
	1991	681,4	125,8	651,2	120,2	133,4	24,63
Zum Vergleich:							
Region Düsseldorf /	1986	339,4	154,9	286,5	130,8	65,9	30,08
mittl. Niederrhein	1991	348,0	152,1	295,9	129,3	78,2	34,17
Reg.-Bez. Köln	1986	500,4	129,8	436,7	113,2	99,5	25,80
	1991	502,9	123,6	445,2	109,4	112,5	27,65
Region Münsterland	1986	159,7	117,8	151,4	111,7	21,5	15,87
	1991	185,7	129,2	173,0	120,4	26,8	18,67
Region Ostwestfalen-	1986	283,6	158,1	252,1	140,6	31,2	17,39
Lippe	1991	333,1	173,1	290,5	150,9	40,5	21,07
NRW insgesamt	1986	2 408,3	144,1	2 117,7	126,7	391,1	23,40
	1991	2 506,7	143,2	2 223,0	127,0	445,2	25,43

Beschäftigte: Sozialversicherungspflichtig beschäftigte Arbeitnehmer
Stand jeweils 31.12.; Besatzziffern für 1986 sind bezogen auf VZ-Ergebnisse vom 25.5.1987

Tab. 1: Beschäftigte im verarbeitenden Gewerbe und Bergbau 1986-1991 im Ruhrgebiet und in Vergleichsregionen

		Beschäftigte im Bergbau und im verarbeitenden Gewerbe		Fertigungsberufe und Bergleute		Technische Berufe (Ing., Mathem., Chem., Techn.)	
		absolut in 1 000	pro 1 000 Einwohner	absolut in 1 000	pro 1 000 Einwohner	absolut in 1 000	pro 1 000 Einwohner
Duisburg	1986	92,6	176,3	73,5	139,9	19,0	36,07
	1991	79,8	148,4	69,4	129,2	16,1	29,94
Gelsenkirchen	1986	47,6	165,5	41,4	144,1	5,5	19,23
	1991	47,2	160,5	40,7	138,5	7,4	25,13
Kreis Recklinghausen	1986	74,8	118,6	72,2	114,4	10,8	17,10
	1991	77,3	118,0	73,3	111,9	13,5	20,55
Zum Vergleich:							
Düsseldorf	1986	92,9	164,8	81,9	145,4	26,2	46,54
	1991	89,3	154,6	81,1	140,4	29,6	51,23
Kreis Borken	1986	42,6	138,4	40,8	132,5	4,0	12,86
	1991	50,7	155,0	48,1	147,1	5,2	15,83

Beschäftigte: Sozialversicherungspflichtig beschäftigte Arbeitnehmer
Stand jeweils 31.12.; Besatzziffern für 1986 sind bezogen auf VZ-Ergebnisse vom 25.5.1987

Tab. 2: Beschäftigte im verarbeitenden Gewerbe und Bergbau 1986-1991 in ausgewählten Städten und Kreisen

und Industrie im Ruhrgebiet trotz günstiger Konjunktur allein zwischen 1986 und 1991 von 139 auf 126 zurückgegangen und der Besatz mit hier beschäftigten Bergleuten und in Fertigungsberufen Tätigen von 125 auf 120. Damit liegt der Industriebesatz im Ruhrgebiet nicht nur klar unter dem Durchschnitt des Landes Nordrhein-Westfalen, sondern sogar unter den Werten für eher ländliche Regionen wie dem Münsterland und Ostwestfalen-Lippe! Beispielsweise übersteigt der Industriebesatz des westmünsterländischen Kreises Borken den des Ruhrgebiets inzwischen um 23% (Tab. 2)!

Daß die Entindustrialisierung nicht nur ein sektorales Problem von Kohle und Stahl ist, sondern nahezu unabhängig von den Branchen die meisten großen Städte trifft, zeigt beispielhaft die Entwicklung von Düsseldorf. Dort liegt der Industriebesatz zwar noch höher als im Ruhrgebiet, ist aber inzwischen auch unter den Wert des Kreises Borken abgesunken (Tab. 2).

Dabei beschönigen die Daten für die Periode 1986-91 das Ausmaß der vor allem in den Großstädten ablaufenden Entindustrialisierung, denn in diese Periode fällt nicht nur die konjunkturelle Erholung der zweiten Hälfte der 80er Jahre, sondern vor allem auch der sog. Einigungsboom. Diese deutschlandspezifische Sonderkonjunktur war ja in erster Linie eine (kreditfinanzierte) Mengenkonjunktur auf traditionellen Gütermärkten, die eher strukturkonservierend als strukturwandelnd gewirkt hat. Umso tiefer ist der Absturz seit 1992, da unterbliebene Strukturanpassungen nun kumuliert erzwungen werden.

Das Wegbrechen der industriellen Basis des Ruhrgebiets ist angemessen nur in einem weiteren konzeptionellen Rahmen ökonomischer Restrukturierung, als Teil der Krise der sog. fordistischen Produktionsweise, zu verstehen (vgl. u.a. BUTZIN 1993).

Demnach ist die Epoche der standardisierten Massenproduktion in Großbetrieben mit starrer, hierarchischer Organisation, den „Dinosauriern des Industriezeitalters", vorbei (PIORE/SABEL 1985). Diese Feststellung gilt nicht nur für die Großbetriebe der Montanindustrie, sondern auch für Betriebe vom Typ der Bochumer Opel-Werke, deren Ansiedlung in den sechziger Jahren immer wieder als Modellfall einer erfolgreichen Strategie der Re-Industrialisierung gefeiert wurde.

Zum einen kämpfen die bestehenden Großbetriebe um ihre Wettbewerbsfähigkeit, indem neue Formen der Arbeits- und Produktionsorganisation eingeführt, die Fertigungslinien flexibilisiert und die Fertigungstiefen reduziert werden. Diese betrieblichen Restrukturierungsmaßnahmen führen regelmäßig zu einem drastischen Personalabbau. Zum andern gibt es schon seit mindestens zwei Jahrzehnten überhaupt kein Ansiedlungspotential neuer Großbetriebe mehr.

Größere Überlebens- und Wachstumschancen besitzen hingegen flexible Klein- und Mittelbetriebe, die häufig in differenzierten Netzwerken kooperieren und so die mangelnden Größenvorteile überkompensieren können. Dieser Typ besitzt jedoch ganz andere strukturelle Voraussetzungen und Standorterfordernisse, als sie das Ruhrgebiet bietet. Wie empirische Studien zeigen, sind prosperierende, klein- und mittelbetrieblich strukturierte Industriebezirke in der Regel nicht auf der Grundlage natürlicher Ressourcen, sondern aus einer ausgeprägten handwerklichen Tradition und mit einer spezifischen soziokulturellen Prägung entstanden, in deren Rahmen beispielsweise berufliche Bildung und Flexibilität einen hohen Stellenwert besitzen.

(3) Flächenengpässe

Hier handelt es sich nicht nur um ein recht kompliziertes Problem, bei dem häufig Mißverständnisse und unzulässige Vereinfachungen auftreten, sondern auch um ein in der politischen Diskussion besonders kontrovers eingeschätztes Problem- und Handlungsfeld.

Zunächst ist darauf hinzuweisen, daß es tatsächlich in allen Gemeinden, vor allem in den größeren Städten mit ihren häufigen Gemengelagen, aus der Sicht einzelner Betriebe Flächenengpässe gibt, weil oft Erweiterungsflächen nicht direkt verfügbar sind oder der vermehrte Flächenbedarf nur durch teure Betriebsverlagerungen erfüllt werden kann. Insofern ist evident, daß (ceteris paribus) in den Städten häufiger als auf dem Lande betriebliches Wachstum wegen Flächenmangel unterbleibt.

In der politischen Diskussion wird jedoch unter „Flächenengpässen" zumeist etwas anderes verstanden: nämlich die Annahme, daß der Mangel an planerisch ausgewiesenen, verfügbaren und/oder erschlossenen Gewerbeflächen für die mageren Ergebnisse industrieller Ansiedlungspolitik verantwortlich sei. Gefordert wird deshalb häufig eine forcierte Flächenangebotspolitik, teilweise auch auf Kosten von Freiräumen und mit offenen oder verdeckten Subventionen. Leider hat diese Politik im Ruhrgebiet eine unrühmliche Tradition.

Eine solche Auffassung verwechselt jedoch nicht nur häufig Angebotsengpaß mit Nachfrageschwäche, sondern verkennt auch die sinnvoll regulierende Wirkung einer angemessenen Bodenpreisbildung. Knappheit an Boden und vielfach konkurrierende Flächenansprüche in den Städten müssen und sollten ihren Ausdruck in angemessenen Bodenpreisen finden. Dieses Regulativ sorgt (jedenfalls ceteris paribus) dafür, daß extensive Nutzungen unterbleiben und die knappen Flächen mit einer angemessenen Wertschöpfungs- bzw. Arbeitsplatzdichte genutzt werden. Heruntersubventionierte Bodenpreise führen hingegen in der Regel zu unterwertigen Nutzungen. Die Städte im Ruhrgebiet können sich diese Verschleuderung wertvoller Flächen keinesfalls leisten, da sie durch die fortschreitende Inanspruchnahme der Freiflächen auf die Dauer immer mehr Attraktivität einbüßen.

Natürlich finden erschlossene Gewerbeflächen auch in Städten wie Duisburg, Herne oder Gelsenkirchen Abnehmer; es fragt sich nur, für welche Nutzung und zu welchem „Preis", und zwar im doppelten Sinne: zu welchem Verkaufspreis und zu welchem Preis des Freiflächenbudgets. Über den langfristigen Erfolg der Strukturpolitik entscheidet nicht die Quantität der Ansiedlungen, sondern ihre Qualität im Hinblick auf die Bilanz zwischen ökonomischem Nutzen und ökologischen Kosten! Im interregionalen und internationalen Standortwettbewerb werden diejenigen Städte und Regionen auf Dauer die besten Karten haben, die über das knappe Gut „Landschaftsqualität" verfügen, nicht jedoch diejenigen, die die Ressource „Landschaft" für eine kurzsichtige Erschließungspolitik verbraucht haben (GANSER/KUPCHEVSKY 1991)!

Diese Einschätzung darf natürlich keinesfalls als Plädoyer für eine bewußte Verknappung des Gewerbeflächenangebots mißverstanden werden. Flächenmobilisierung, speziell durch Brachflächenrecycling, ist mit Recht ein zentrales Handlungsfeld. Unsere Argumentation zielt vielmehr auf einen angemessenen Umgang mit der knappen Ressource Boden.

(4) Technologieengpässe

Selbstverständlich sind technische Innovationen ein wesentlicher Motor der wirtschaftlichen Entwicklung und die technische Innovationsfähigkeit ein wichtiges Kriterium der Wettbewerbsfähigkeit von Regionen. Völlig zu Recht verweist die Landesregierung in diesem Zusammenhang mit Stolz auf die beispiellose Aufbauleistung der Ruhrgebietshochschulen. Sie gelten vielfach als regionale „Stärke"; von ihnen werden Impulse für einen neuen technologischen Zyklus der Ruhrgebietswirtschaft erwartet.

Eine realistische Betrachtung zeigt allerdings: Das vielzitierte Wort von der „dichtesten Hochschullandschaft Europas" gilt nur im vordergründigen räumlichen Sinne. Wenn wir die Hochschulen auf die Bevölkerung dieser Region beziehen, also nach dem für unsere Fragestellung angemesseneren Hochschulbesatz fragen, zeigen sich andere Relationen (Tab. 3). Danach liegt die Zahl der Studierenden im Ruhrgebiet deutlich unter dem Landesdurchschnitt, ebenso die Zahl des wissenschaftlichen Hochschulpersonals.

	Studierende im WS 1989/90		Wissenschaftliches Hochschulpersonal Ist-Bestand 1.10.1989	
	absolut	pro 1 000 Einwohner	absolut	pro 1 000 Einwohner
Ruhrgebiet (KVR)	102 306	19,15	6 052	1,132
Zum Vergleich:				
Region Düsseldorf / mittl. Niederrhein	36 470	16,25	2 054	0,915
Regierungsbezirk Köln	159 013	40,12	8 654	2,184
Region Münsterland	53 186	38,38	2 700	1,948
Region Ostwestfalen-Lippe	40 876	22,10	2 474	1,337
Nordrhein-Westfalen insgesamt	434 555	25,41	24 038	1,405

Ohne Fern-Universität -GH- Hagen
Quelle: LDS: Beiträge zur Statistik des Landes Nordrhein-Westfalen 661, 1991

Tab. 3: Hochschulbesatz 1989/90 im Ruhrgebiet und in Vergleichsregionen

Diese Feststellung schmälert in keiner Weise die Leistung von Land und Bund beim Aufbau der Forschungs- und Hochschulinfrastruktur in einer Region, die noch zu Beginn der sechziger Jahre völlig ohne Universität war. Sie relativiert allerdings überzogene Erwartungen, die gelegentlich auf die Hochschulen als Motoren einer technologischen Modernisierung der Region gerichtet werden.

Im übrigen spielt die Hochschulforschung für das Innovationsgeschehen der Wirtschaft, zumal in derselben Region, nur eine nachgeordnete Rolle. Viel wichtiger ist die innerbetriebliche Forschungs- und Entwicklungstätigkeit (FuE). Sämtliche Indikatoren zeigen jedoch, daß die Ruhrgebietswirtschaft durch eine weit unterdurchschnittliche FuE-Tätigkeit und Innovationsintensität charakterisiert wird. Dies hängt in erster Linie mit der tradierten Sektoralstruktur der Industrie zusammen; denn obwohl beispielsweise auch Bergbau und Stahlindustrie inzwischen längst zu hochtechnologischen Branchen geworden sind, sind hier die FuE-Aufwendungen pro Wertschöpfung und Beschäftigten immer noch viel geringer als im Durchschnitt der Industrie.

Darüber hinaus schneidet das Ruhrgebiet aber auch bei intrasektoralen Vergleichen der FuE-Aufwendungen und der Innovationsintensität signifikant schlechter ab. Beispielsweise sahen viele Zulieferer des Bergbaus und der Stahlindustrie traditionell keine Veranlassung zu eigenen FuE-Aufwendungen, da sie vermeintlich sicher in den montanindustriellen Komplex eingegliedert waren. Auch die in den 50er und 60er Jahren gegründeten elektrotechnischen Betriebe entstanden zumeist als reine Fertigungsbetriebe vom Typ verlängerter Werkbänke, um insbesondere das noch nicht ausgelastete weibliche Arbeitskräftepotential zu nutzen.

Besonders alarmierend ist die Tatsache, daß sich der Rückstand des Ruhrgebiets gegenüber dem Bundesdurchschnitt in der angewandten Forschung und Entwicklung im Verlauf der achtziger Jahre keineswegs verringert, sondern sogar noch verstärkt hat. Nach den Ergebnissen einer Studie von H.-F. ECKEY (1993) waren 1989 im Ruhrgebiet 12247 Personen (Vollzeitäquivalent) in der Industrieforschung tätig. Um lediglich den Bundesdurchschnitt zu erreichen, hätte diese Zahl um 11646 höher sein müssen! Im Jahre 1981 war der Rückstand mit 6057 Personen noch deutlich kleiner. Bei einem Vergleich mit anderen Ballungsräumen wie Rhein-Main oder München ergibt sich natürlich ein noch viel gravierenderes Defizit.

Die besorgniserregende Ausweitung der FuE-Lücke in der Wirtschaft des Ruhrgebiets hat zwei Ursachen. Zum einen war die traditionelle Industrieforschung primär auf den Montankomplex ausgerichtet, so daß sie von dessen Krise mitbetroffen wurde. Es ist ihr nur zu einem geringen Teil gelungen, sich auf neue zukunftsträchtige Felder wie z.B. Umwelt- und Sanierungstechnik umzuorientieren. Zum andern hat der Aufbau neuer FuE-Aktivitäten, z.B. in der Mikroelektronik und Umwelttechnik, trotz respektabler Erfolge im einzelnen bei weitem nicht ausgereicht, um den Rückstand zu kompensieren.

Insofern ist die Diagnose regionaler Technologieengpässe durchaus richtig und die bisherige Strategie des Hochschulausbaus und der Technologieförderung einschließlich der Technologiezentren und der Einrichtungen des Technologietransfers keinesfalls falsch. In der politischen Öffentlichkeit besteht jedoch die weitverbreitete doppelte Illusion, daß Forschung und Entwicklung im Ruhrgebiet durch staatliche Maßnahmen bereits überproportional ausgebaut seien und daß dadurch ein neuer technologisch induzierter Wachstumszyklus ausgelöst werden könne.

(5) Engpässe der Verkehrsinfrastruktur

Selbstverständlich gibt es im Ruhrgebiet Infrastrukturengpässe, auch und gerade im Verkehr. Aber das Ruhrgebiet ist als Ergebnis der umfangreichen staatlichen Modernisierungsprogramme der 60er und 70er Jahre bereits heute die dichteste Autobahnlandschaft Europas, und insofern erscheint weniger ein quantitativer Ausbau, sondern eine qualitative Erneuerung der Verkehrsinfrastruktur als dringlich.

Auch bei Verkehrsprojekten kann heute nicht mehr die traditionelle eindimensionale Nachfrageorientierung, sondern nur noch das Prinzip der umfassenden Bewertung von Nutzen und Kosten gelten: Wenn etwa die Bundesregierung, die CDU auf allen Ebenen sowie wirtschaftsnahe Kreise im Ruhrgebiet den Weiterbau der Autobahn A 44 von Düsseldorf über Bochum nach Dortmund (DüBoDo) quer durch die Naherholungslandschaft des Ruhrtals fordern, so muß der vermeintliche ökonomische Nutzen gegen die weitreichenden Einbußen an Umwelt- und Lebensqualität abgewogen werden. Wenn man die zunehmende Bedeutung der Landschaftsqualität für den interregionalen Standortwettbewerb mitberücksichtigt, gelangt man zu dem Schluß, daß solche Projekte nicht nur die Umweltqualität, sondern auf längere Sicht auch die wirtschaftliche Standortqualität nachhaltig schädigen. Insofern geht es hier auch nicht um einen Konflikt zwischen Ökonomie und Ökologie, sondern um eine verantwortungsvolle, zukunftsorientierte Entscheidung.

Qualitative Modernisierung der Verkehrsinfrastruktur bedeutet, die verkehrspolitischen Prioritäten grundsätzlich anders zu setzen. Der ÖPNV ist auch im Ruhrgebiet über viele Jahre hinweg allenfalls gut verwaltet, aber nicht professionell gemanagt worden und hat während der 70er und 80er Jahre kontinuierlich Marktanteile verloren. Nicht zuletzt durch die Konzentration der knappen Mittel auf unverhältnismäßig teure U-Bahnprojekte ist das ÖPNV-Angebot im ganzen immer noch unzureichend, ebenso der Regionalverkehr der Bahn, und der Ausbaustand der inner- und zwischenörtlichen Radwegenetze ist trotz redlicher Bemühungen der Gemeinden eine schlichte Katastrophe.

Beim Güterverkehr drohen die im Ruhrgebiet traditionell hohen Marktanteile von Schiene und Wasserstraße zugunsten des Straßengüterverkehrs verloren zu gehen, wenn nicht bald regionale integrierte Verkehrskonzepte erarbeitet und die notwendigen modernen Anlagen mit leistungsfähigen Schnittstellen zwischen den verschiedenen Verkehrsarten, beispielsweise für den kombinierten Ladungsverkehr, errichtet werden.

5. Resümee und Ausblick

Diese kritischen Anmerkungen zur aktuellen regionalpolitischen Diskussion im Ruhrgebiet sollen nicht den Eindruck erzeugen, die Strukturpolitik für das Ruhrgebiet sei insgesamt gescheitert oder gehe grundsätzlich in die falsche Richtung. Viele Erfolge der jahrzehntelangen Regionalplanung, der seit den 60er Jahren aufgelegten diversen Modernisierungsprogramme der Infrastruktur und des Städtebaus, der Bildungspolitik und des Hochschulausbaus sind so offenkundig, daß das Ruhrgebiet bei einem internationalen Vergleich altindustrialisierter Regionen zweifellos gut abschneidet. Auch das Konzept der Internationalen Bauausstellung (IBA) Emscher Park ist international wegweisend, und die regionalisierte Strukturpolitik eröffnet neue Potentiale, um die Probleme des Strukturwandels anzugehen.

Das Kernanliegen dieses Beitrags ist ein anderes: Es geht um einige Probleme und offene Aufgaben, die aus dem Wegbrechen der industriewirtschaftlichen Basis und der daraus resultierenden Identitätskrise erwachsen. In dieser Situation orientiert sich das regionalpolitische Handeln vieler Akteure im Ruhrgebiet vermehrt an „einfachen" Leitbildern der Re-Industrialisierung, die die historische Erfahrung der „Industrieregion Ruhrgebiet" in die Zukunft projizieren. Ausdruck dieses „alten Denkens" sind die Suche nach „Ersatzindustrien", eine forcierte Flächenangebotspolitik, die Fixierung auf den Straßenausbau, aber auch die irritierend bedenkenlose Akzeptanz von Großprojekten wie der „Neuen Mitte" in Oberhausen, die in Städten und Regionen mit einer gefestigten urbanen Identität undenkbar wären.

Traditionelle Einstellungen und Interpretationsschemata, die weithin unbewußt auch die normativen Zukunftsvorstellungen über die Entwicklung des Ruhrgebiets prägen, sind jedoch keine ausreichende Basis für eine zukunftsorientierte und verantwortungsvolle Politik. Das Ruhrgebiet muß sich von der Vorstellung lösen, es könne seine traditionelle Rolle als industrielles Produktionszentrum Deutschlands in die Zukunft retten.

Sicherlich kann und wird das Ruhrgebiet nie eine reine Dienstleistungsmetropole werden. Ein einseitiges Setzen auf den Dienstleistungssektor, speziell auf den Hoffungsträger „unternehmensorientierte Dienstleistungen", ist nicht nur illusionär, da es die hohen qualitativen Standortanforderungen dieser Betriebe unterschätzt; es verkennt auch deren symbiotische Beziehungen zur Sachgüterproduktion. Der richtige Pfad liegt irgendwo dazwischen: Eine gewerblich-industrielle Basis der regionalen Ökonomie ist unverzichtbar; sie kann und wird aber im Ruhrgebiet nie wieder großbetrieblich strukturiert sein und das prägende Gewicht wie früher erlangen. Auch insofern wird sich das Ruhrgebiet in seiner Struktur immer mehr anderen „normalen" Ballungsräumen angleichen.

Hinzu kommt eine weitverbreitete Illusion über die politische Steuerbarkeit des regionalen Strukturwandels. In der Region selbst äußert sich diese Einstellung in ständigen Forderungen nach (finanziellen) Hilfen von außen, sei es in Form der Kohlefinanzierung, sei es in Form von Modernisierungsprogrammen, die vom Land, dem Bund oder der EU finanziert werden sollen. Wenn sich ein erheblicher Teil der geistigen politischen Ressourcen einer Region primär auf die Akquisition von Fördermitteln richtet, so ist auch dies ein Ausdruck „alten Denkens", nämlich einer lähmenden Versorgungsmentalität.

Zwar versucht das Land, dem durch die regionalisierte Strukturpolitik entgegenzuwirken und die politische Phantasie in den Regionen selbst zu mobilisieren. Aber erstens sind die Einrichtung von Regionalkonferenzen und die Erarbeitung von Regionalen Entwicklungskonzepten noch keine hinreichende Voraussetzung für innovative Politikinhalte; möglicherweise stärkt diese Politik gerade die Netzwerke der traditionellen Akteure und fördert so entgegen ihrer Absicht die Perpetuierung traditioneller Leitbilder.

Zum zweiten fördert die Politik generell die Vorstellung, sie könne durch Maßnahmen den Strukturwandel wirksam steuern und letztlich erfolgreich gestalten. Da der hohe Erwartungsdruck auf rasche politische Erfolge (innerhalb der laufenden Wahlperiode) mit einer aufgrund verknappter Mittel abnehmenden politischen Handlungsfähigkeit zusammentrifft, wird ein Politikmodus begünstigt, der sich zunehmend auf symbolische Handlungen beschränkt und so nicht die Strukturprobleme selbst lösen kann, sondern den Eindruck zu erzeugen versucht, die Probleme zu lösen. Daran ist nicht nur bedenklich, daß sowohl bei Politikern wie auch in der Öffentlichkeit Wahrnehmung und Realität immer weiter auseinanderzuklaffen drohen; diese Politik ist auch hochriskant, da sie zu einem „Schönreden" der Situation tendiert, die tatsächlichen Probleme verdeckt und sowohl eine realistische Analyse als auch eine sachgerechte Politik erschwert.

Diese Feststellung stellt keineswegs die Legitimation von Regionalpolitik und Raumplanung in Frage, im Gegenteil. Sie führt vielmehr zu der Forderung, die Strukturpolitik im Sinne einer aktiven, zukunftsorientierten Politik wirksamer auszugestalten und mit angemessenen Mitteln auszustatten.

Die Rolle der Wissenschaft ist in dieser Situation nicht einfach. Kritische Regionalforschung, die sich nicht vor unbequemen Analysen und Forderungen scheut, gerät in die Gefahr, sich unbeliebt zu machen und sich dem Vorwurf auszusetzen, sie „zerrede" so hoffnungsvolle Projekte wie die „Neue Mitte" in Oberhausen, den Weiterbau der A 44 oder den nicht minder befremdlichen Plan eines gigantischen Autobahntunnels von Mülheim bis Dortmund. Die Wissenschaft darf jedoch nicht ihre eigenen Prinzipien bedenkenlos der ganz anderen Logik von lokalen und regionalen PR-Agenturen unterordnen.

Insofern ist nachdrücklich darauf zu beharren, daß eine zukunftsorientierte Regionalpolitik für das Ruhrgebiet zweierlei benötigt: erstens eine realistische Einschätzung der tatsächlich ablaufenden Prozesse sowie der Möglichkeiten künftiger Regionalentwicklung; zweitens eine offene und transparente politische Diskussion über normative Leitbilder der Regionalentwicklung. Diese Diskussion hat bestenfalls gerade erst begonnen.

Literatur

Ache, P., H.-J. Bremm, K. R. Kunzmann und M. Wegener (Hrsg.): Die Emscherzone: Strukturwandel, Disparitäten – und seine Bauausstellung. Dortmund 1992. = Dortmunder Beitr. z. Raumpl. 58.

Blotevogel, H. H.: Vom Kohlenrevier zur Region? Anfänge regionaler Identitätsbildung im Ruhrgebiet. In: Erneuerung des Ruhrgebietes. Hrsg. H. Dürr und J. Gramke. Paderborn 1993. S. 47–52. = Bochumer Geogr. Arb. 58.

Butzin, B.: Was macht alte Industrieregionen alt? Das Beispiel Ruhrgebiet. In: Ber. z. dt. Landesk. 67, 1993, S. 243–254.

Danielzyk, R.: Gibt es im Ruhrgebiet eine „postfordistische Regionalpolitik"? In: Geogr. Zeitschr. 80, 1992, S. 84–105.
Dege, W. und S. Kerkemeyer: Der wirtschaftliche Wandel im Ruhrgebiet in den 80 Jahren. In: Geogr. Runsch. 45, 1993, S. 503–509
Eckey, H.-F.: Forschung und Entwicklung im Ruhrgebiet 1988–1991. Kurzfassung zur Untersuchung. Mskr. Kassel 1993. 6 S. Zusammenfassung auch in: Kommunalverband Ruhrgebiet (Hrsg.): Regionalinformation Ruhrgbiet, Ausg. April 1993.
Ganser, K. und T. Kupchevsky: Arbeiten im Park. 16 Standorte in Wettbewerb und Qualität. In: Stadtbauwelt 110, 1991, S. 1220–1229.
Grabher, G.: De-Industrialisierung oder Neo-Industrialisierung. Innovationsprozesse und Innovationspolitik in alten Industriegebieten. Berlin 1988.
Häussermann, H.: Ökonomie und Politik in alten Industrieregionen. In: H. Häussermann (Hrsg.): Ökonomie und Politik in alten Industrieregionen Europas. Basel 1992. S. 10–34. = Stadtforsch. aktuell 36.
Heinze, R. G., J. Hilbert und H. Voelzkow: Strukturwandel und Strukturpolitik in Nordrhein-Westfalen. Opladen 1992. – Schr. d. Inst. Arbeit u. Technik 3.
Hennings, G. und K. R. Kunzmann: Strukturelle Erneuerung und lokale Wirtschaftsploitik in Dortmund. In: Ber. z. dt. Landesk. 67, 1993, S. 449–477.
Kilper, H.: Das Politikmodell IBA Emscher Park. Rrfahrungen bei der Implementation der „Arbeiten im Park"-Projekte. Gelsenkirchen 1992. – IAT – PS 04.
Piore, M. und CH. Sabel: Das Ende der Massenproduktion. Berlin 1985.
Regionale Politik und regionales Handeln. Beiträge zur Analyse und Ausgestaltung der regionalen Strukturpolitik in Nordrhein-Westfalen. Hrsg.: Inst. f. Landes- u. Stadtentwicklungsforsch. d. Landes Nordrh.-Westf. Duisburg 1991. – ILS-Taschenbücher.

EIN LEITBILD FÜR DIE STADTREGION RHEIN-RUHR?

Klaus R. Kunzmann, Dortmund

1. Zwischen Rhein und Ruhr

Das Projekt des Gemeinsamen Marktes der Europäischen Union (EU) hat einzelne große Städte und Stadtregionen in Europa veranlaßt, sich Gedanken über ihre Zukunft zu machen, über ihre Rolle im Stadtsystem Europas, aber auch darüber, wie sie die absehbaren sozialen und ökologischen Folgen des Wettbewerbs der Städte und Regionen in Europa bewältigen können. Ob Paris oder London, Barcelona oder Kopenhagen, oder die Niederlande für die Randstad, sie alle setzen sich mit den wirtschaftlichen und sozialen Folgen der räumlichen Polarisierung und Spezialisierung auseinander und entwickeln umfangreiche Leitbilder zur langfristigen Orientierung von Tagespolitiken.

Solche Überlegungen scheinen den politischen Entscheidungsträgern der größten Stadtregion Deutschlands, dem Verdichtungsraum Rhein-Ruhr, noch fremd zu sein. Sie haben bislang keinen Anlaß gesehen, gemeinsame Strategien zu entwickeln. Zu tief, so scheint es, ist noch immer der mentale Graben zwischen Rhein und Ruhr. Aber auch die einzelnen Teilräume tun sich schwer, über den jeweiligen Tellerrand der Tagespolitik hinaus zu blicken und zu handeln. Lediglich Bonn ist eine Ausnahme, doch vermutlich nur deshalb, weil die Stadt in Folge der Hauptstadtentscheidung gezwungen war, sich ein neues, ein europäisches Profil zu suchen. Selbst das Ruhrgebiet, einst gelobtes (wenn auch sehr überschätztes) Musterbeispiel für koordinierte Raumentwicklung, hat offensichtlich keine gemeinsamen Ziele mehr. Die interne Konkurrenz um den Erhalt von Arbeitsplätzen und Gewerbesteuereinnahmen ist es, die die politischen Gremien und Entscheidungen in den einzelnen Städten der Region Rhein-Ruhr beherrscht. Da gibt es wenig Anlaß für gemeinsame Überlegungen und Aktionen. Auch das Land Nordrhein-Westfalen scheint sich auf den Erfolgen seiner beispielhaften Landesentwicklungsplanung in den 60er Jahren auszuruhen. Jedenfalls gibt es bislang keine Hinweise darauf, daß die Landesregierung die gesamte Stadtregion Rhein-Ruhr als eine Einheit sieht, für die es vor dem Hintergrund der Entwicklung in Europa sinnvoll wäre, ein räumliches Leitbild zu entwickeln.

Dabei gäbe es genügend Anlässe, um über gemeinsame Ziele im zukünftigen Europa nachzudenken, beispielsweise darüber, ob es nicht doch sinnvoll wäre, durch eine gezielte intraregionale Arbeitsteilung die einzelnen Standorte der Region in ihren positiven Profilen zu stärken, und ob nicht gemeinsame Aktivitäten zur internationalen Vernetzung und Wirtschaftsförderung in Gang gesetzt werden sollten, um Synergieeffekte zu erzielen. Aber auch darüber, wie und wo die großen Flächenansprüche von Wirtschaft und Wohnungsbau sinnvoll und ökologisch verträglich befriedigt werden können. Schließlich könnte der Anschluß der Städte an Rhein und Ruhr an internationale Infrastrukturnetze Anlaß sein, über gemeinsame Konzepte nachzudenken, die die interne Vernetzung frühzeitig regeln.

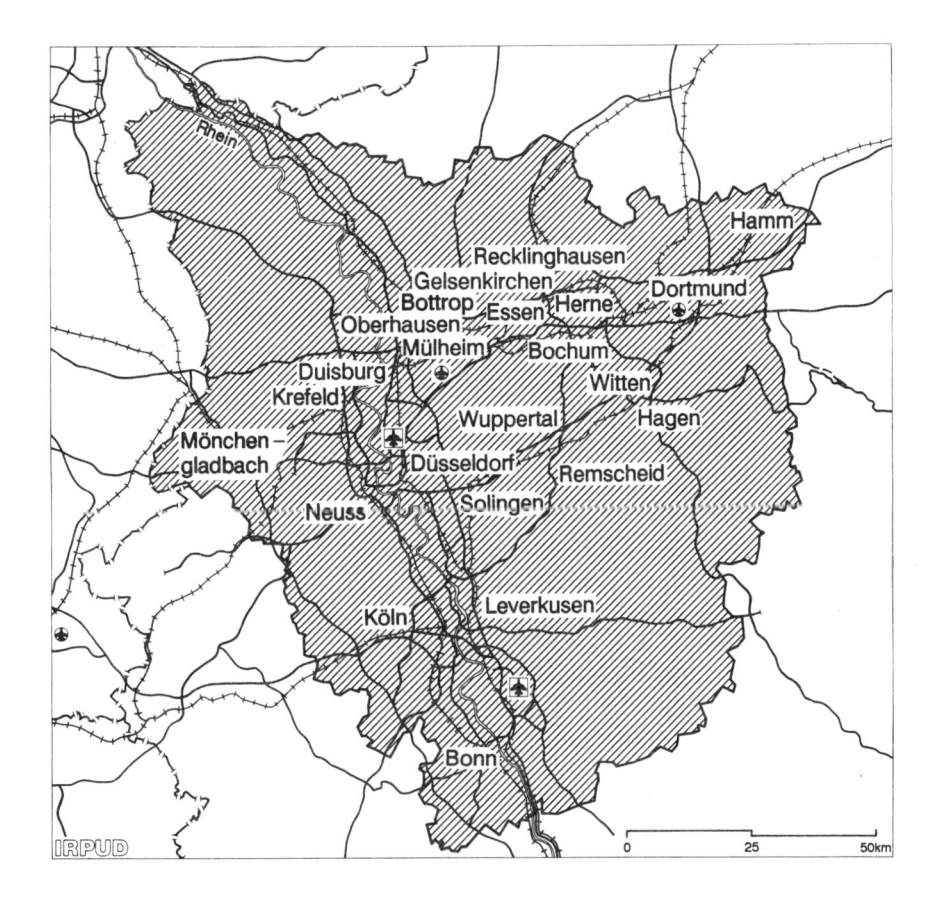

Abb. 1: Die Stadtregion Rhein-Ruhr

Natürlich bedarf es einiger Anstrengungen, um die Furcht der Städte an Rhein und Ruhr zu entkräften, daß sie bei einer engeren Zusammenarbeit jahrhundertealte Hohheitsrechte aufgeben müssen. Zusammenarbeit bedeutet noch lange nicht, daß die gesamte Region Rhein-Ruhr „von oben" regiert werden muß. Ein solches Modell, das hat das Beispiel Ruhrgebiet gezeigt, findet keine politische Unterstützung. Doch gibt es genügend moderne Organisationstheorien, die die notorischen Befürchtungen der Städte und Gemeinden auf Fremdbestimmung entkräften könnten. Durch die Zusammenarbeit der Städte an Rhein und Ruhr läßt sich jedenfalls mehr für die Erhaltung von Arbeitsplätzen am Standort Deutschland tun als durch längere Arbeitszeiten und die Verminderung von Urlaubs- und Feiertagen.

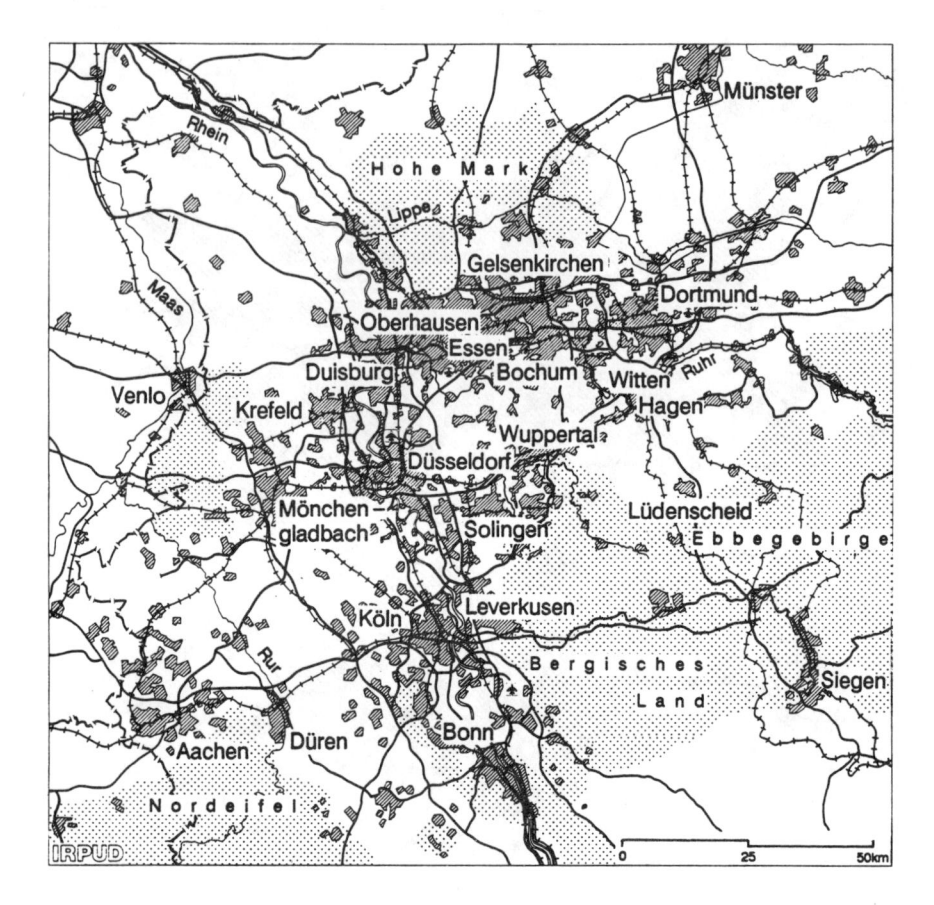

Abb. 2: Die Raum- und Siedlungsstruktur der Stadtregion Rhein-Ruhr

2. Die „Rheinschiene" und das „Ruhrgebiet"

Über die Struktur der beiden funktional miteinander verknüpften Agglomerationen brauche ich hier nicht viel zu sagen. Es ist ein Gebiet von grob 10000 qkm und etwa 8 Mio. Einwohnern mit insgesamt zwölf Städten über 200000 Einwohnern und fünf über 500000: Köln, Essen, Dortmund, Düsseldorf und Duisburg (Abb. 1 und 2). Die einzelnen Städte haben unterschiedliche kulturelle und funktionale Profile, die mehr oder weniger innerhalb und außerhalb der Region bekannt sind. Für die Ordnung und Entwicklung des Raumes an Rhein und Ruhr sind drei Regierungsbezirke und zwei Landschaftsverbände zuständig. Der noch junge Versuch, durch Regionalkonferenzen interkommunale Zusammenarbeit zumindest in Kleinregionen zu erreichen, hat zur pragmatischen Definition von Handlungsregionen geführt, die im wesentlichen durch die Grenzen der Bezirke der Industrie- und Handelskammern vorgegeben waren (Abb. 3). Die Grenzen des Ruhrgebiets sind heute durch die Zugehörigkeit von Städten und Gemeinden

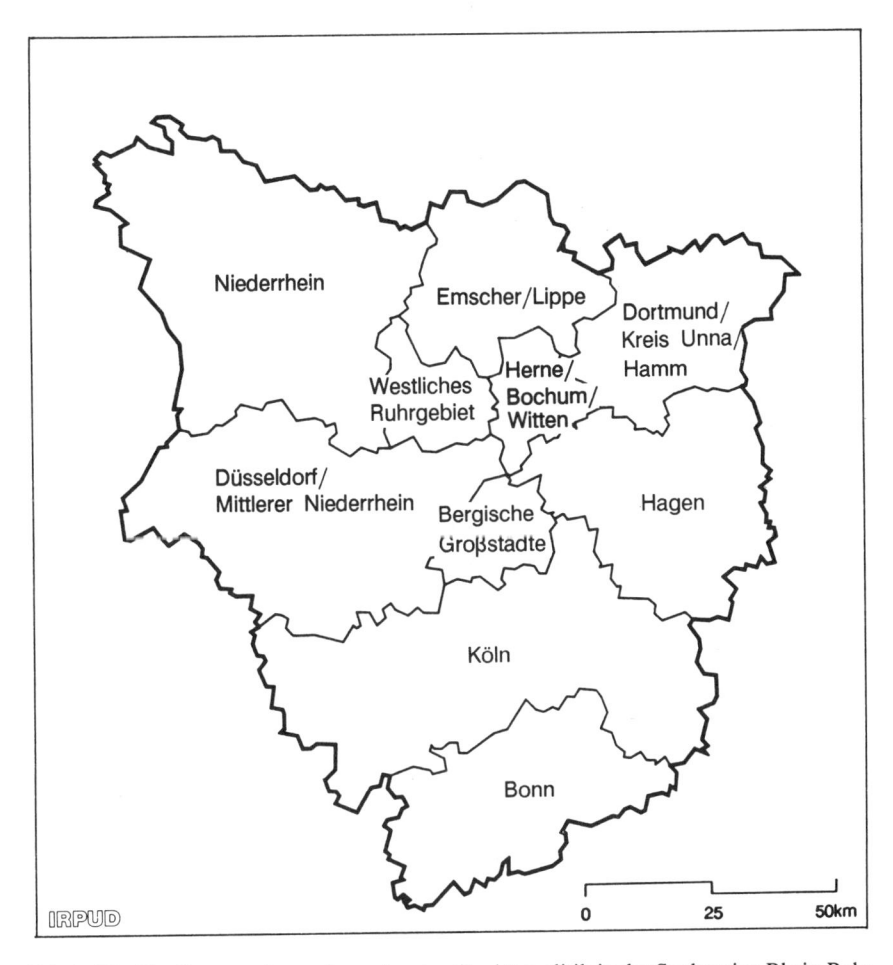

Abb. 3: Die Handlungsregionen der regionalen Strukturpolitik in der Stadtregion Rhein-Ruhr

zum Kommunalverband Ruhrgebiet definiert. Xanten und Haltern gehören dazu, Remscheid und Krefeld nicht.

Die Handlungsregionen der regionalen Strukturpolitik in der Stadtregion Rhein-Ruhr

Die Landesplanung in NRW hat sich mit diesem Raum nie als Einheit befaßt, jedenfalls nichts dazu veröffentlicht, vermutlich weil sie die Städte an Rhein und Ruhr nicht erschrecken oder verärgern wollte. Doch in den Karten des neuen raumordnungspolitischen Orientierungsrahmens des Bundes ist er als ein komplexes Raumsystem abgebildet (Abb. 4).

Die geopolitische Lage der gesamten Stadtregion Rhein-Ruhr in Europa ist äußerst günstig, sie liegt am Schnittpunkt von europäisch bedeutsamen Korridoren. Ihr Einzugsbereich beträgt über 100 Mio. Einwohner, und wahrscheinlich hätte Euro-Disney weniger Schwierigkeiten gehabt, wenn sich der Vergnügungsmulti für einen Standort in dieser Region entschieden hätte statt für Paris.

56   Klaus R. Kunzmann

Leitbilder Siedlungsstruktur

Städtenetze
- mit Ausbaubedarf
- mit besonderem Entlastungsbedarf

Siedlungsstrukturelle Ausgangssituation

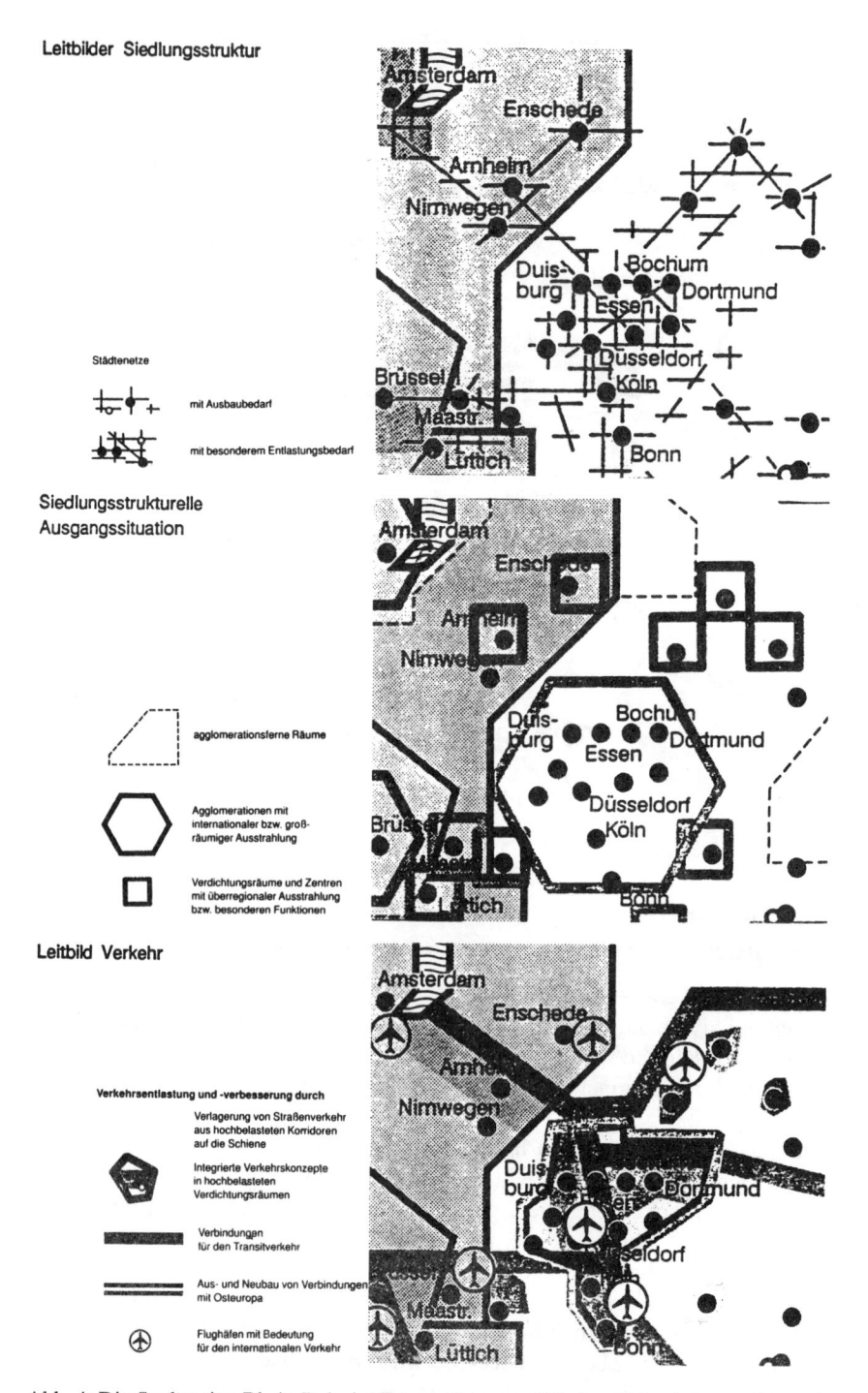

- agglomerationsferne Räume
- Agglomerationen mit internationaler bzw. großräumiger Ausstrahlung
- Verdichtungsräume und Zentren mit überregionaler Ausstrahlung bzw. besonderen Funktionen

Leitbild Verkehr

Verkehrsentlastung und -verbesserung durch
- Verlagerung von Straßenverkehr aus hochbelasteten Korridoren auf die Schiene
- Integrierte Verkehrskonzepte in hochbelasteten Verdichtungsräumen
- Verbindungen für den Transitverkehr
- Aus- und Neubau von Verbindungen mit Osteuropa
- Flughäfen mit Bedeutung für den internationalen Verkehr

Abb. 4: Die Stadtregion Rhein-Ruhr im Raumordnungspolitischen Orientierungsrahmen des Bundesministeriums für Raumordnung, Bauwesen und Städtebau

Beide Teilregionen leiden unter den nicht sehr suggestiven und vor allem schwer in andere Sprachen zu übersetzenden Begriffen. Ein „Gebiet" ist kein besonders differenzierter Regionalbegriff für die Städteansammlung zwischen Ruhr und Lippe, und eine „Schiene" sagt auch wenig über die kulturelle Geschichte der Region am Rhein. Im Zeitalter der Postmoderne ist das ein nicht zu unterschätzendes Handicap – stellen Sie sich vor, die Stadtregion Paris hieße Seinegebiet und die Stadtregion London Themseschiene!

Trotzdem, die Stadtregion Rhein-Ruhr ist ein wirtschaftlich starker und kulturell ungemein vielfältiger Raum mit umfangreichen sozialen Potentialen, und sie ist im internationalen Vergleich eine Stadtregion mit ungewöhnlich hoher Lebensqualität für fast alle Bevölkerungsschichten. Diese Region braucht ein gemeinsames Leitbild.

3. Was ist ein Leitbild, was ist ein räumliches Leitbild?

Ein Leitbild ist die Vision für die Zukunft einer Region und seiner Bewohner, ein konzeptioneller Rahmen für räumliche und siedlungsstrukturelle Entwicklungslinien, ein Prüfraster für tägliches Entscheiden und Handeln. Ein Leitbild ist Ermutigung für die Zukunft aus der Erfahrung der Vergangenheit. Ein Leitbild ist kein Konzept für ein regionales Marketing, das von einer Marketing-Agentur erfunden und in Anzeigen in die Medienwelt getragen wird. Es ist vielmehr ein Konzept, das in regionaler Zusammenarbeit entwickelt und erörtert wurde und schließlich regionalen Konsens gefunden hat. Dazu muß es verständlich sein, also lesbar und einsichtig. Trotz aller visionärer Elemente muß es realistisch und konsensfähig bleiben, trotz aller Realität muß es Visionen bieten. Es muß die Phantasie herausfordern, nicht die Baupolizei oder die Gewerbeaufsicht. Ein Leitbild muß Bilder erzeugen in den Köpfen der Bewohner und Akteure von einer Zukunft, auf die es sich lohnt, in vielen kleinen Schritten hinzuarbeiten. Ein Leitbild muß einen perspektivischen gedanklichen Rahmen für Grundsätze definieren, die das tägliche politische Handeln bestimmen. In Entscheidungsprozessen muß es Anhaltspunkte und Anregungen für die Richtung geben. Es muß interpretierbar und auffüllbar sein, ohne daß es seine Struktur verliert. Es muß offen bleiben für Veränderungen, die nicht vorhersehbar sind.

Auch räumliche Leitbilder sind seit einiger Zeit wieder in den Vordergrund des Interesses gerückt. Dies hat, so vermute ich, unterschiedliche Gründe:
- Die zunehmende Individualisierung der Gesellschaft und daraus erwachsende Probleme für die Konsensfindung über zukünftige Entwicklungswege machen es immer schwieriger, allgemein gültige Entwicklungspolitiken zu formulieren. So werden Auswege gesucht, also substantielle und allgemein verbindliche Orientierungen, die in der Moderne abhanden gekommen sind.
- Die Angst eines Teils der (Risiko-)Gesellschaft vor der ökologischen Katastrophe verstärkt den Ruf nach konsensfähigen Modellen für das Überleben dieser Gesellschaft.

- Nach dem Fall der Mauer und dem Niedergang des Sozialismus (und damit dem Verlust des vorherrschenden Feindbildes der kapitalistischen Gesellschaft im Westen) werden neue gesellschaftliche Orientierungen gesucht, an denen sich sektorale und raumbezogene Politiken orientieren können.
- Die Überflutung der an Raumentwicklungsprozessen beteiligten Akteure mit Informationen, also mit Fakten und Faktoren, die bei raumbezogenen Entscheidungen zu berücksichtigen sind, übersteigt in der Regel die Absorptionskraft und -fähigkeit dieser Akteure. Folglich werden Orientierungen gesucht, die bereits auf der jeweiligen Handlungsebene gesellschaftlichen Konsens gefunden haben und die es den Akteuren ersparen, alle diese Informationen selbst zu verarbeiten und abzuwägen.
- In der Folge der von tausenden von Sachzwängen beherrschten raumbezogenen Entscheidungen auf fünf Handlungsebenen sind langfristige Überlegungen auf der Strecke geblieben. In gleichem Umfang aber wurde die Sehnsucht nach längerfristigen zukunftsorientierten Leitbildern immer größer.
- Umfassende traditionelle Stadt- oder Regionalentwicklungskonzepte, die gesetzlich und finanziell abgesichert sind, die sowohl sozial- und umweltverträglich als auch wirtschaftsfördernd und arbeitsplatzsichernd sind, haben sich im politischen Kontext der Bundesrepublik als nicht durchsetzbar erwiesen. Also werden reduzierte, weniger verbindliche Konzepte für die Raumentwicklung gesucht, die einerseits Orientierung geben, aber andererseits eben weder politisch noch rechtlich eingeklagt werden können.
- Stadt- und Regionalentwicklung werden zunehmend an Projekten orientiert, die von daran interessierten Gruppen initiiert und durchgesetzt werden, ohne daß dabei deutlich wird, welche längerfristigen Überlegungen ihnen zugrunde liegen. Daraus entsteht berechtigterweise die Forderung nach stadt- oder regional- oder raumordnungspolitischen Konzepten, an denen solche Projekte orientiert sind.

Die Gründe des Unbehagens mit dem gegenwärtigen, etwas ziellosen Zustand der Politik wie der Raumplanung sind im wesentlichen auch die Gründe, die dafür sprechen, Leitbilder, auch räumliche Leitbilder, und ihnen zugrunde liegende Prinzipien der räumlichen Entwicklung zu formulieren. Sie lassen sich auf sieben Eigenschaften von bildlich dargestellten räumlichen Leitbildern zurückführen. Diese Eigenschaften sind

(1) ihr Reduktionswert: Räumliche Leitbilder bauen die inhaltliche Komplexität räumlicher Entwicklungen für den Betrachter ab. Aufgrund der Begrenztheit der in einer Karte verwendeten Zeichen und Symbole müssen inhaltliche Aussagen extrem vereinfacht werden, um noch verständlich zu sein.

(2) ihr Raumbezug: Räumliche Leitbilder zwingen die beteiligten Planer, ihre sektoralen Aussagen räumlich zu konkretisieren und damit für Betroffene leichter erfaßbar zu machen.

(3) ihr Symbolwert: Räumliche Leitbilder sind leicht einprägsame, schnell erfaßbare und gut vermittelbare Bilder einer gewünschten räumlichen Entwicklung. Sie haben Symbolcharakter und können eine zukünftige Raumwirklichkeit oft viel besser suggerieren als noch so gut geschriebene Zielkataloge. Als

sichtbare Bilder können sie in der Informationsüberfluß-Gesellschaft mehr Aufmerksamkeit auf sich ziehen als Texte.

(4) ihr Orientierungs- und Durchsetzungswert: Aufgrund ihrer leichteren Erfaßbarkeit können räumliche Leitbilder viel besser orientieren und dazu beitragen, daß inhaltliche Anliegen schneller und leichter durchsetzbar sind. Für regionales Marketing jedenfalls lassen sie sich in der Regel gut einsetzen.

(5) ihr ganzheitlicher Ansatz: Die notwendigen Diskussionen im Vorfeld der Erstellung räumlicher Konzeptionen tragen mit dazu bei, sektorale Sichtweisen zu überwinden. Der Prozeß der inhaltlichen Abstimmung zwingt zudem die an der Erstellung eines räumlichen Leitbildes Beteiligten, ihre in der Regel sektoralen Überlegungen räumlich zu konkretisieren.

(6) ihr Kommunikations- und Konsensbildungswert: Der Prozeß der inhaltlichen Abstimmung räumlicher Leitbilder zwingt die Beteiligten, ihre (auch kontroversen) Zielvorstellungen in die Diskussion einzubringen und zu Kompromissen zu kommen. Das Ergebnis stellt dann den unter den jeweils gegebenen Umständen erzielbaren (Minimal-)Konsens der Beteiligten dar.

(7) ihr interkultureller Wert: Räumliche Leitbilder können von Betrachtern erfaßt werden, die ansonsten aufgrund von Sprachbarrieren nicht imstande wären, fremdsprachliche Texte zu lesen, bzw. auf Übersetzungen angewiesen wären.

Psychologische Aspekte spielen hierbei also eine große Rolle – Aspekte, die die Kommunikation von Inhalten zwischen Akteuren und Betroffenen, zwischen Sendern und Empfängern betreffen. Dabei können inhaltliche Ansprüche auf der Strecke bleiben, und dies tun sie nicht selten. Doch im Hinblick auf die Durchsetzbarkeit von Zielen der Raumentwicklung sind räumliche Leitbilder ein wichtiges Kommunikationsmittel.

Leitbilder, insbesondere räumliche Leitbilder sind ein notwendiges Instrument der Raumplanung zur besseren Orientierung von Beteiligten und Betroffenen. Ähnlich wie Szenarien können sie textlich formulierte Politiken und Strategien, Pläne, Programme und Berichte nicht ersetzen, schon gar nicht gründliche Analysen und Prognosen räumlicher Entwicklungen.

Leitbilder sind schließlich auch kein synthetisches Produkt aus den Laboratorien der Planer. Sie entstehen vielmehr aus den vielfältigen Erfahrungen und Perspektiven der privaten und öffentlichen Akteure einer Region.

4. Städtewettbewerb und Städtenetze

Seit einiger Zeit gehört es zum guten Ton unter Raumordnern in Frankreich, den Niederlanden und in Brüssel, von Städtenetzen zu reden, und auch der neue raumordnungspolitische Orientierungsrahmen in Deutschland hat sich dieses Begriffes bedient, der in internationalen Raumordnungsdokumenten immer mehr Bedeutung erhält. Er ist auch im Dokument Europa 2000 enthalten und bei der EU Programmtitel für die Förderung der Zusammenarbeit von Städten in Europa über nationale Grenzen hinweg.

Städtenetze sind der Hinweis auf funktionale Arbeitsteilung und auf interkommunale Kooperation, sei es regional oder international. Sie sind die späte demokratische Antwort auf Städtehierarchien. Es geht nicht mehr um vertikale, sondern um horizontale Aufgabenteilung und Kooperation (Abb. 5). Walter Christaller ist „out", und Frederick Vester ist „in". Kooperation also statt Wettbewerb, vielleicht um im Wettbewerb stark zu sein. Dies ist eine Chance für die Stadtregion Rhein-Ruhr, in der die Festlegung von Zentralen Orten für die Landesentwicklungsplanung immer mühsam und nicht ganz frei von politischen Kompromissen war.

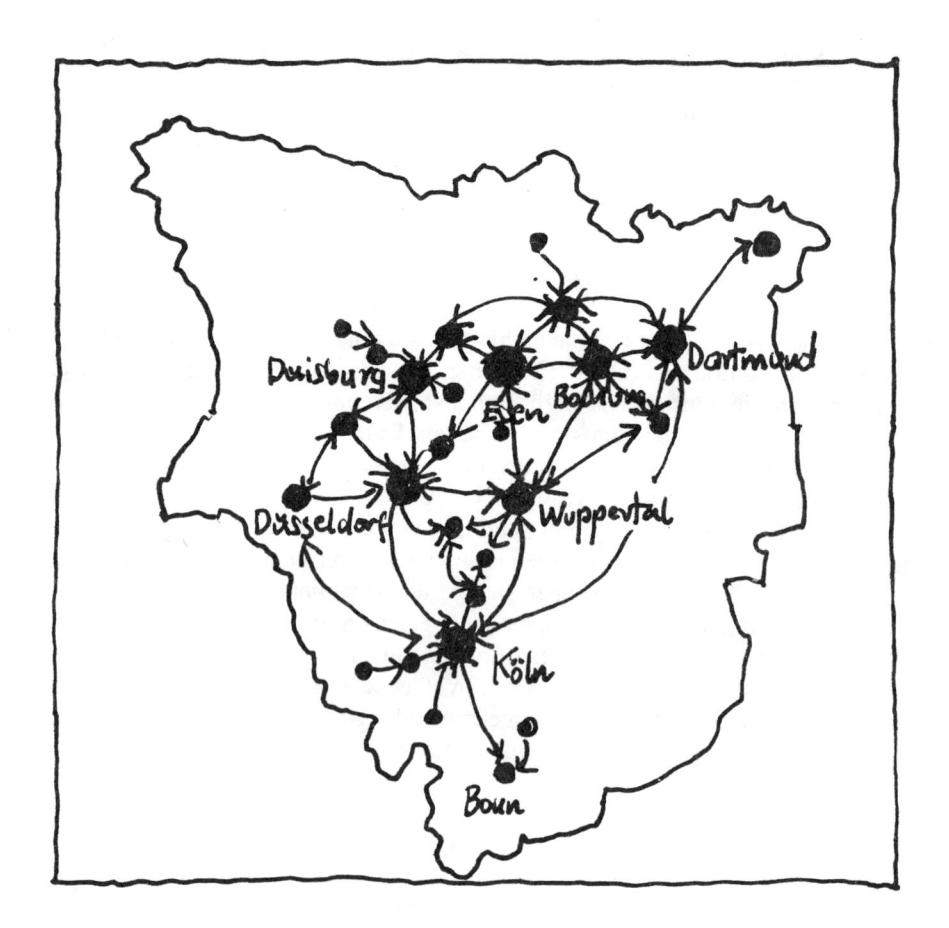

Abb. 5: Funktionale Beziehungen in der Stadtregion Rhein-Ruhr (Schema)

Worum geht es in Städtenetzen? Das Konzept hat mehrere Dimensionen:
– Es beruht zunächst auf raumwirtschaftlichen Überlegungen. Das Konzept geht von der Tatsache aus, daß hierarchische Versorgungsstrukturen heute nur noch bedingt den Bedürfnissen der Bevölkerung entsprechen, aber auch

davon, daß es schwierig, aber nicht unmöglich ist, an allen Orten gleiche Verhältnisse zu schaffen, sowie von der Besinnung auf endogene Potentiale für erfolgreiche Entwicklungsstrategien. Städtenetzwerke können sich schließlich auch Informationskosten teilen und damit hohe Entwicklungskosten für lokale Entwicklungsmaßnahmen (z.B. elektronische Verkehrsleitsysteme).
- Dem Konzept der Städtenetze liegen ferner politisch-strategische Überlegungen zugrunde, die in alten Städteverbünden (z.B. Hanse) ihre historischen Wurzeln haben. Städtenetze ermöglichen und erlauben die gemeinsame Artikulation von Wünschen (und von Befürchtungen). Regionale Städtenetze sind Bündnisse in einer Region, deren Städte und Gemeinden ihre gemeinsamen Probleme nur noch arbeitsteilig lösen können. Internationale Städtenetze hingegen sind strategische Bündnisse auf Zeit zur Stärkung der Städte gegenüber nationalen und europäischen Institutionen, vielleicht auch nette Anlässe für Polit- und Wissenschaftstourismus.
- Das Konzept hat schließlich auch kulturelle und soziale Dimensionen. Städtenetze fördern den Austausch von Erfahrungen und kulturellen Traditionen über sprachliche Grenzen hinweg. Sie vermehren die zwischenmenschlichen Kontakte und festigen so die Hoffnung vom friedlichen Zusammenleben in Europa. Das offene System eines Städtenetzes könnte also den theoretisch-strukturellen Rahmen für ein Leitbild der Stadtregion Rhein-Ruhr abgeben.

5. Warum braucht die Stadtregion Rhein-Ruhr ein Leitbild, warum ein gemeinsames Leitbild?

Es gibt mehrere Gründe, die es sinnvoll erscheinen lassen, für die Stadtregion Rhein-Ruhr ein Leitbild, ein gemeinsames Leitbild zu entwickeln. Es sind Gründe, die mit der Globalisierung der Wirtschaft in der Folge neuer Informations- und Kommunikationssysteme in Zusammenhang stehen, Gründe, die mit der langfristigen Sicherung der Lebensgrundlagen in der Stadtregion Rhein-Ruhr zu tun haben, aber auch Gründe, die mit der zunehmenden Orientierungslosigkeit politischer Gremien zusammenhängen.
- Die Globalisierung der Wirtschaft hat einen scharfen Wettbewerb der Städte und Regionen um private Investitionen, internationale Einrichtungen, internationale Ereignisse und hochqualifizierte Arbeitskräfte mit sich gebracht. Ihm können sich auch die Städte und Stadtregionen in Deutschland nicht entziehen, wenn sie langfristig Arbeitsplätze am Standort Deutschland sichern wollen. Die einzelnen Städte der Stadtregion Rhein-Ruhr haben im internationalen Maßstab nur gering ausgebildete Profile. Düsseldorf ist in Japan bekannt, kaum in den USA; Essen in Energiekreisen und in Russland, aber nicht in Asien. Köln ist für die internationale Kunstszene ein Begriff, und Dortmund ist international ist bei Brauereifachleuten und Anlagenbauern bekannt. Nimmt man alle diese Profile zusammen, so könnten Synergien entstehen, die allen Städten zugute kommen.
- Die Städte der Stadtregion Rhein-Ruhr sind bereits heute funktional stark

miteinander verknüpft. Für viele Unternehmen ist die Stadtregion mit 8 Mio. Menschen bereits ein einheitlicher Markt, für viele Beschäftigte ist sie ein großer Arbeitsmarkt, der keinen Wohnungswechsel erfordert. Auch unzählige persönliche Netzwerke umspannen den Raum zwischen Bonn, Xanten und Hamm. Also ist es imgrunde längst angezeigt, daß dieser Raum auch gemeinsame Interessen und Initiativen entwickelt, ohne daß dabei lokale Identitäten aufgegeben werden müssen.

- Die einzelnen Städte der Stadtregion Rhein-Ruhr sind mit sehr ähnlichen Problemen konfrontiert, ob es um die Bewältigung ihrer Verkehrsprobleme, um die Beseitigung von Abfall, um die Schaffung von kostengünstigen Wohnungen oder um die Erhaltung ihrer Kultureinrichtungen geht. Bei knapper werdenden Resourcen könnten sie arbeitsteilig gemeinsame Handlungsstrategien erarbeiten. Ob dann auch arbeitsteilig Schwerpunkte gesetzt werden sollten, muß den Entscheidungsprozessen überlassen werden. Sie vorab zu postulieren, schafft unnötige Ängste um mögliche Verluste. Für die Theater der Region wäre es ein Desaster.
- Letztlich, und dies ist vielleicht am wichtigsten, brauchen die politikverdrossenen Bewohner der Stadtregion Rhein-Ruhr und die in lokalen Kleinkram verwickelten Entscheidungsgremien eine zukunftsorientierte Vision. Sie brauchen eine Vision, die offen und ausfüllbar ist, eine Vision, die den Bewohnern und den öffentlichen und privaten Akteuren zeigt, daß diese Region eine Zukunft hat und welche sie hat, eine Vision, für die es sich lohnt, Initiativen zu starten, eine Vision, einen perspektivischen Rahmen für den täglichen Inkrementalismus, also für die vielen tausend täglich unabhängig voneinander zu treffenden Entscheidungen. Auch Investoren brauchen solche Visionen, die ihnen Planungssicherheit geben und Anreize für langfristig lohnende Investitionen.

6. Wie könnte ein Leitbild für die Stadtregion Rhein-Ruhr aussehen?

Ausgehend von der Vorstellung eines Städtenetzes, und mit Blick auf andere konkurrierende Stadtregionen Europas (Randstad, Rhein-Main, Padania, oder Rhone-Alpes) müßte das Leitbild Hinweise darauf geben, wie die drängenden Fragen des letzten Jahrzehnts dieses Jahrhunderts in dieser Region eingeschätzt und gesehen werden, Fragen, die wir uns alle stellen:
- Welchen Stellenwert soll die Erhaltung der Umwelt in dieser Stadtregion wirklich haben? Soll dies durch Verzicht auf Wachstum oder durch Investitionen in Umwelttechnologien geschehen oder durch eine geschickte Verknüpfung beider Ansätze? Hier muß die Region trotz der Abhängigkeiten von globalen und nationalen Entwicklungen Stellung beziehen und Entscheidungskriterien für Projekte und Initiativen bereitstellen.
- Wie und wo kann der steigende Flächenbedarf für Gewerbe, Wohnen und Freizeit befriedigt werden? Welche Strategien zur Verdichtung bestehender Stadtquartiere sind denkbar, um die Inanspruchnahme von weiteren Freiflächen zu stoppen?

- Wie kann die Wirtschaftskraft dieser Region auch langfristig gesichert werden? Wie läßt sich die industrielle Basis modernisieren, wie der Dienstleistungsbereich entwickeln? Wie kann Beschäftigung für alle angemessen gesichert werden? Auf welchen Produktionsfeldern haben die Unternehmen der Region Pläne von internationaler Bedeutung? Wie können die dafür erforderlichen Rahmenbedingungen erhalten oder geschaffen werden?
- Welche infrastrukturellen Maßnahmen sind erforderlich, um die Leistungsfähigkeit der Region langfristig zu sichern? Wie können der Anschluß an das europäische Schnellverkehrssystem, und die Einbindung in das globale Flugnetz erreicht werden? Wie könnte die Arbeitsteilung der Flughäfen in der Region aussehen? Wie kann die Wasserversorgung und die Abwasserbeseitigung langfristig gesichert werden?
- Wie soll die steigende Mobilität in dieser Region bewältigt werden? Wie kann die Entwicklung von Bauflächen mit der Entwicklung der Verkehrssysteme abgestimmt werden? Wie kann der die Umwelt belastende Berufsverkehr, wie der Freizeitverkehr, wie der intraregionale Güterverkehr reduziert werden?
- Braucht die Stadtregion Rhein-Ruhr interne Kommunikationsschienen, und wie und wo können sie realisiert werden? Wie können die Forschungs- und Entwicklungszentren der Region besser und schneller miteinander verknüpft werden?
- Wie kann die Forschungs- und Bildungslandschaft an Rhein und Ruhr weiter ausgebaut und internationalisiert werden? Wie können die „Wissensindustrien" der Region gestärkt und miteinder vernetzt werden, die für zukünftige wirtschaftliche Entwicklung Nordrhein-Westfalens von so herausragender Bedeutung sind?
- Wie läßt sich die zunehmende räumliche und soziale Segregation in den Städten der Region aufhalten und zurücknehmen? Wie kann die wachsende Gewalt in den Städten wieder abgebaut werden?
- Wie können die nicht bebauten und landwirtschaftlichen Flächen in der Region nachhaltig gesichert werden, wenn die Landwirtschaft als Nutzer und damit Schützer ausfällt? Wie sollen sie in Zukunft genutzt und gepflegt werden? An der Emscher entsteht ein regionaler Landschaftspark. Er könnte Vorbild sein für die Freiflächenentwicklung in der gesamten Stadtregion Rhein-Ruhr.
- Wie könnte das große kulturelle Potential der Region genutzt und gestärkt werden? Wie könnten die bestehenden vielfältigen kulturellen Einrichtungen, die Theater und Museen, die sozio-kulturellen Zentren und die kommunalen Kulturereignisse erhalten oder sogar weiter ausgebaut werden? Wie kann der private Sektor stärker an der Finanzierung der Kultur beteiligt werden? Wie können die kulturellen Bedürfnisse ethnischer Minoritäten angemessen berücksichtigt werden?
- Wie könnten die Verwaltungsstrukturen der Städte und Gemeinden schlanker und gleichzeitig effektiver gemacht werden? Wie könnten kommunale Dienstleistungen und kommunale Ordnungaufgaben besser miteinander verknüpft werden?

Auf diesen umfangreichen und trotzdem noch unvollständigen Katalog von Fragen sollte ein Leitbild für die Stadtregion Rhein-Ruhr, für ein Netz der Städte an Rhein und Ruhr klare Antworten geben. Es müßte den regionalen und lokalen Akteuren Hinweise und Kriterien für visionäres und für pragmatisches Handeln geben.

Das Konzept der vernetzten Städte könnte den theoretischen Rahmen abgeben für ein solches Leitbild, es könnte aufzeigen, wo Vernetzung notwendig und sinnvoll ist, wo sie hilft, Synergien zu schaffen, und wo, Resourcen zu schonen. Das Konzept der vernetzten Städte könnte interkommunale Initiativen über mentale Gräben hinweg in Gang setzen und neue Verknüpfungen ermöglichen.

Mein Leitbild wäre das einer anderen Metropole, einer Metropole, in der die Sicherung der Lebensqualität für die gesamte Bevölkerung weiterem wirtschaftlichem Wachstum übergeordnet wird; in der es eine moderne, beschäftigungsintensive Industrie gibt, die die Arbeit besser verteilt, die umweltverträgliche, sozialverträgliche und kulturverträgliche Produkte herstellt; in der wissensintensive Dienstleistungen ihren Standort haben; in der es ein hochmodernes intraregionales Logistiksystem gibt, das den Güterverkehr weitgehend von der Straße verbannt hat; in der ein komfortabler öffentlicher Verkehr Priorität hat vor weiterem Ausbau des Autobahnnetzes; in der alle Bewohner Zugang zu regional und überregional vernetzten Freiräumen haben; in der es ein vielfältiges Spektrum von miteineinander vernetzten Bildungs- und Kultureinrichtungen gibt, die internationale Attraktivität haben; in der es einen intraregionalen Steuerausgleich gibt, der den ruinösen und landschaftszerstörenden Wettbewerb um Industrie- und Gewerbeflächen überflüssig macht; in der Entwicklungen, wie wir sie in Los Angeles mit Schrecken beobachten, nicht möglich sind, in der Gewalt also keine Chance hat.

Doch das alles klingt fast schon nach „Traumplanung" und etwas missionarisch. Damit verspielt ein Leitbild schon a priori die Chance, dafür Konsens bei Gewerkschaften und Unternehmerverbänden zu finden. Das Leitbild für die Stadtregion Rhein-Ruhr ist Ergebnis, nicht Anfang eines offenen Dialogs der Städte zwischen Hamm und Bonn. Und natürlich braucht die Stadtregion Rhein-Ruhr auch ein einfaches räumliches Leitbild, ein Leitbild also, das die gewünschte räumliche Entwicklung in dieser Region bildhaft darstellt und somit auch visuell erfahren werden kann; denn Bilder sind meist einprägsamer als Texte (Abb. 6). Wie lange haben die kaum nutzbaren regionalen Grünzüge des Siedlungsverbandes Ruhrkohlenbezirk die Raumbilder von Geographen und Planern bestimmt?

7. Wie könnte ein solches Leitbild für die Stadtregion Rhein-Ruhr entstehen?

Wer könnte, wer sollte solch ein Leitbild entwickeln? Ich stelle mir eine sehr kleine Agentur auf Zeit vor, also etwa auf zehn Jahre, einen Mini-Informationsknoten im vernetzten System, der sicher stellt, daß kein Super-Kommunalverband daraus entsteht, daß keine echte oder auch vermeintliche übergemeindliche

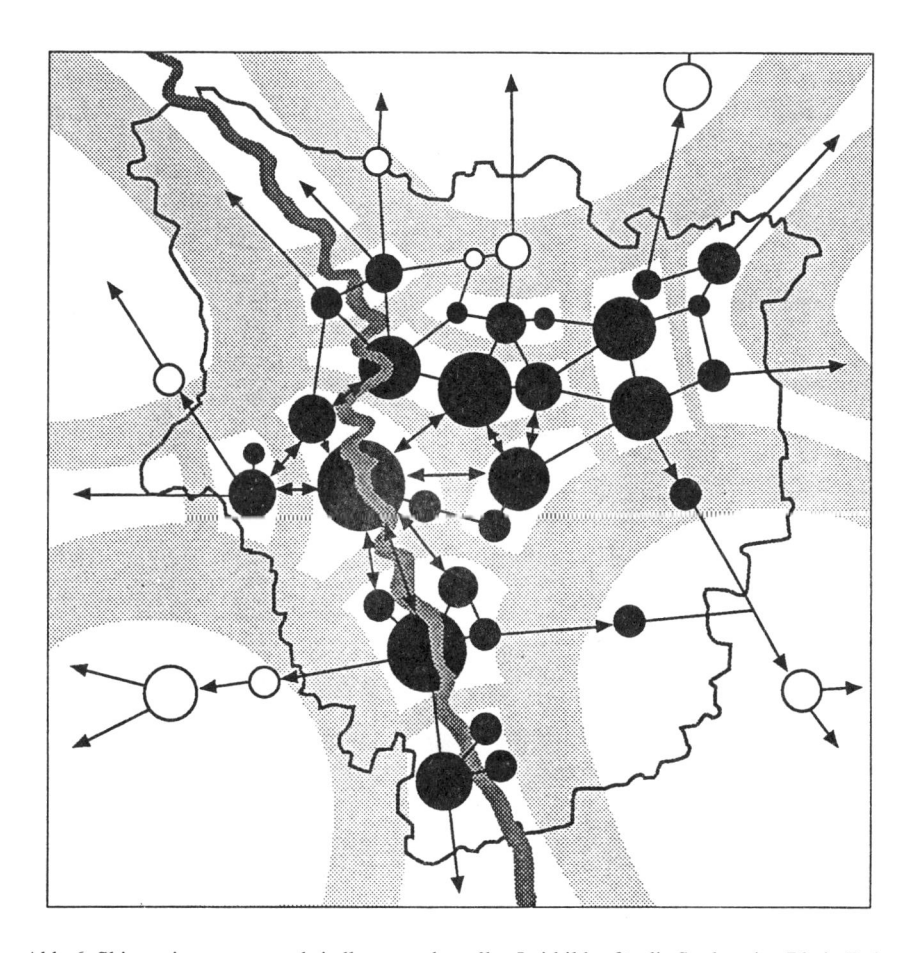

Abb. 6: Skizze eines raum- und siedlungsstrukturellen Leitbildes für die Stadtregion Rhein-Ruhr

Bürokratie aufgebaut wird und keine Institition, die zu hoch über den einzelnen Städten und Gemeinden der Region schwebt. Die wenigen Stellen für diese kleine Agentur könnten aus den Landschaftsverbänden und Regierungsbezirken abgezogen werden. Aufgabe der Mitarbeiter dieser Agentur, die aus den Städten und Gemeinden der Stadtregion Rhein-Ruhr kommen sollten, die also die gesamte Region gut kennen würden, wäre es, das Leitbild im Dialog mit den Städten und Gemeinden zu entwerfen und fortzuschreiben und es über die Medien, über bestehende Institutionen und Gremien nach innen und außen zu tragen, sowohl in die Stadtregion Rhein-Ruhr (Identität nach innen) wie in die internationale Öffentlichkeit (Image nach außen). Nicht durch Werbeanzeigen, sondern durch vielfältige inhaltliche Berichte in allgemeinen Medien und Fachpublikationen, über Ratsversammlungen, Fachtagungen und wissenschaftliche Kolloquien, durch Einzelpersönlichkeiten, die sich mit dem Leitbild identifizieren. Manche inhaltlichen Prinzipien für ein solches Leitbild lassen sich aus den Erfahrungen der IBA

Emscher Park auf die gesamte Region übertragen. Diese Agentur müßte innovative Anstöße für interkommunale Initiativen geben, die der gesamten Region zugute kommen.

Hat so eine Idee eine Chance? Ich befürchte: nein – oder vielleicht doch? Der Kommunalverband Ruhrgebiet wird sich die Ruhrgebietsbutter nicht vom Brot nehmen lassen, sonst könnte er eines Tages überflüssig sein. Die stolzen Städte an der Rheinschiene backen ihre eigenen Düsseldorfer, Kölner oder Hauptstadt-Brötchen. Und die außerhalb der Stadtregion Rhein-Ruhr liegenden Städte und Regionen werden ihre Angst vor der Konzentration der Macht im Land Nordrhein-Westfalen artikulieren, obwohl auch sie von einer dynamischen Stadtregion Rhein-Ruhr (dies ist natürlich keine Großstadt Rhein-Ruhr, wie so oft befürchtet wird) Nutzen ziehen könnten. Dabei könnte ein Leitbild die Arbeit in den Regionalkonferenzen orientieren, es könnte die räumliche und funktionale, die vertikale und horizontale Kooperation in der Stadtregion Rhein-Ruhr wesentlich erleichtern. Doch, es gibt eine Chance: Ich hoffe darauf, daß eine mutige Landesregierung spürt, daß das Vorhandensein eines gemeinsamen Leitbildes für die Stadtregion Rhein-Ruhr die Koordination von öffentlichen Investitionen erleichtern und ihre Bemühungen zur Internationalisierung Nordrhein-Westfalens stärken und vorantreiben könnte.

FACHSITZUNG 2:
NEUE TECHNOLOGIEN

EINLEITUNG

Hans-Dieter Haas, München

Es gibt viele Gründe, warum gerade auf dem Geographentag in Bochum das Thema ‚Neue Technologien' aufgegriffen wurde. Ein Grund ist sicherlich die Tatsache, daß heute der technologische Wandel als wesentliches Element und Chance einer positiven Regionalentwicklung gerade in altindustrialisierten Räumen begriffen wird. Der technologische Wandel als Merkmal und Motor der Wirtschaftsentwicklung, z.B. in Form neuer Basistechnologien wie der Mikroelektronik oder der Biotechnologie, wirft als raumwirksames Phänomen die Frage nach den Konsequenzen für die wirtschaftsräumliche Entwicklung von Volkswirtschaften und Regionen auf. Im Blickpunkt stehen dabei die Auswirkungen von Informations- und Kommunikationstechnologien sowie neuer Produktionstechnologien auf Arbeitsmärkte, räumliche Arbeitsteilung, Standortmuster und ökologische Belange.

Was sich seit der ersten industriellen Revolution in Europa und später in anderen Teilen der Welt technologiebedingt abgespielt hat, war von den Raumwissenschaften zunächst noch relativ leicht erfaßbar und erklärbar. Basisinnovationen und ihre vielfältigen branchenspezifischen Auswirkungen machen raumbezogene Erklärungen heute jedoch schwieriger. Annahmen der traditionellen Innovationsforschung gelten für neue Technologien nur noch bedingt. Eine allgemeingültige Theorie zum technologischen Wandel und der dadurch bedingten räumlichen Organisation gibt es bisher noch nicht, ebenso fehlt eine eindeutige Definition für den Begriff ‚Neue Technologien'. In der Regel sind damit technologische Basisinnovationen im Sinne der Theorie der langen Wellen von Schumpeter und Kondratieff gemeint, andere Abgrenzungsversuche sprechen in diesem Zusammenhang von ‚Hochtechnologien' oder ‚Schlüsseltechnologien'.

In ihnen wird auch eines der wichtigsten Instrumente gesehen, alten Industrieregionen, die mit Strukturproblemen zu kämpfen haben, neue Impulse zu verleihen. Damit richtet sich das Augenmerk der Wirtschaftsgeographie auch auf eine regionale Wirtschafts- und Technologiepolitik, die den Prozeß des Umbaus durch Unterstützung von Technologie- und Gründerzentren, Institutionen des Wissenstransfers und die Schaffung entsprechender Rahmenbedingungen für die Ansiedlung von Schlüsselindustrien zu forcieren versucht, um Arbeitsplatzverluste in den von Krisen betroffenen Branchen aufzufangen. Allein die Branchenstruktur einer Region reicht aber nicht aus, um Disparitäten zwischen Wirtschaftsräumen zu erklären. Von entscheidender Bedeutung sind regionale Wachstumsunterschiede in den Betrieben innerhalb einer Branche, die sich zurückführen lassen auf den Stand der Produkt- und Prozeßinnovationen, Rationalisierungsstrategien und Organisationsstruktur. Der Anteil forschungs- und entwicklungsintensiver High-Tech-Betriebe ist deshalb nur ein bedingtes Kriterium für die Wachstumschancen eines Standortes. Das Entwicklungs- und Innovationspotential großer Betriebe in sog. Schlüsselbranchen, den Technologieproduzenten, muß sich auswirken auf den Technologieeinsatz bestehender Betriebe einer Region (Intensivierung der Wertschöpfung), um weiterreichende Wachstumseffekte zu erzeugen.

In der gesellschaftspolitischen Diskussion wird immer wieder die Frage nach den Beschäftigungseffekten ökonomisch-technischer Innovationen gestellt. Im Mittelpunkt standen dabei potentielle und tatsächliche Rationalisierungseffekte. Rationalisierung in Form von Beschäftigungsverminderung durch innovative Technik, Produktion und Distribution ist jedoch nur ein Teil der arbeitsmarktlichen Wirkungen technologischen Wandels. Den Rationalisierungseffekten gegenüber stehen Kompensationseffekte durch Stabilisierung und Stärkung der Wettbewerbsfähigkeit mittels innovativer Technologie und Logistik, damit verbunden ist die weitgehende Sicherung des Beschäftigungsniveaus, ohne jedoch einen Netto-Arbeitsplatzverlust verhindern zu können. Kompensatorisch wirken zudem positive Beschäftigungseffekte durch die Produktion rationalisierender Maschinen und neue Tätigkeitsfelder, vor allem im produktionsorientierten tertiären Sektor.

Zunehmende Automatisierung der Produktion und die Einführung neuer Informations- und Kommunikations (IuK)-Technologien führen zu deutlichen strukturellen Verschiebungen insbesondere der beruflichen Zusammensetzung der Arbeitskräfte. Dem muß daher verstärkt durch Wissenstransfer und Weiterbildungsmöglichkeiten Rechnung getragen werden. Eine Möglichkeit, neue Technologien den Betrieben einer Region zugänglich zu machen, liegt in der Errichtung von Innovations- und Technologietransfereinrichtungen mit dem Ziel, die Ergebnisse von Forschungseinrichtungen an die Anwender zu transferieren (vgl. die Beiträge von HILBERT/SIMONIS und SCHAFFER). Diese Form der Wirtschaftsförderung hat in den letzten Jahren erheblich an Bedeutung gewonnen, was sich in der inzwischen großen Zahl solcher Institutionen ausdrückt. Technologiezentren und -transfereinrichtungen können insbesondere in peripheren Regionen mit einem geringen Besatz an Forschungseinrichtungen zu einer endogen induzierten Regionalentwicklung beitragen, sofern die Rahmenbedingungen stimmen. Darüber hinaus bietet die Einrichtung von Technologiezentren für innovationsorientierte Unternehmensgründer die Möglichkeit, durch gezielte Infrastruktur- und Beratungsangebote während der Markteintrittsphase Unterstützung zu gewähren.

Die wirtschaftsgeographische Forschung hat es bei der Diskussion um die regionalen Wirkungen technologischer und organisatorischer Innovationen mit zwei gegenläufigen Phänomenen zu tun: Zum einen läßt sich die Unternehmensstruktur charakterisieren durch immer weitere Bereiche umfassende Konzentrationsprozesse in der Unternehmensorganisation, die in Form von multinationalen Unternehmen heute auch in globalem Maßstab zunehmend an Bedeutung gewinnen und oft als funktionales Produktionssystem bezeichnet werden (vgl. den Beitrag von SCHAMP). Dem gegenüber steht die Diskussion um neue, „postfordistische" Produktionsweisen, die ihren Niederschlag finden in regional abgrenzbaren, räumlichen Clustern kleiner und mittlerer, innovationsfreudiger Betriebe mit flexibler Produktion. Für beide Bereiche lassen sich ohne Schwierigkeiten empirische Belege finden.

Internationalisierung und die Globalisierung ökonomischer Aktivitäten durch Unternehmenszusammenschlüsse, Errichtung von Zweigwerken im Ausland und strategische Kooperationen haben inzwischen ein enormes Ausmaß erreicht. Die sog. global players sind damit zu einem wesentlichen Faktor wirtschaftlicher Entwicklung geworden, der in manchen Überlegungen zur Wettbewerbsfähigkeit von Volkswirtschaften vielleicht unterschätzt wird, etwa in Porter's Publikation über den ‚Wettbewerb der Nationen'. So hängt die ökonomische Entwicklung eines Landes nicht nur von den ausschließlich dort ansässigen Firmen ab, sondern in hohem Maße auch vom Auslandsengagement der inländischen, transnational operierenden Unternehmen und den von ausländischen Firmen im Gastland getätigten Direktinvestitionen.

Die Grundlagenforschung großer Konzerne und Unternehmen ist zumeist bei den Zentralen angesiedelt, welche in der Regel in städtischen Verdichtungsräumen mit entsprechend guter Forschungs- und Technologieinfrastruktur lokalisiert sind. Damit erhält sich ein Zentrum-Peripherie-Gefälle bezüglich des Forschungs- und Entwicklungs (FuE)-Potentials und der Ansiedlung technologieorientierter Unternehmen. Die Lokalisation von Arbeitsplätzen in unterschiedlichen Wirtschaftsräumen wird entscheidend beeinflußt durch neue Telematikanwendungen als Raumüberwindungstechnologie und eine umgestaltete Kommunikationsinfrastruktur, wodurch eine größere Standortfreiheit und -flexibilität erreicht werden kann. Die damit einhergehende Hypothese, Verkehrsbeziehungen wären durch Telekommunikation substituierbar, und dies würde einer Dezentralisierung wirtschaftlicher Aktivitäten Vorschub leisten, erwies sich jedoch als nicht bzw. nur sehr eingeschränkt haltbar. Die Schwierigkeit ländlicher Räume, an technologischen Innovationen adäquat zu partizipieren, manifestiert sich vor allem in drei Bereichen. Die Qualifikationsstruktur ihrer Arbeitsmärkte entspricht den Anforderungen des technischen Wandels meist weniger, als das in Verdichtungsräumen der Fall ist. Die spezialisierte Infrastruktur, besonders des tertiären Sektors (Reparatur, Service), ist in der Regel nicht vorhanden, und die Unternehmen mit Dominanz mittlerer und kleiner Betriebsgrößen sind aufgrund ihrer Kapitalausstattung weniger in der Lage, hohe Investitionssummen für innovative Maschinen und Bürogeräte aufzubringen.

Neben dieser Zentrum-Peripherie-Hierarchie existieren auch zwischen den Verdichtungsräumen selbst Unterschiede hinsichtlich ihrer Wirtschaftsstruktur und innovativen Dynamik. In diesem Zusammenhang fällt in der Standortdiskussion der Bundesrepublik immer wieder das Schlagwort vom Süd-Nord-Gefälle, welches den Kontrast von altindustrialisierten, vom Abstieg traditioneller Industrien (Kohle, Stahl, Werften etc.) charakterisierten Regionen im Norden Deutschlands (z.B. Bremen, Ruhrgebiet) zu prosperierenden, von High-Tech-Unternehmen und hochwertigen Dienstleistungen geprägten Ballungsräumen im Süden (Frankfurt a.M., Stuttgart, München) illustriert. Beispiele für den Versuch, alte

Industrieregionen mit Hilfe nationaler und regionaler technologiepolitischer Maßnahmen umzustrukturieren und wettbewerbsfähig zu machen, finden sich etwa in den USA in der Region Boston oder in Japan auf der Insel Kyushu (vgl. den Beitrag von STERNBERG).

Außerhalb der Diskussion um stagnierende versus prosperierende Verdichtungsräume spielen in der wirtschaftsgeographischen Forschung der letzten Jahre zunehmend auch andere Lokalisationsformen technologieintensiver Unternehmen eine Rolle, die auf Kooperation und Wissensaustausch überwiegend kleiner und mittlerer Betriebe basieren. Dadurch ergeben sich abgrenzbare, durch vielfältige zwischenbetriebliche Interaktionen charakterisierte räumliche Cluster, die z.B. von Storper als „Technology Districts" oder „Regional ‚Worlds' of Production" bezeichnet werden. Diese Agglomerationen dynamischer, innovativer Unternehmen sind nicht zwangsläufig räumlich an Großstädte gebunden, es gibt sie in den verschiedensten Regionskategorien. Entscheidendes Merkmal ist die für diese Lokalisationsform typische Art der Wissensgenerierung, -verbreitung und -umsetzung, die etwa mit dem Begriff des kreativen Milieus umschrieben werden kann und flexible Produktion der beteiligten Firmen sowie produktorientiertes technologisches Lernen (Storper) impliziert. Als Beispiele für branchenspezifische kreative Milieus können etwa das amerikanische Silicon Valley (Computerindustrie) oder Nordostitalien (Textilindustrie) gelten. Durch vielfältige Interaktionen formeller wie informeller Art entstehen in solchen Regionen Netzwerke der Kooperation und des Informationsaustausches, die es den beteiligten Firmen ermöglichen, ihre Wettbewerbsfähigkeit zu verbessern und neue Technologien schnell und effizient einzusetzen.

Wie oben bereits dargestellt, ist das zentrale Thema im Zusammenhang mit neuen Technologien, Arbeitsteilung und Regionalentwicklung die Frage nach den Strukturen und Prozessen der Erzeugung von Wissen durch Forschung und deren Aneignung bzw. Transfer. Dabei konnte, wie auch der Diskussion dieser Fachsitzung zu entnehmen war, noch keineswegs geklärt werden, ab welchem Zeitpunkt Wissen eigentlich handel- und vermarktbar ist. Auch ist die Rolle der staatlichen Regional- und Technologiepolitik sowie ihre Effizienz und Lenkungsfunktion bezüglich eines Strukturwandels umstritten. Sie versucht ja gerade mit Instrumenten des Technologietransfers, Know-How zu möglichst geringen Kosten zu vermitteln. Das Spannungsfeld Technologiepolitik – Regionalentwicklung, wie es in den folgenden Beiträgen anhand unterschiedlicher Beispiele thematisiert wird, stellt auch in Zukunft ein wichtiges Forschungsfeld der Industrie- und der Wirtschaftsgeographie dar. Dabei gilt es, sowohl die noch bestehenden Defizite in der Theoriebildung zu beseitigen, als auch durch empirische Arbeiten in unterschiedlich strukturierten Räumen spezifische Probleme zu analysieren und Lösungsansätze aufzuzeigen.

ARBEITSTEILUNG, NEUE TECHNOLOGIEN UND REGIONALENTWICKLUNG

Eike W. Schamp, Frankfurt/Main

1. Einführung

Die ökonomischen Krisen in den vergangenen beiden Jahrzehnten haben in den Regionalwissenschaften zur Suche nach neuen Begründungen, neuer empirischer Evidenz und neuen Konzepten über die zukünftige Gestalt der räumlichen Ordnung der Wirtschaft geführt. Zunehmend gilt im wissenschaftlichen wie im politischen Rahmen die Teilhabe an neuen Technologien als der wichtigste Motor regionaler Prosperität. Weitgehend wird die Vorstellung akzeptiert, daß industrialisierte Volkswirtschaften einem langfristigen Zyklus technisch-ökonomischer Wellen unterworfen sind, die durch das Auftreten eines Bündels von neuen Technologien zu einem konkreten Zeitpunkt (und an einem konkreten Standort oder Land) ausgelöst werden. Diese Wellen breiten sich aus, verlieren über die Zeit und den Raum allerdings an Kraft und führen schließlich Volkswirtschaften in die Krise, bis ein neues Bündel wiederum neuer Technologien auftritt. Die nach dem russischen Statistiker benannten Kondratieff-Wellen werden in ganz unterschiedlichen geographischen Maßstäben zur Erklärung einer dynamischen Wirtschaft herangezogen, sei es zur Beurteilung des unterschiedlichen Entwicklungsstandes ganzer Volkswirtschaften (FISCHER/SCHÄTZL 1990) oder zur Erklärung regionaler Entwicklungszyklen (MARSHALL 1987, BUTZIN 1987).

In diese weitgehend auf dem Ökonomen Schumpeter basierende Diskussion um lange Wellen hatte MENSCH (1975) die Unterscheidung von Basisinnovationen, die durch ihren Querschnittscharakter in viele Lebensbereiche wirken, und Verbesserungsinnovationen, die eben dies nicht tun, eingeführt. Neue Technologien sind danach eher als Basisinnovationen zu verstehen. Für vergangene lange technische Wellen können, wie das in den bekannten Lehrbuch-Abbildungen geschieht, als Basisinnovationen genannt werden: eine erste Welle der Dampfmaschine, Textil- und Eisenindustrie, eine zweite Welle der Eisenbahn, der Dampfschiffe und der Stahlindustrie, dann um die letzte Jahrhundertwende beginnend eine dritte Welle der chemischen Industrie, der Elektrizität und der Autoindustrie, schließlich gefolgt von der derzeit letzten und vierten Welle von Petrochemie und Elektronik nach dem Zweiten Weltkrieg. Am Ende dieser Welle, in den Krisen der 70er und 80er Jahre, ist jedoch ex ante unklar, welche neuen Technologien einen neuen, fünften Kondratieff-Zyklus bewirken werden. Man vermutet, daß er durch die Mikroelektronik, die Bio- und Gentechnologie und neue Werkstoffe getragen wird (HALL 1985, DICKEN 1992, SCHÄTZL 1992).

Abgesehen von der Erfahrung, daß jede lange Welle bislang ein eigenes, neues Standortmuster erzeugte, bleibt jedoch weitgehend unklar, woher die neuen Technologien kommen und wie sie regional wirken. Offensichtlich gibt es keinen direkt meßbaren Zusammenhang zwischen Technik und Raum, sondern man muß sich bewußt machen, daß es zur Generierung und Ausbreitung neuer Technologien auch neuer Formen der gesellschaftlichen Steuerung bedarf, die im allgemeinen mit dem Begriff der neuen Institutionen belegt werden. Letztere können ganz unterschiedliche sozioökonomische Felder betreffen. So hat z.B. FREEMAN (1987) darauf aufmerksam gemacht, daß erst die Neuordnung des Bildungssystems in Japan und Deutschland die Voraussetzung dafür schuf, daß beide Länder in früheren langen Wellen technischer Entwicklung führende Positionen einnehmen konnten. Einleuchtend ist auch, daß für eine neue Technologie neue Standards gebildet werden müssen (durch wen und in wessen Interesse?), wie die Beispiele der Standardisierung der Zeit im Eisenbahnzeitalter, der Verkehrsregeln im Autozeitalter, oder der Betriebssysteme im computer-gestützten Telekommunikationszeitalter ('Telematik') zeigen. In diesem Sinn muß besonders die Organisation der räumlichen Arbeitsteilung als eine Institution aufgefaßt werden, die darüber bestimmt, welche Regionalentwicklung durch welche Technologien stattfindet. Die räumliche Arbeitsteilung betrifft die Frage, wie und wo die Generierung und Produktion neuer Technologien organisiert wird. Dafür bieten eher sozialwissenschaftliche Theorien einen Ansatz als die technisch determinierten Theorien der langen Wellen – zumal zunehmend Kritik an deren Erklärungskraft und der Gültigkeit ihrer regelhaften Zyklen aufkommt (GRUPP u.a. 1992).

Einen neuen Ansatz zur Erklärung unterschiedlicher räumlicher Dynamik bieten die Regulationstheorien, die hier jedoch nicht im einzelnen dargelegt werden können (vgl. DANIELZYK/OSSENBRÜGGE 1993). Stabile Phasen der gesellschaftlichen Organisation und der ökonomischen Prosperität sind zwar mit einer konkreten Anwendung von Technologie in der Produktion verknüpft, fußen aber auf einem vielseitigen Bündel von Normen, Institutionen und Regeln (dem konkreten ‚Akkumulationsregime'), dessen Funktionsfähigkeit mit der Zeit abnimmt und das dadurch in die Krise gerät. Zeiträume von stabilen Phasen ('herrschenden Akkumulationsregimes') und Krisen sind nicht vorbestimmt und lassen sich erst ex post erkennen. In der historischen Evidenz wird der Zeitraum nach dem 2.Weltkrieg bis Anfang der 70er Jahre als das Regime des ‚Fordismus' bezeichnet. Obwohl damit das spezifische Zusammenwirken von Staat, Unternehmen und privaten Haushalten als ganzes in diesem Zeitraum erfaßt werden soll, wird der Fordismus vor allem als Massenproduktion durch große Mehrbetriebsunternehmen verstanden – als Sinnbild gilt das Fließband bei Ford Motor Corp.. Die heute aufkommende neue, möglicherweise ‚postfordistisch' zu nennende Epoche eines ‚flexiblen' Akkumulationsregimes wird, so vermuten viele, durch kleine Unternehmen in flexibler Spezialisierung und hohe Innovationsfähigkeit lokaler ‚cluster' von kleinen Unternehmen bestimmt sein (BENKO/DUNFORD 1991). Daraus folgt die Annahme, daß eine völlige Neuordnung der räumlichen Arbeitsteilung der Wirtschaft zu erwarten wäre. Diese beiden konkurrierenden Modelle der Organisation der Produktion oder der gesellschaftlichen Arbeitsteilung werden daher im weiteren unter dem Gesichtspunkt der Schaffung und Ausbreitung neuer Technologien zu diskutieren sein.

2. Eine unklare Begrifflichkeit

Allerdings wird der Begriff der ‚neuen Technologien' recht umgangssprachlich genutzt; Definitions- und Meßversuche werden vor allem über die sog. ‚Hochtechnologien' angestellt. Bei beiden handelt es sich um neue Techniken, von deren Anwendung und Nutzung man einen strukturellen Wandel der Wirtschaft erwartet. Angesichts der Schwierigkeiten, zu allgemein anerkannten Merkmalen auf der input-Seite (z.B. Anteil der qualifizierten Arbeitskräfte an der Produktion, FuE-Aufwand in Prozent des Umsatzes) oder auf der output-Seite (z.B. hohe Wachstumsraten von Umsatz und Beschäftigung, Zahl der jährlichen Patente) zu kommen (vgl. AYDALOT/KEEBLE 1988, BATHELT 1991), begnügen sich manche Studien mit einer subjektiven Auflistung. In der Industriegeschichte war struktureller Wandel immer mit dem Auftreten neuer Industriebranchen verbunden, daher bemühen sich die meisten Definitionen von Hochtechnologie oder neuer Technologie um die Abgrenzung neuer Branchen.

Solche Versuche verdecken jedoch eine wichtige Eigenschaft neuer Technologien, die darin liegt, daß sie neue Lösungen für viele, auch traditionelle Branchen anbieten und daher quer zu allen Branchen mehr oder weniger in der gesamten Wirtschaft wirken. Es ist daher sicher angemessen, stärker von ‚Schlüsseltechnologien' zu sprechen (BATHELT 1991) und neue Technikfelder zu definieren, was allerdings deren Meßbarkeit erheblich einschränkt. Abb.1 gibt ein Beispiel für eine Aufstellung aktueller Technikfelder.

12 wichtige Technikfelder

mit Querschnittsfunktion

    Biotechnologie
    Informations- und Kommunikationstechnik
    Mikroelektronik und Optoelektronik
    Neue Werkstoffe
    Produktions- und Verfahrenstechnik
    Sensorik, Meß-, Regelungs- und Analysetechnik
    Umwelttechnik
    Verkehrs- und Transporttechnik
    Energietechnik

in besonderen Sektoren

    Medizintechnik
    Luft- und Raumfahrttechnik
    Fortgeschrittene Chemie

Quelle: ISI, Karlsruhe 1992

Abb. 1: Zwölf wichtige Technikfelder der Gegenwart (Quelle: ISI, Karlsruhe 1992)

Neue Produkte aus Technikfeldern mit Querschnittsfunktion entfalten ihre Wirkung dadurch, daß sie in anderen Produktionsbereichen eingesetzt werden. Studien über die räumliche Diffusion von Techniken in der Form von Produktinnovationen haben aber bislang nur sehr eingeschränkt zur Erklärung der räumlichen Neuorganisation der Wirtschaft beitragen können. Nicht die Ausbreitung einer neuen Technik, z.B. der CNC-Maschinen, sondern die Art ihrer Verwendung entscheidet darüber, welchen Weg die ökonomische Entwicklung einer Region nimmt (OAKEY/O'FARRELL 1992). Daher treffen auch Annahmen, die in der traditionellen geographischen Innovationsforschung gemacht worden sind, für neue Technologien nicht unmittelbar zu (vgl. GIESE/NIPPER 1984):

– So ist z.B. die in der Diffusionsforschung gemachte analytische Unterscheidung von Produkt-, Prozeß- und Organisations-Innovationen nutzlos, weil die Schaffung und Anwendung neuer Technologien in allen Bereichen gleichzeitig Neuerungen erfordern.
– Die Grundannahme der Innovationsforschung, eine Innovation sei ein genau definierbares Gut und daher marktfähig (d.h. erwerbbar), trifft ebenfalls nicht zu. Vielmehr ist bei neuen Technologien ein gemeinsamer Lernprozeß von Geber und Nehmer notwendig, der zu einer stetigen Veränderung der Technologie führt. Dies verlangt einen gezielten Kommunikationsprozeß, den LUNDVALL (1988) als ‚learning by interacting' bezeichnet hat und der neben die traditionellen Formen der Wissensaneignung des ‚learning by using' und ‚learning by doing' tritt (DOSI 1988).

3. Wissensgenerierung und -aneignung im Interaktionsprozeß

Um diesen mit enger, teils persönlicher Kommunikation verbundenen Lernprozeß durch Interaktion besser verstehen zu können, muß man sich einige Eigenschaften des mit der Generierung neuer Technologien verknüpften Wissens deutlich machen. Neue Technologien werden heute fast ausschließlich durch wissenschaftliche Grundlagenforschung initiiert. Das dort entstehende Wissen ist komplex, im ökonomischen Sinne unteilbar, der Forschungsprozeß selbst ist mit größter Unsicherheit über das zu erwartende Ergebnis belastet (die Produktion von Forschung ist also ganz verschieden von der Produktion von Gütern oder Diensten), das entstandene Wissen ist universell und kann zu geringen oder keinen Kosten verbreitet werden (DOSI 1988, WEINSTEIN 1991). Dies sind Eigenschaften sog. ‚öffentlicher Güter', weswegen der größte Teil der Grundlagenforschung auch in öffentlichen Forschungseinrichtungen durchgeführt wird. Nur von wenigen globalen Unternehmen kann gesagt werden, daß sie sich an der Grundlagenforschung durch ein eigenes Netz von Forschungsstätten beteiligen.

Die private Aneignung dieses Wissens durch Unternehmen geschieht durch die Angewandte Forschung und schließlich die Produktentwicklung. Der Aneignungsprozeß macht aus dem universellen ein spezielles Wissen. Im Aneignungsprozeß verändert sich auch die Form des Wissens und damit dessen Transferierbarkeit: Während es zu Anfang weitgehend dokumentiertes Wissen ist (z.B.

durch Publikationen, Dokumente, Patente), wird es in der Produktentwicklung und besonders in der Produktion weitgehend zu einem ‚stummen Wissen', das die Beschäftigten im Prozeß des learning by doing erworben haben.

```
┌─────────────┐    ┌───────────┐    ┌───────────┐    ┌──────────┐
│ Grundlagen- │ -> │Entwicklung│ -> │ Produktion│ -> │ Vertrieb │
│ und         │    └───────────┘    └───────────┘    └──────────┘
│ Angewandte  │
│ Forschung   │
└─────────────┘
```

Koordination und Kontrolle

funktional, unternehmens-intern inter-regional	zwischen spezialisierten Unternehmen intra-regional, lokal
Steuerung	
zentral: im großen Mehrbetriebs- nehmen zwischen großen Mehr- betriebsunternehmen zwischen Groß- und Kleinunternehmen	dezentral: durch Kooperation 'Netzwerke in public-private partnership
geographische Konzepte der räumlichen Organisation	
funktionsräumliche Arbeitsteilung Neue Internationale Arbeitsteilung Quasi-Integration von Unternehmen	endogene regionale Entwicklung kreatives Milieu Industriedistrikt

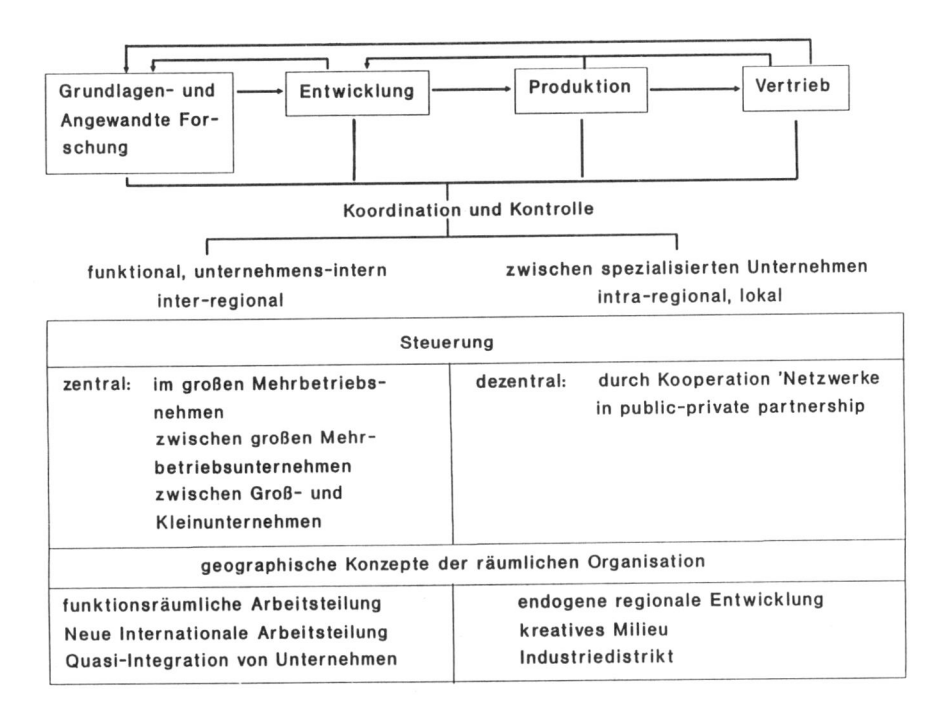

Abb.2: Schema der Wissensgenerierung und Wissensaneignung bei neuen Technologien (Quelle: verändert nach MALECKI 1991, S.115)

Dieser idealtypische Prozeß wurde als lineares Modell der Wissensgenerierung und -aneignung bezeichnet (MALECKI 1991). In Wirklichkeit ist er durch viele Rückkoppelungen von ‚späteren' zu ‚früheren' Stufen gekennzeichnet, besonders beim Lernprozeß durch Interaktion. So haben empirische Untersuchungen immer wieder auf die Bedeutung des Vertriebs und der Kunden für Neuerungen in der Angewandten Forschung und Produktentwicklung hingewiesen (zuletzt noch BRÖSSE/SPIELBERG 1992). Dennoch eignet sich dieses Modell gut als Ansatz, um die Rolle der Arbeitsteilung im Prozeß der Wissensgenerierung und Wissensaneignung deutlich zu machen. Denn dort wird zunächst ein Zusammenwirken der verschiedenen Stufen des Entwicklungsprozesses von neuen Technologien angenommen, das keineswegs ‚natürlich' gegeben ist. Vielmehr bedarf es der Koordination und stetigen Kontrolle der gesamten Kette (Abb.2), wenn Forschung zu neuen Technologien und schließlich neuen Produkten führen soll. Idealtypisch lassen sich zwei Organisationskonzepte von Koordination und Kontrolle unterscheiden: Erstens ein funktionales Konzept innerhalb von großen

Mehrbetriebsunternehmen, das zu einer unternehmens-internen, aber interregionalen oder sogar internationalen Arbeitsteilung führt; zweitens ein territoriales Konzept, das viele selbständige, spezialisierte kleine Unternehmen in einer einzigen Region umfaßt, die in hohem Maße miteinander vernetzt sind (intra-regionale und Inter-Unternehmens-Arbeitsteilung)(CREVOISIER 1990, CREVOISIER/ MAILLAT 1991). Man könnte dies auch als zentrale oder dezentrale Steuerung des Wissensgenerierungs- und aneignungsprozesses verstehen, die jeweils spezifische geographische Ausprägungen hat (Abb.2).

4. Das funktionale Konzept

Institutionalisierte FuE in der privaten Wirtschaft besteht fast ausschließlich in großen Unternehmen. Da der überwiegende Teil neuer Technologien in bestehenden Unternehmen eingeführt wird (WILLIAMS et al., zit. nach LOVERING 1990), haben große Mehrbetriebsunternehmen einen erheblichen Einfluß auf die Steuerung der neuen Technologien. Sie nutzen die Möglichkeit der Zerlegung der Unternehmenstätigkeit in Teilfunktionen, für die der jeweils günstigste Standort gewählt werden kann. Es entsteht eine unternehmens-interne funktionsräumliche Arbeitsteilung (BADE 1979), die sich mit dem Wachstum des Unternehmens internationalisiert und globalisiert. Das zeigt sich in jüngster Zeit beim Aufbau internationaler Forschungseinrichtungen durch multinationale Unternehmen, wodurch die Globalisierung der Industrieforschung ganz erheblich zunimmt (HACK 1990, HOWELLS 1990).

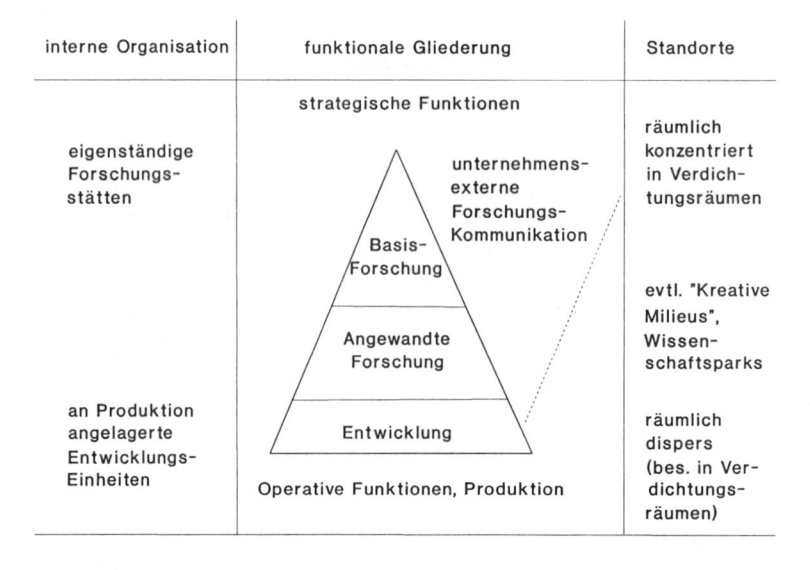

Abb.3: Das Idealmodell der funktionalen Organisation (Quelle: HOWELLS 1989, S.87, ergänzt)

Im traditionellen Idealmodell der funktionsräumlichen Arbeitsteilung wird die Grundlagenforschung, die zum strategischen, langfristigen Politikbereich des Unternehmens zählt, bei der Hauptverwaltung lokalisiert (Abb.3). Dies ist vor allem für die USA mehrfach belegt worden (MALECKI 1980, HOWELLS 1990). Hauptverwaltungen wie industrielle Grundlagenforschung nutzen Vorteile von Agglomerationen, die in der Informationsfülle, den Kommunikationsnetzwerken und in der Qualifikation der Arbeitskräfte liegen. Daraus folgt bei wachsender Bedeutung industrieller Forschung, daß solche Verdichtungsräume eine besondere Bedeutung für neue Technologien erhalten, die über Hauptverwaltungen großer Unternehmen verfügen.

Die Angewandte Forschung und die Entwicklung im Unternehmen sind im allgemeinen dezentraler organisiert. Die Notwendigkeit unternehmensexterner Kommunikation in der Forschung sinkt, je mehr eine Neuerung das Stadium der Produktentwicklung erreicht. Während die Angewandte Forschung die Nähe zu speziellen Technologieeinrichtungen wie Wissenschaftsparks und Technologiezentren und zu besonderen Technologieregionen sucht, ist die Entwicklung bei zentralen Produktionsstätten angesiedelt. Diese befinden sich nach dem Konzept aber ebenfalls überwiegend in verdichteten Räumen, da es bei der Umsetzung neuer Technologien in der Produktion auf besondere Fähigkeiten der Beschäftigten im Sinne des ‚stummen Wissens' ankommt. Folglich wird ein zunehmender Wettbewerb um neue Technologien zwischen bestimmten Verdichtungsräumen erwartet; altindustrialisierten Räumen und solchen Verdichtungsräumen ohne unternehmerische Entscheidungsfunktionen werden geringe Chancen eingeräumt (TÖDTLING 1992).

Die hiermit beschriebene hierarchische Koordination und Kontrolle des Wissensprozesses wird in multinationalen Unternehmen jedoch zunehmend durch dezentralere Steuerungsformen des Innovationsprozesses abgelöst (HAKANSON 1990). Zudem wird die vertikale unternehmens-interne Koordination des Prozesses von Wissensgenerierung und -aneignung durch eine horizontale Koordinierung, teils im Unternehmen, teils zu fremden Einrichtungen wie etwa staatlichen Forschungsstätten, ergänzt. So nimmt die Zahl der FuE-Kooperationen zwischen den Forschungsnetzen großer Unternehmen in sog. ‚Strategischen Allianzen', mehr oder weniger kurzfristigen Forschungskontakten zum Erreichen eines spezifischen Unternehmensizeles, stetig zu. Wie kürzlich am Beispiel der Entwicklung neuronaler Netze in der Informatik dargelegt wurde, sind für die Entwicklung bestimmter neuer Technologien globale Kommunikationsnetze zwischen Forschern notwendig (VAN DIERDONCK u.a. 1991). Globale Unternehmen errichten dazu spezielle Forschungsstätten und Forschungsbüros an bestimmten Technologiestandorten, an denen sie sowohl öffentliche als auch private FuE-Ergebnisse durch persönliche Kommunikation der Forscher nutzen können. Denn (technologisches) Wissen ist nicht gleichmäßig im Raum verteilt. So werden Metropolen, Wissenschaftsparks wie Sophia Antipolis und Technologieregionen wie Silicon Valley unternehmens-intern zum Zwecke der Wissensaneignung miteinander verknüpft. Solche unternehmens-internen Forschungsnetzwerke sind allerdings bislang in der Geographie nur für wenige globale Unternehmen wie IBM (KELLY/KEEBLE 1990) oder den britischen Pharma-Produzenten Glaxo (HOWELLS 1990) untersucht worden.

In einer derart vernetzten Organisation wird die räumliche Ausbreitung der neuen Technologien in die Produktion immer weniger vorhersehbar. Das traditionelle Produktzyklus-Modell scheint da nicht mehr ausreichend zu sein, weil es ein einseitig hierarchisches Modell ist. Horizontale Vernetzungen erfordern ein globales Netzwerk-Modell, in dem durch Spezialisierung von Technologiestandorten und ihre Vernetzung ein nationale Grenzen übergreifender Wettbewerb der Produktionsstandorte um neue Technologien entsteht, an dem nur wenige Verdichtungsräume teilhaben (TÖDTLING 1992). In diesem Netzwerk-Modell werden die Generierung und die Nutzung neuer Technologien räumlich getrennt; es liegt in der Entscheidung des Unternehmens, die Produktion neuer Techniken an Standorten zu lokalisieren, an denen keine FuE durchgeführt wird.

5. Das territoriale Konzept

Seit den 70er Jahren werden zunehmend dezentral koordinierte, lokale Organisationsformen der Produktion diskutiert, etwa die von PIORE und SABEL (1985) erkannte flexible Spezialisierung, der sog. postfordistische Industriedistrikt (SCOTT 1988) und vor allem in bezug auf die Übernahme neuer Technologien das ‚kreative' oder ‚innovative' Milieu (AYDALOT 1986). Die funktionsräumliche Organisation des Innovationsprozesses, so sagt z.B. MAILLAT (1991, S. 104), verliert für die Zukunft an Bedeutung, u.a. wegen der Unbeweglichkeit großer Unternehmen. Das Milieu macht es möglich, daß kleine und mittlere Unternehmen schneller Innovationen aufgreifen und umsetzen, wodurch die Wettbewerbsfähigkeit des gesamten Milieus verbessert wird. Allerdings geht es weniger um radikale Innovationen, sondern vor allem um deren Fortentwicklung, die Verbesserung technologischer Standards und der Qualität (MAILLAT 1991, S. 105). Technologischer Wandel im Kontext von Produktion und Produktentwicklung hängt damit von der Flexibilität der Unternehmer ab, wird aber vor allem angeregt durch enge Kommunikation mit den Kunden, Lieferanten oder auch den benachbarten Wettbewerbern. Gemeinsame technische Problemlösung zwischen den Unternehmen – und vielleicht auch staatlichen FuE Einrichtungen – ist das Kennzeichen des Milieus; stärker als im Kontext der Grundlagen- und Angewandten Forschung geht es dabei um den Transfer von ‚stummem' Wissen.

Das Milieu hat folgende Eigenschaften (PERRIN 1988, CAMAGNI 1991):
- Es besteht ein informeller Informations-Austausch zwischen den Unternehmen, teils durch die Offenheit der Unternehmer, vor allem aber durch ungehinderte Mobilität der Arbeitskräfte zwischen den Unternehmen, bei der erworbene Fähigkeiten transferiert werden können.
- Da die Mobilität der Arbeitskräfte ein bedeutender Faktor für die Wissensausbreitung ist, bedarf es formaler Schulungseinrichtungen zur stetigen Reproduktion der technischen Fähigkeiten der Arbeitskräfte (CREVOISIER 1990).

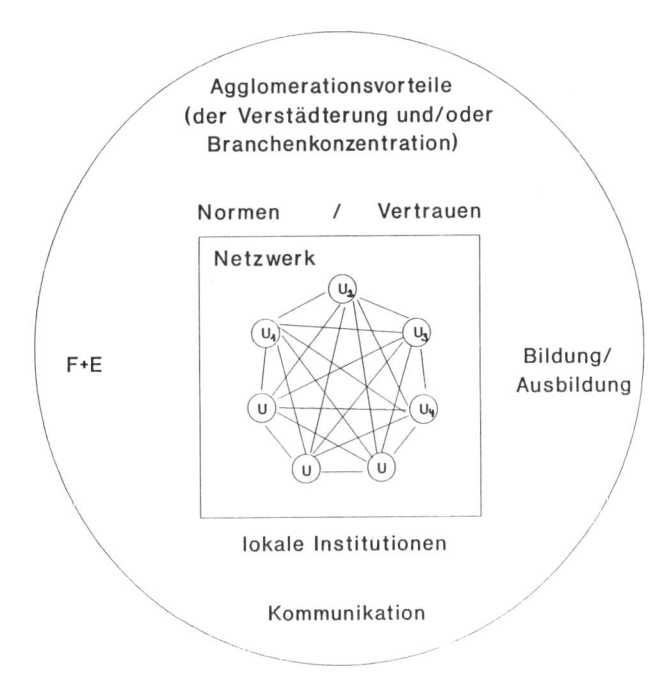

Abb.4: Schema eines kreativen Milieus

- Durch Informations-Austausch wird ein gemeinsamer Lernprozeß möglich, der die Wettbewerbsfähigkeit des gesamten Ensembles von Unternehmen verbessert, z.B. auch der vor- und nachgelagerten Betriebe.
- Dies ist einerseits nur möglich durch gemeinsame Wertvorstellungen unter den Unternehmern, durch die das Problem des ‚free riders', der nur Wissen anderer auf deren Kosten ausnutzt, reduziert wird, und durch die Vertrauen geschaffen werden kann. Erst dadurch können gleichgewichtige Netzwerke zwischen Unternehmen entstehen, die die Innovationsfähigkeit des Gesamten sichern.
- Andererseits bestehen freiwillig geschaffene oder allseits akzeptierte Institutionen (Wirtschaftsverbände, dauerhafte Zusammenarbeit ohne Vertrag, informelle Kommunikationskreise wie Klubs, Familien und Klans, staatliche lokal angepaßte Regulierungen), die eine ‚kollektive Ordnung' ermöglichen und damit Sicherheit des Handelns schaffen (CAMAGNI 1991, SCOTT/ PAUL 1990).

Diese Eigenschaften werden unter dem Begriff der ‚social embeddedness', der Einbettung in die lokale Gesellschaft (GRABHER 1993), oder der ‚lokalen Kultur' zusammengefaßt. Im Konzept des Milieus entsteht damit eine kollektive Effizienz, die international wettbewerbsfähig macht; zu ihrer Aufrechterhaltung ist räumliche Nähe notwendig. Eines der wichtigsten Probleme bildet jedoch das prekäre Gleichgewicht zwischen der ‚local embeddedness' und der Notwendigkeit, offen gegenüber von außen kommenden neuen Ideen zu bleiben. Denn lokale FuE Einrichtungen spielen im Transfer von Wissen in das Milieu nur eine untergeordnete Rolle (MAILLAT 1991, 109).

Kreative Milieus wurden in ganz unterschiedlichen Regionstypen untersucht, etwa im Schweizer Jura, im Silicon Valley oder im südlichen Pariser Verdichtungsraum. Offensichtlich wird die Offenheit des Milieus sowie seine Reproduzierbarkeit ganz wesentlich durch städtische Funktionen gestärkt, entweder indem Milieus in der Nachbarschaft von Metropolen entstehen (z.B. Cambridge) oder über ein eigenes System von Klein- und Mittelstädten verfügen (Silicon Valley)(TÖDTLING 1992).

6. Neue Technologien und Regionalentwicklung

Es ist ohne Frage extrem vereinfachend, ein fordistisches funktionsräumliches Organisationskonzept und ein postfordistisches territoriales Konzept neuer Technologien einander gegenüberzustellen. In der empirischen Evidenz findet man beide wieder. Kritiker des postfordistischen Modells weisen allerdings mit Recht auf die anhaltende Bedeutung von Großunternehmen, vor allem von globalen Unternehmen, hin (AMIN/ROBINS 1990). Möglicherweise herrscht das funktionale Konzept sogar stärker als je zuvor (MARTINELLI/SCHOENBERGER 1991); die Flexibilisierung von Teileinheiten ist schließlich auch in großen Unternehmen möglich, etwa in dem, was PIORE und SABEL (1985) die ‚Werkstattfabrik' genannt haben.

Beide Konzepte verfügen über spezifische Vorteile im Wissensgenerierungs- und -aneignungsprozeß neuer Technologien: Das funktionale Konzept stellt die Notwendigkeit des Zugangs zu internationalen Forschungsnetzwerken der Grundlagenforschung heraus, verweist also auf den Zwang zur Offenheit. Das territoriale Konzept macht auf die Notwendigkeit enger, teils persönlicher Kommunikation, die Vertrauen erfordert und in stärker geschlossene soziale Netze eingebettet ist, bei der Umsetzung neuer Technologien in Produkte und Produktion aufmerksam. Es ist daher auch weniger von einer Konkurrenz der Konzepte als vielmehr von einem möglichen Zusammenwirken auszugehen.

Die zunehmende Zahl von empirischen Studien über Technologiestandorte und -regionen belegt deren Vielfalt an Typen. Kreative Milieus sind weder die heute vorherrschende noch zukünftig die einzige Form der räumlichen Arbeitsteilung im Bereich der neuen Technologien. Sie sind vielmehr äußerst verwundbare Organisationsstrukturen und können auf Dauer durch das Eingreifen externer funktionaler Organisationsformen zerstört werden (CREVOISIER/MAILLAT 1991). Tatsächlich gibt es ausreichende empirische Erfahrungen, daß nach einem erfolgreichen Start kleiner Technologieunternehmen in lokaler Konzentration später große Unternehmen Teilfunktionen anlagern oder kleine Firmen übernehmen und dadurch den Charakter der regionsinternen Kommunikation zerstören (zum Silicon Valley vgl. NUHN 1989).

Größere Bedeutung in Technologieregionen behalten die großen Mehrbetriebs- und multinationalen Unternehmen, z.B. im Silicon Glen in Schottland, wo vor allem amerikanische Elektronik-Unternehmen ihre europäischen Zweigwerke errichtet haben (HAUG 1986). Auch weisen manche Verdichtungsräume regionale Technologiekomplexe auf, die durch das Miteinander von Groß- und Kleinunternehmen, privater und öffentlicher Forschung gekennzeichnet sind, aber trotz räumlicher Nähe nicht die Eigenschaften eines Milieus haben. In einem kumulativen Wachstumsprozeß dieser Technologieregionen spielen oft wenige Inkubatoren, d.h. Firmen oder Forschungseinrichtungen, aus denen heraus kleine Unternehmen gegründet wurden, und vor allem die gemeinsame Nutzung eines spezialisierten räumlichen Arbeitsmarktes aufgrund spezieller Ausbildungseinrichtungen eine wichtige Rolle. Das sog. Isar Valley (POPP 1988) steht als Beispiel für einen derartigen hochtechnologischen Verdichtungsraum. In diesen Fällen bieten aber ‚traditionelle' Standortfaktoren der Lokalisations- und Verstädterungsvorteile eine ausreichende Erklärung.

Die Differenzierung regionaler Technologiekomplexe nimmt weiterhin zu (TÖDTLING 1992). Versuche einer allgemeinen dynamischen Theorie der räumlichen Organisation, die technologischen und organisatorischen Wandel zum Gegenstand hat, stecken aber noch in den Anfängen (z.B. CREVOISIER/MAILLAT 1991). Neuere Erklärungsansätze heben die Kontingenz regionaler Entwicklung im technologischen Wandel hervor, was heißt, daß Regionen mit gleichem Stand des technologischen Wissens ganz unterschiedliche Entwicklungspfade durchlaufen können. Dem liegt die Ablehnung eines technologischen Determinismus zugrunde; vielmehr herrscht die Vorstellung, daß Unternehmen nicht allein exogen vorgegebene Standortfaktoren wie technologisches Wissen nutzen, sondern diese durch gemeinsame Anstrengungen in einer Region erst schaffen. Der regionale Entwicklungspfad wird damit weitgehend durch die Struktur und Strategien (lokaler) Unternehmer und Manager, die freiwillige Schaffung lokaler Institutionen, die Sicherung des know hows in der Region durch Schulung und die gleichzeitige Offenheit der Kommunikation zur regionsexternen Umwelt bestimmt (STORPER/WALKER 1989, BATHELT 1991). Ein solches Erklärungs-Konzept von Technologieregionen geht von einer rein ökonomischen Begründung ab und bezieht historische Ereignisse und evolutorische Prozesse ein, um spezifische Entwicklungspfade von Regionen zu erklären. Damit gewinnt das Konzept möglicherweise an Leistungskraft für das Verständnis einer konkreten Region ex post, trägt aber wenig zur Bestimmung von Erwartungen und Handlungsanweisungen ex ante bei.

Die regionalpolitischen Folgerungen aus dieser Diskussion sind ambivalent und können nur mit wenigen Stichworten angesprochen werden. Aus der Debatte um das funktionale oder territoriale Konzept der Durchsetzung neuer Technologien geht als allgemeine Lehre hervor, daß marktmäßige Beziehungen zunächst eine relativ geringe, nicht-Markt-Faktoren wie Art der Organisation und Institutionen sowie Qualifikation der Arbeitskräfte eine sehr große Bedeutung haben. Unter regionalpolitischen Gesichtspunkten muß die Diskussion also um die effizienten Formen von Organisation, Institution und Qualifikation zu Erwerb und

Bestandssicherung von technologischem Wissen geführt werden. Über die regionalökonomischen Wirkungen darf man sich keinen Illusionen hergeben: Neue Technologien sind arbeitssparend, haben also – zumindest in der regionalpolitisch wichtigen kurz- und mittelfristigen Perspektive – einen geringen direkten Beschäftigungseffekt. Sie benötigen allerdings hoch qualifizierte Arbeitskräfte, woraus sich erhebliche Einkommenswirkungen ergeben können. Daraus folgen sozialökonomische Spannungen der ungleichen Beschäftigungs- und Einkommensverteilung an vielen Technologie-Standorten, die oft durch negative externe Effekte verschärft werden. Das Silicon Valley steht nicht nur als Vorbild eines ehemals erfolgreichen kreativen Milieus, sondern auch als warnendes Beispiel der Ausbeutung von Niedriglohn-Arbeit mexikanischer Einwanderer und der übermäßigen Umweltbelastung vor uns (BAUMGARDT/NUHN 1989).

Literatur

Amin, A. und K. Robins, 1990: The re-emergence of regional economies? The mythical geography of flexible accumulation. Environment and Planning D, Society and Space 8, S.7–34.

Aydalot, PH. (Hrsg.) 1986: milieux innovateurs en europe. Paris.

Aydalot, PH. und D. Keeble, 1988: High-Technology industry and innovative environment in Europe: An overview. In: PH. AYDALOT und D. Keeble (Hrsg.): High Technology Industry and Innovative Environments: The European Experience. London, S. 1–21.

Bade, F., 1979: Funktionale Aspekte der regionalen Wirtschaftsstruktur. Raumforschung und Raumordnung 37, S. 253–68.

Bathelt, H., 1991: Schlüsseltechnologie-Industrien. Standortverhalten und Einfluß auf den regionalen Strukturwandel in den USA und in Kanada. Berlin.

Baumgardt, Kl. und H. Nuhn, 1989: Sozialräumliche und ökologische Probleme des Technologiebooms im Silicon Valley. Geographische Rundschau 41 (5), S. 298–305.

Benko, G. und M. Dunford, 1991: Structural change and the spatial organisation of the productive system: an introduction. In: G. Benko und M. Dunford (Hrsg.): Industrial change and regional development: the transformation of new industrial spaces. London, S. 3–23.

Brösse, U. und R. Spielberg, 1992: Industrielle Zulieferbeziehungen als ein Bestimmungsfaktor der Raumstruktur und der Regionalentwicklung: unter besonderer Berücksichtigung aktueller Veränderungen der zwischenbetrieblichen Arbeitsteilung (Veröff. der Akad. f. Raumforschg. u. Landesplg., Beiträge 121), Hannover.

Butzin, B. 1987: Zur These eines regionalen Lebenszyklus im Ruhrgebiet. In: A. Mayr und P. Weber (Hrsg.): 100 Jahre Geographie an der Westfälischen Wilhelms-Universität Münster (1885–1985) (Münstersche Geogr. Arb. 26), Münster, S. 191–210.

Camagni, R., 1991: ‚Local ‚milieu', uncertainty and innovation networks: towards a new dynamic theory of economic space. In: R. Camagni (Hrsg.): Innovation networks: spatial perspectives. London, S. 121–144.

Crevoisier, O., 1990: Functional logic and territorial logic and how they interrelate in the region. In: E. Ciciotti, N. Alderman und A. Thwaites (Hrsg.): Technological change in a spatial context. Theory, empirical evidence and policy. Berlin, S. 17–36.

Crevoisier, O. und D. Maillat, 1991: Milieu, industrial organization and territorial production system: towards a new theory of spatial development. In: R. Camagni (Hrsg.): Innovation networks: spatial perspectives. London, S. 13–34.

Danielzyk, R. und J. Ossenbrügge 1993: Perspektiven geographischer Regionalforschung. ‚Locality Studies' und regulationstheoretische Ansätze. Geographische Rundschau 45 (4), S.210–16.

Dicken, P. 1992: Global Shift. The Internationalization of Economic Activity. 2. Auflage, London.
Dierdonck, R. van, K. Debackere und M. A. Rappa 1991: An assessment of science parks: Towards a better understanding of their role in the diffusion of technological knowledge. Research and Development Management 21 (2), S. 109–123.
Dosi, G., 1988: The nature of the innovative process. In: G. Dosi et al. (Hrsg.): Technical Change and Economic Theory, London, S. 221–38.
Fischer, M. M. und L. Schätzl, 1990: Technologischer Wandel und industrielle Restrukturierung. In: A. Semmel (Hrsg.): 47. Deutscher Geographentag Saarbrücken 2. bis 7. Oktober 1989, Tagungsbericht und wissenschaftliche Abhandlungen, Stuttgart, S. 205–208.
Freeman, Ch., 1987: Technology Policy and Economic Performance. Lessons from Japan. London.
Giese, E. und J. Nipper, 1984: Die Bedeutung von Innovation und Diffusion neuer Technologien für die Regionalpolitik. Erdkunde 38, S.202–15.
Grabher, G. 1993: Rediscovering the social in the economics of interfirm relations. In: G. Grabher (Hrsg.): The embedded firm. On the socioeconomics of industrial networks. London, S. 1–31.
Grupp, H., E. Albrecht und K. Koschatzky 1992: By way of introduction: alliances between science research and innovation research. In: H. Grupp (Hrsg.): Dynamics of Science-Based Inovation. Berlin, S. 3–17.
Hack, L., 1990: Industrieforschung. Vernetzung von globalen und lokalen Formen der Forschungs- und Technologiepolitik. WSI Mitteilungen 10, S. 641–50.
Hakanson, L. 1990: International decentralization of R&D – the organizational challenges. In: Ch. A. Bartlett, Y. Doz und G. Hedlund (Hrsg.): Managing the Global Firm, London, S. 256–78.
Hall, P., 1985: The geography of the Fifth Kondratieff. In: P. Hall und A. Markusen (Hrsg.): Silicon Landscapes, Boston, S. 1–19.
Haug, P., 1986: US high technology multinationals and Silicon Glen. Regional Studies 20, S. 103–16.
Howells, J., 1989: Research and Development, Corporate Organisation and Industrial Location: Prospects for Regional Development. In: A. E. Andersson, D. F. Batten und Ch. Karlsson (Hrsg.): Knowledge and Industrial Organization. Berlin, S. 81-99.
Howells, J., 1990: The internationalization of R&D and the development of global research networks. Regional Studies 24 (6), S.495–512.
Kelly, T. und D. Keeble, 1990: IBM: The corporate chameleon. In: M. de Smidt und E. Wever (Hrsg.): The Corporate Firm in a Changing World Economy. Case Studies in the Geography of Enterprise. London, S. 21–54.
Lovering, J., 1990: Fordism's unkown successor: a comment on Scott's theory of flexible accumulation and the re-emergence of regional economies. International Journal of Urban and Regional Research, 14 (1), S. 159–74.
Lundvall, B. A., 1988: Innovation as an interactive process: from user-producer interaction to the national system of innovation. In: G. Dosi et al. (Hrsg.): Technical Change and Economic Theory. London, S. 349–369.
Maillat, D., 1991: The innovation process and the role of the milieu. In: E. M. Bergman, G. Maier und F. Tödtling (Hrsg.): Regions Reconsidered. Economic Networks, Innovation, and Local Development in Industrialized Countries. London, S. 103–17.
Malecki, E., 1980: Corporate organization of R and D and the location of technological activities. Regional Studies 14, S.219–34.
Malecki, E., 1991: Technology and Economic Development: The Dynamics of Local, Regional, and National Change. New York.
Marshall, M., 1987: Long Waves of Regional Development. Basingstoke, Hampshire.
Martinelli, F. und E. Schoenberger, 1991: Oligopoly is alive and well: notes for a broader discussion of flexible accumulation. In: G. Benko und M. Dunford (Hrsg.): Industrial

change and regional development: the transformation of new industrial spaces. London, S. 117–133.
Mensch, G., 1975: Das technologische Patt: Innovationen überwinden die Depression. Frankfurt/M..
Nuhn, H. 1989: Technologische Innovation und industrielle Entwicklung. Silicon Valley – Modell zukünftiger Regionalentwicklung? Geographische Rundschau 41 (5), S. 258–65.
Oakey, R. P. und P. N. O'Farrell 1992: The regional extent of Computer Numerically Controlled (CNC) machine tool adoption and post adoption success in small British mechanical engineering firms. Regional Studies 26 (2), S.163–75.
Perrin, J. C., 1988: New technologies, local synergies and regional policies in Europe. In: Ph. Aydalot und D. Keeble (Hrsg.): High Technology Industry and Innovative Environments. The European Experience. London, S.139–62.
Piore, M. J. und Ch. Sabel 1985: Das Ende der Massenproduktion. Studie über die Requalifizierung der Arbeit und die Rückkehr der Ökonomie in die Gesellschaft. Berlin.
Popp, K. 1988: Räumliche Ebenen der Standortwahl mikroelektronischer Betriebe und deren Standortkriterien. Aufgezeigt am Beispiel der Region München. Berichte zur deutschen Landeskunde 62 (1), S.83–108.
Schätzl, L. 1992: Wirtschaftsgeographie 1. Theorie, 4.erw.Aufl., Paderborn.
Scott, A. 1988: New Industrial Spaces. London.
Scott, A. und A. S. Paul, 1990: Collective order and economic coordination in industrial agglomerations: the technopoles of Southern California. Environment and Planning C, Government and Policy, 8, S. 179–93.
Storper, M. und R. Walker 1989: The Capitalist Imperative. Territory, Technology, and Industrial Growth. Oxford.
Tödtling, Fr., 1992: The uneven landscape of innovation poles – local embeddedness and global networks. Paper prepared for the European Science Foundation's RURE Programme, Kopenhagen, September 3–6 1992.
Weinstein, O., 1991: Production and circulation of scientific and technological knowledge: research and development as a specific economic activity. In: P. W. Daniels und F. Moulaert (Hrsg.): The Changing Geography of Advanced Producer Services. London, S. 30–46.

ALTINDUSTRIEREGIONEN UND TECHNOLOGIEPOLITIK AUF NATIONALER UND REGIONALER MASSTABSEBENE: DIE BEISPIELE GREATER BOSTON/USA UND KYUSHU/JAPAN*

Rolf Sternberg, Hannover

1. Einleitung

Die wirtschaftsgeographische Diskussion um Ursachen von und Strategien für Altindustrieregionen ist nicht neu, aber weiterhin aktuell und eng, auch definitorisch, mit der regionalen Variante der Produktzyklushypothese verbunden. Diese basiert auf einer Analogie zur Biologie und impliziert ein Altern nicht nur von Produkten und Industrien, sondern auch von monostrukturierten Regionen. Eine Region ist demnach dann altindustrialisiert, wenn sie die Fähigkeit zur ökonomischen Regeneration verloren hat, was sich an Indikatoren der Wirtschaftsstruktur und an sklerotischen Beziehungen zwischen Unternehmern, Gewerkschaften und Politik ablesen läßt (TICHY 1987). Dieses im deutschen Sprachraum weitverbreitete Begriffsverständnis wird hier beibehalten, obwohl seine Schwächen gegenüber der englischen Bezeichnung „areas of industrial decline" offensichtlich sind (WIENERT 1990).

Regionen, die komparative Vorteile in Industrien früherer Epochen (langer Wellen) besaßen, können, müssen aber nicht altern im genannten Sinne. Einerseits gibt es zahlreiche Beispiele für Regionen,
– die bei allen neuen Industrien erneut Zentrum des Wachstums sind (Paris, New York) und solchen,
– die auch über längere Zeit ein und dieselbe Industriebranchen innovativ gestalten können (Textil in Baden-Württemberg, vgl. SABEL et al. 1987).

Zudem kann Regionen gelegentlich mit Hilfe einer neuen Wachstumsindustrie auch nach längeren Abschwungphasen eine Reindustrialisierung gelingen (Bsp. Lowell/Mass., vgl. FLYNN 1984). Andererseits hat die regionale und nationale Politik Möglichkeiten, den Prozeß des Alterns wie des Entstehens einer Region zu beeinflussen, obwohl die ergriffenen Maßnahmen immer nur eine unter vielen Einflußgrößen auf regionale Entwicklungsprozesse darstellen.

Von allen Sektor- und Querschnittspolitiken hat die Technologiepolitik während der jüngeren Vergangenheit ohne Zweifel die größte Aktivität gezeigt. Die Popularität der einfachen Grundaussage der Produktzyklushypothese bei den politischen Verantwortungsträgern ist sicher eine Ursache für das breite Spektrum technologiepolitischer Maßnahmen, die in allen Industriestaaten auf verschiedenen räumlichen Maßstabsebenen ergriffen werden.

Insbesondere in Altindustrieregionen wurden und werden große Hoffnungen auf die kurative Funktion der regionalen Technologiepolitik gesetzt. Allerdings

---

* Die Studie basiert auf den Ergebnissen eines vom Autor durchgeführten internationalen, von der DFG partiell geförderten Forschungsprojektes

wurde gerade in diesen Gebieten die zukunftsorientierte Technologiepolitik (Förderung von kleinen und mittleren Unternehmen, neuer Branchen etc.) begleitet und nicht selten konterkariert von Maßnahmen der konservierenden Regional- und Lohnpolitik, die das Aufbrechen verkrusteter regionaler Strukturen behindern. Im folgenden werden mit der japanischen Insel Kyushu und dem Raum Greater Boston/USA zwei Regionen vorgestellt,
– die vollständig oder teilweise von heute als Altindustrien bezeichneten Branchen dominiert waren (Eisen- und Stahl- bzw. Textilindustrie),
– denen Mitte der 80er Jahre eine Reindustrialisierung auf der Basis einer neuen Wachstumsbranche (Halbleiterfertigung bzw. Mikrocomputer) gelungen zu sein schien und
– in denen die Technologiepolitik auf regionaler Ebene und auch auf nationaler Ebene (dort aber nur partiell intendiert) den Entwicklungsprozeß zu fördern vorgab.

2. Kyushu

Kyushu geriet in den 80er Jahren in das Zentrum des wirtschaftsgeographischen Interesses, als es unter dem Etikett „Silicon Island" als ein erfolgreiches Beispiel für die Dezentralisierung von High-Tech-Industrien galt. Damals wie heute werden auf der Insel ca. 40% der japanischen Halbleiter hergestellt, was sie weltweit zur diesbezüglich drittwichtigsten Region macht (SARGENT 1987, MATSUBARA 1992). Die Industriestruktur dieser ökonomisch wie räumlich peripheren Region Japans war aber bis dato gekennzeichnet von Großbetrieben der Grundstoffindustrie (Chemie, Eisen und Stahl, partiell auf Grundlage lokaler Kohlevorkommen, vgl. TAKEUCHI 1989, SHAPIRO 1991) mit räumlicher Konzentration im Nordwesten (Kitakyushu, Nagasaki) und Nordosten (Präfektur Oita). Insbesondere der Nordwesten um Kitakyushu und Fukuoka, dem eindeutigen industriellen und politischen Zentrum der Insel, verdient zu Recht das Etikett Altindustrieregion mit allen charakteristischen Merkmalen wie Beschäftigungsabbau, Monostruktur, Bevölkerungsabwanderung etc. (YADA 1989, TAMURA 1992). Parallel zur sich abzeichnenden funktionsräumlichen Arbeitsteilung bei der Halbleiterproduktion zwischen Zentralregion und Peripherie propagierte das Ministry of International Trade and Industry (MITI) in Tokyo zu Beginn der 80er Jahre eine regionale Technologiepolitik für die und mit den Präfekturen, die in bis heute weltweit einzigartiger Weise regionalpolitische (Ausgleichs-)Ziele und technologiepolitische Ziele (Umbau der Volkswirtschaft zugunsten technologieintensiver Produkte) zugleich erreichen will (TATSUNO 1991). Durch den Aufbau von bis heute 26 Technopolis-Zonen sollen in peripheren Regionen Japans technologiebasierte Wirtschaftsbetriebe angesiedelt und entsprechende Infrastruktureinrichtungen für Arbeiten und Wohnen räumlich konzentriert werden.

Unsere Frage gilt den Chancen, mit Hilfe von Technopolis die noch immer relativ stark von schwerindustriellen Branchen geprägte Industriestruktur von Kyushu zugunsten technologieintensiver Sektoren und einer endogenen Regionalentwicklung zu verbessern. Meine Antwort fällt nach empirischen Analysen der sechs Zonen der Insel nach aktuellem Wissensstand eher negativ aus.

Für jede Technopolis liegt eine Rahmenplanung vor, die u.a. exakte Zielvorgaben für die bis zu bestimmten Jahren zu erreichenden Beschäftigten-, Einwohner-, Umsatz-, Wertschöpfungs- und Produktivitätszahlen enthält. Für jede Technopolis sind spezifische Steigerungsraten der genannten Indikatoren vorgesehen, die die jeweiligen regionalen Rahmendingungen berücksichtigen. Abb. 1 zeigt, daß die Zielerreichungsgrade der Kyushu-Zonen für drei Variablen unter denjenigen im übrigen Japan liegen. Unter den sechs Zonen weist bislang allein Kumamoto die notwendige Forschungs- und Entwicklungs (FuE)-Infrastruktur auf, um die intendierten Spin-Off-Effekte zu erzielen und Technologietransferbeziehungen zwischen lokalen Kleinbetrieben, Universitäten und Großunternehmen zu etablieren. Ohne diese ist aber der Weg zu einer endogenen Regionalentwicklung derzeit nicht möglich. Nach den bisherigen Erfahrungen dürften die Ziele der Zonen in Kyushu (wie auch der meisten in Japan) bei weitem verfehlt werden. Insbesondere gilt dies für die Verlagerung privater FuE-Einrichtungen aus der Megalopolis Tokyo-Osaka-Nagoya. Aber auch die Rahmenbedingungen für eine Dezentralisierung „einfacher" High-Tech-Produktionsschritte haben sich seit dem Yen-Anstieg denkbar verschlechtert: Die Standortgunst peripherer Regionen wie Kyushu hat gelitten zugunsten preiswerter Standorte in Südostasien. So gesehen erscheint es unrealistisch, daß Kyushu mit Hilfe von Technopolis den Charakter einer „brainless economy" verliert. Auch die Automobilindustrie als neue regionale Wachstumsindustrie siedelt sich derzeit primär wegen der Verfügbarkeit preiswerter Arbeitskräfte dort an (TOMOZAWA 1992). Erneut sind es vorrangig Montagebetriebe, die sich in Kyushu niederlassen, nicht aber die in den nationalen Zentren verbleibenden FuE-Betriebe oder anspruchsvollere Produktionsschritte.

3. Greater Boston

Der Bundesstaat Massachusetts, die am längsten industrialisierte Region der USA, erlebte Ende der 70er Jahre nach Jahrzehnten des industriellen Niederganges eine spektakuläre Revitalisierung und Reindustrialisierung. Allein zwischen 1979 und 1988 wurden netto mehr als 440000 Arbeitsplätze in Massachusetts geschaffen, und die Arbeitslosenquote von 4% gehörte 1985 zu den niedrigsten aller industrialisierten Bundesstaaten des Landes (HARRISON/KLUVER 1989). Als Motor dieser Reindustrialisierung fungierten High-Tech- Industrien wie die Computerherstellung, aber auch produktionsorientierte Dienstleistungen (NORTON 1992). Der Boom begünstigte neben wenigen Ausnahmen wie Lowell (FLYNN 1984) insbesondere die Region Greater Boston („Boston Miracle" statt „Massachusetts Miracle", vgl. HARRISON/KLUVER 1989)

Die Ursachen für das ökonomische Revival der Region werden in der Literatur sehr kontrovers diskutiert. Hilfreich ist hier die Unterscheidung in Gründungs-, Standort- und Wachstumsfaktoren betrieblicher Ansiedlungen und ihrer wechselnden Bedeutung während der Regionalentwicklung in Greater Boston

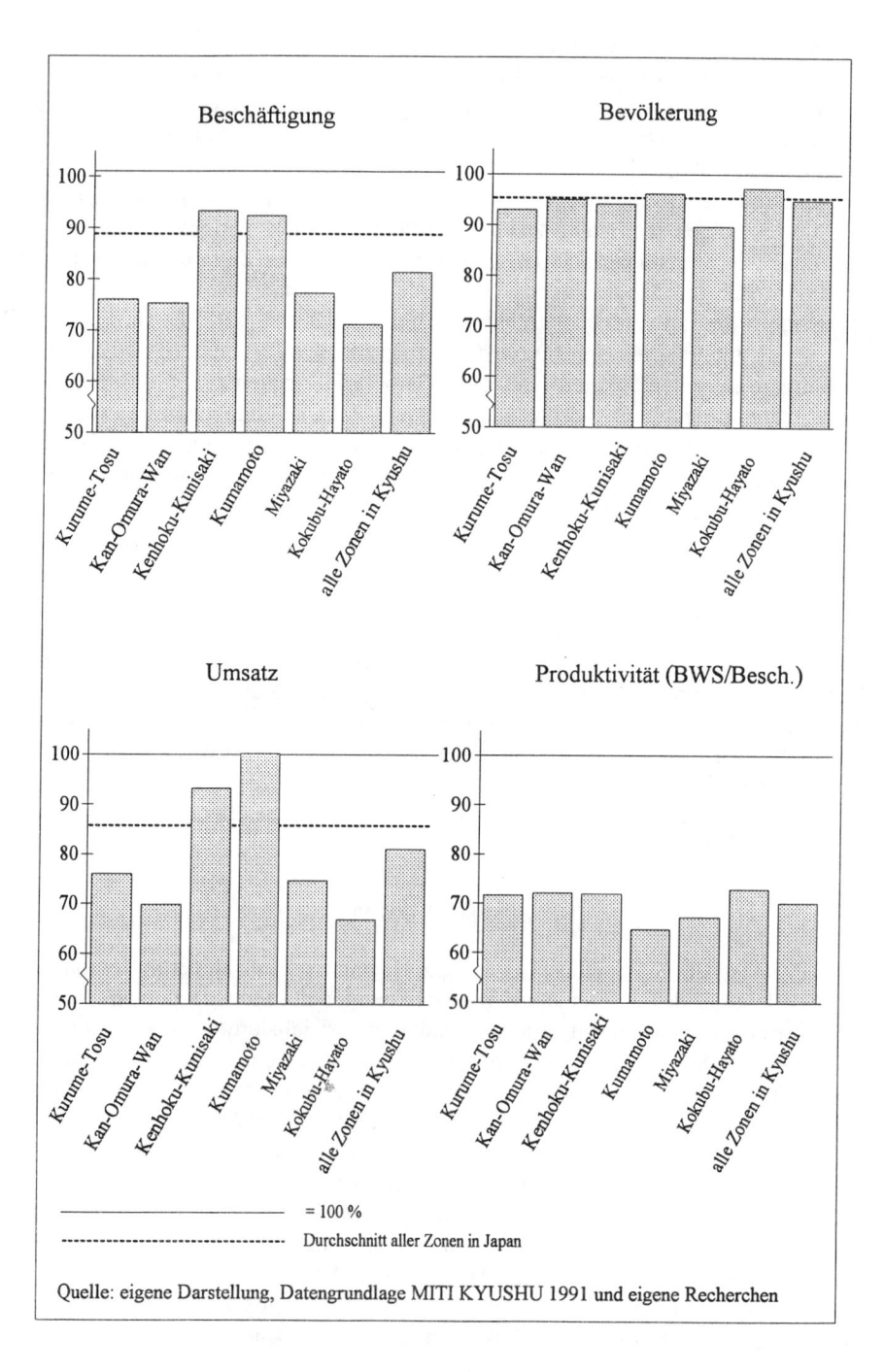

Abb. 1: Technopolis-Zonen in Kyushu – Zielerreichungsgrade 1989 bei alternativen Variablen in v.H.

(BATHELT 1991). Als Gründungs- und Wachstumsfaktoren der High-Tech-Entwicklung kam der Verfügbarkeit von Venture Capital, der Verbesserung des Wirtschaftsklimas, der guten Technologietransferinfrastruktur (FRANKEL/FULMAN/HOWELL 1988) und den FuE-Aufträgen des Pentagon (BARFF/KNIGHT 1988) ein besonderes Gewicht zu. Diese Faktoren deuten zumindest implizit auf den Einfluß der nationalen und regionalen Technologiepolitik.

Die Betrachtung der nationalen Technologiepolitik erfordert in den USA zunächst eine Analyse der FuE-Ausgaben des Department of Defense (DoD), auf das 1989 61,9% der gesamten staatlichen FuE-Ausgaben entfielen (NSF 1991). Für MARKUSEN (1985) ist militärbezogene FuE-Politik gar die einzige Form der Technologiepolitik, die es in den USA auf nationaler Ebene gibt. Die Verteidigungsausgaben waren schon seit 1977, also vor dem Einsetzen der „Reagonomics" und dem Beschäftigungsboom in Massachusetts, jährlich real gewachsen (BARFF/KNIGHT 1988). Diese implizite „FuE-Politik" des DoD verfolgt keine regionalen Ziele, hat aber sehr wohl erhebliche regionale Effekte, die den Großraum Boston ohne Zweifel begünstigt haben (vgl. Abb. 2). Die relativ hohe Abhängigkeit der Regionalwirtschaft von Verteidigungsaufträgen (auch und besonders an FuE-intensive Industrien) belegt die Tatsache, daß selbst in „Friedenszeiten" zwischen 1980 und 1985, also während des „Massachusetts Miracle", 7% des Bruttosozialproduktes des Staates direkt oder indirekt auf das Pentagon zurückgingen (dagegen nur 6,3% im Jahre 1968 zu Zeiten des Vietnam-Krieges, vgl. HARRISON/KLUVER 1989). Obgleich die aus Input-Output-Analysen gewonnenen Beschäftigungseffekte mit 4% der Gesamtbeschäftigten relativ gering sind, darf aus der Gleichzeitigkeit von industriellem Aufschwung und Ausgabensteigerungen des Militärbudgets auf mehr als nur statistische Zusammenhänge geschlossen werden. Ohne die zukünftigen Gefahren dieser Abhängigkeit von Militäraufträgen für die Regionalwirtschaft angesichts drastisch reduzierter Militäretats zu leugnen, scheint der Einfluß auf die ökonomische Revitalisierung der Region mit Hilfe von FuE-intensiven Industrien offensichtlich.

Der Bundesstaat Massachusetts und damit Greater Boston profitierte aber nicht nur überproportional von FuE-Ausgaben der Regierung, sondern war in den 80er Jahren unter Gouverneur Dukakis auch Objekt einer der ehrgeizigsten technologiepolitischen Strategien auf regionaler Ebene (ATKINSON 1989, FERGUSAN/LADD 1988). Die Ziele und Instrumente dieser Technologiepolitik (z.B. Verringerung des Steuersatzes im 2.5%-Act 1980, Gründung der kommunalen Entwicklungs- und Finanzierungsgesellschaft 1977) (OSBORNE 1988) wurden in der Öffentlichkeit gern als eine Ursache für die Reindustrialisierung der Region interpretiert, da sie zur Verbesserung des Geschäftsklimas und zur Erhöhung der Wettbewerbsfähigkeit der lokalen Industrien in „Taxachusetts" beigetragen hätten (First National Bank 1988). Besonders der korporatistische Ansatz des kooperativen Handelns von Regierung, Unternehmern und Gewerkschaften wurde als Modell gesehen, um mit Hilfe technologie- und industriepolitischer Maßnahmen der Region selbst die lokalen Altindustrien zu revitalisieren.

Eine Evaluierung der Technologiepolitik von Dukakis erlaubt zwei Schlußfolgerungen. Die von ihm angestrebte gerechtere Verteilung der Reindustrialisie-

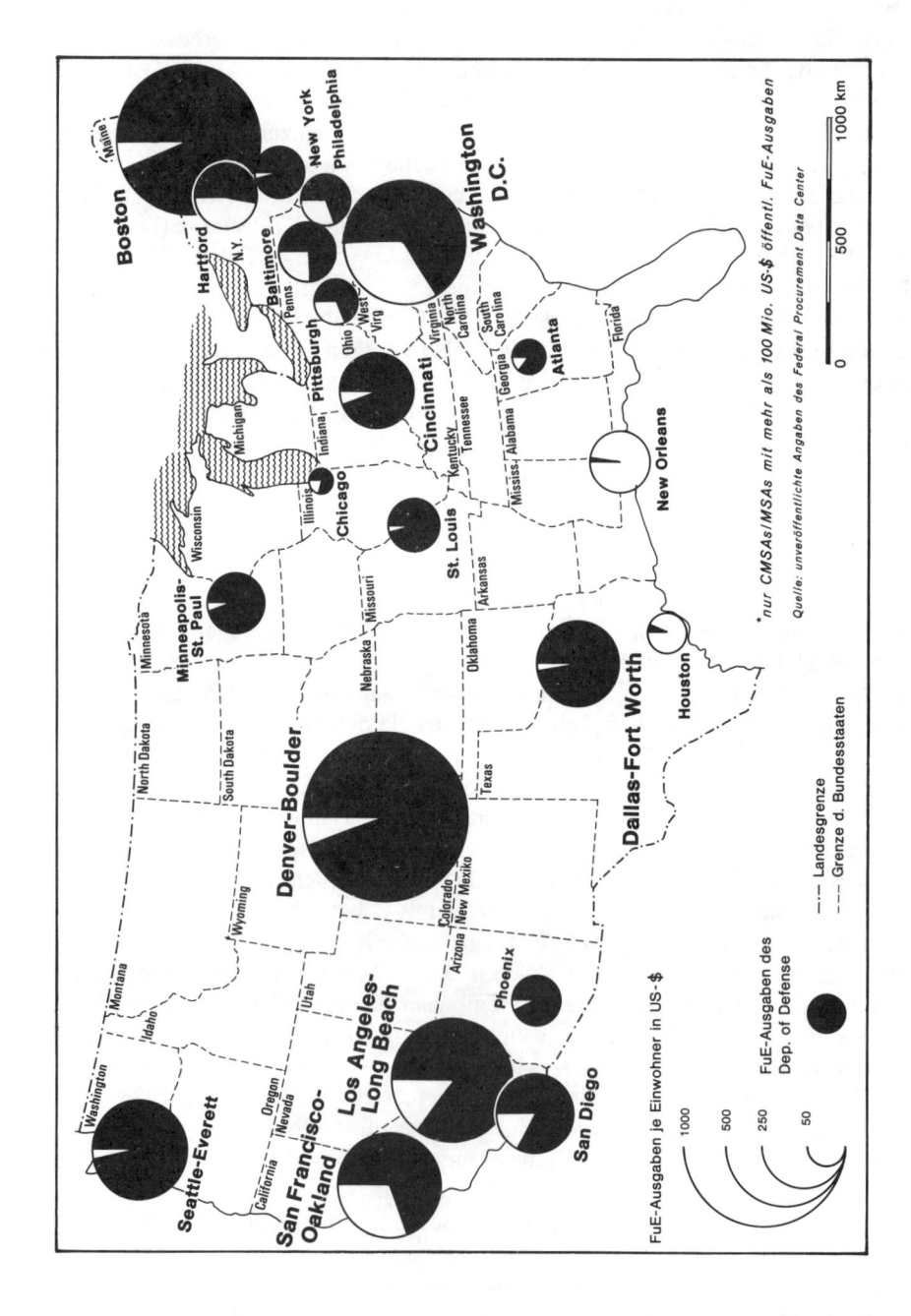

Abb. 2: Öffentliche FuE-Ausgaben je Einwohner in den Agglomerationen* der USA 1988 (in US-$)

rung in regionaler wie sozialer Hinsicht ist partiell gelungen. Zahlreiche private Investitionen in rückständigen Altindustriegebieten wären ohne technologiepolitische Intervention in den Marktprozeß sicher unterblieben (OSBORNE 1988). Allerdings waren diese Bemühungen um die Stützung von Altindustrien bzw. um die Ansiedlung neuer Betriebe umso erfolgreicher, je näher der Standort zu Greater Boston lag. Gerade Greater Boston ist aber derjenige Teil von Massachusetts, der vom Boom mit Abstand am stärksten profitierte. Zweitens trugen die Anstrengungen der Dukakis-Administration erst Früchte, als die Beschäftigungszuwächse bereits wieder rückläufig waren. Schon rein zeitlich kann also die Technologiepolitik nicht zur bereits Ende der 1970er Jahre einsetzenden Reindustrialisierung beigetragen haben (FERGUSON/LADD 1988).

4. Schlußfolgerungen:

Politische Maßnahmen zur Revitalisierung von Altindustrieregionen umfassen vier Bereiche (TICHY 1987):
1. Deregulierung, um Verkrustungen und Verteilungskoalitionen aufzubrechen,
2. Revitalisierung bestehender Unternehmen,
3. Neugründung von Unternehmen generell (nicht nur High-Tech- Betriebe),
4. Verbreiterung der Informationsbasis als Voraussetzung für Technologietransfer,

Zumindest zu 3. und 4. kann die regionale und nationale Technologiepolitik Beiträge leisten. Wie die Fallbeispiele gezeigt haben, sind Erfolge aber keineswegs garantiert. Notwendige Voraussetzung für den Erfolg einer solchen Technologiepolitik ist die Beachtung von vier Aspekten (ROTHWELL/ZEGVELD 1985):
1. Kohärenz: Koordinierung verschiedener Sektorpolitiken und verschiedener räumlicher Maßstabsebenen.
   Nicht-intendierte räumliche Effekte nationaler Technologiepolitik (insbesondere militärischer FuE-Ausgaben) sind oft gravierender als intendierte räumliche Wirkungen regionaler Technologiepolitiken oder nationaler Technologiepolitiken mit regionalen Zielen. Jede Technologiepolitik mit explizit regionalen Zielen steht hinsichtlich ihrer Mittelvolumina und Wirkungen im Schatten anderer Sektorpolitiken und kann nur reüssieren, wenn ihre Instrumente mit letzteren koordiniert werden (was nur selten geschieht, wie das Beispiel Tyne and Wear in Großbritannien zeigt, vgl. AMIN/PYWELL 1991).
2. Flexibilität: Permanente Evaluierung und stetiges Reagieren auf externe Änderungen.
   Technologiepolitik in Industrieländern muß auf die sich schnell wandelnde Wettbewerbsfähigkeit FuE-intensiver Güter reagieren, was nur bei ausreichender Flexibilität der Instrumente und Strategien möglich ist.
3. Komplementarität: Koordinierung nicht nur verschiedener Politiken, sondern auch der politischen Ziele und der langfristigen Unternehmensziele.
   Technologiepolitik in Altindustrieregionen von Hochlohnländern kann nur

dann eine längerfristige ökonomische Renaissance bewirken, wenn es ihr gelingt, zur Entstehung eines innovativen Milieus mit allen notwendigen Elementen, wie insbesondere Unternehmen verschiedener Größenklassen (und ihren komparativen Vorteilen, vgl. GRABHER 1991) und Produktionsschritte sowie öffentlichen und privaten FuE-Einrichtungen mit (auch) anwendungsorientierter Forschung und Ausbildung, beizutragen und diese auch zu vernetzen.
4. Konsistenz und Realitätsnähe: Unabhängigkeit von Wahlperioden und Parteien/Personen sowie Propagierung realistischer Ziele, um enttäuschte Erwartungen zu vermeiden.

Kurzfristige spektakuläre Erfolge technologiepolitischer Instrumente – auch und gerade in Altindustrieregionen – sind unwahrscheinlich und sollten daher zu Beginn eines Programms nicht in Aussicht gestellt werden.

Literatur

Amin, A. und C. Pywell (1991): Is Technology Policy enough for Local Economic Revitalization? The Case of Tyne and Wear in the North East of England. In: Regional Studies 23, no.5, S. 463–477.

Atkinson, R. D. (1989): Some States Take the Lead: Explaining the Formation of Effective and Ineffective State Science and Technology Policies. Chapel Hill (Diss.).

Barff, R.A. und P.L. Knight (1988): The Role of Federal Military Spending in the Timing of the New England Employment Turnaround. In: Papers of the Regional Science Association 65, S. 100–114.

Bathelt, H. (1991): Schlüsseltechnologie-Industrien. Standortverhalten und Einfluß auf den regionalen Strukturwandel in den USA und in Kanada. Berlin u.a..

Ferguson, R. und H.F. Ladd (1988): Massachusetts: State Economic Renaissance. In: S. Fosler (Hrsg.): The New Economic Role of American States. New York, Oxford. S. 21–90.

First National Bank of Boston, Economic Department (1988): The Massachusetts Economy in the 1980s. In: D.R. Lampe (Hrsg.): The Massachusetts Miracle. Cambridge/Mass., London, S. 188–200.

Flynn, P. (1984): Lowell: A High Technology Success Story. In: New England Economic Review, September/October, S. 39–49.

Frankel, L.D. und D. Fulman und J.M. Howell (1988): The Massachusetts Experience. In: D. Lampe (Hrsg.): The Massachusetts Miracle.Cambridge/Mass., London, S. 348–358.

Grabher, G. (1991): Rebuilding Cathedrals in the Desert: New Patterns of Cooperation between Large and Small Firms in the Coal, Iron, and Steel Complex of the German Ruhr Area. In: E. Bergman, T.G. Maier und F. Tödtling (Hrsg.): Regions Reconsidered – Economic Networks, Innovation, and Local Development in Industrialized Countries, London, S. 283–300.

Harrison, B. und J. Kluver (1989): Reassessing the ‚Massachusetts Miracle': Reindustrialization and Balanced Growth, or Convergence to ‚Manhattanization'?. In: Environment and Planning A 21, no.6, S. 771–801.

Markusen, A.R. (1985): Defense Spending as Industrial Policy. In: S. Zukin (Hrsg..): Industrial Policy. Business and Politics in the United States and France. New York, S. 70–84.

Matsubara, H. (1992): The Japanese Semiconductor Industry and Regional Development: The Case of "Silicon Island" Kyushu. In: The Economic Review of Seinan Gakuin University 27, no. 1, S. 43–65.

Ministry of International Trade and Industry, Kyushu (MITI) (1991): Technopolis-Zonen in Kyushu. Fukuoka.(in Japanisch)

National Science Foundation (NSF)(1991): Federal Funds for Research and Development: Fiscal Years 1989, 1990, and 1991. Volume XXXIX, Surveys of Science Resources Series. Detailed Statistical Tables. Washington/D.C. (NSF 90–327).

Norton, R. D. (1992): Agglomeration and Competitiveness: From Marshall to Chinitz. In: Urban Studies 29, no.2, S. 155–170.

Osborne, D. (1988): Laboratories of Democracy. Boston.

Rothwell, R. und W. Zegveld (1985): Reindustrialization and Technology. Harlow.

Sabel, Ch. W. et al. (1987): Regional Prosperities Compared: Massachusetts and Baden-Württemberg in the 1980's. (Discussion Paper IIM/LMP 878 des WZB). Berlin.

Sargent, J. (1987): Industrial Location in Japan with Special Reference to the Semiconductor Industry. In: Geographical Journal 153, no.1, S. 72–85.

Shapira, P. (1991): Steeltown to Spaceworld? Industrial and Regional Restructuring Strategies in Japanese Heavy Industry. In: Studies of Institute of Comparative Regional Studies, Kitakyushu, 32, no.3, S. 30–58.

Takeuchi, A. (1989): The Changing Investment Behavior of Japanese Steel Manufacturer in the Changing Economic Environment: A Case Study of Nippon Steel Corporation. In: Report of Researches Nippon Institute of Technology 19, no.3, S. 341–355.

Tamura, H. (1992): Restructuring of Industry in the Kitakyushu Area, Japan. Paper zur 7. deutsch-japanischen Geographenkonferenz in Heidelberg und Duisburg 16.- 31.08.1992

Tatsuno, S. M. (1991): Building the Japanese Techno-State. The Regionalization of Japanese High Tech Industrial Policies. In: U. Hilpert (Hrsg.): Regional Innovation and Decentralization. London, New York, S. 219–235.

Tichy, G. (1987): Das Altern von Industrieregionen. Unabwendbares Schicksal oder Herausforderung für die Wirtschaftspolitik? In: Berichte zur Raumforschung und Raumplanung 31, H. 1–2, S. 3–10.

Wienert, H. (1990): Was macht Industrieregionen „alt"? – Ausgewählte sektorale und regionale Ansätze zur theoretischen Erklärung regionaler Niedergangsprozesse. In: RWI-Mitteilungen 41, S. 363–390.

Yada, T. (1989): The Depression and Restructuring of Kitakyushu's Economy. In: Keizaigaku Kenkyu 55, no.1/2, S. 21–28

DIE WISSENSCHAFTSSTADT ULM: AUSWIRKUNGEN AUF DEN STRUKTURWANDEL IN DER REGION DONAU-ILLER

Franz Schaffer, Augsburg

1. Strukturkrise als Anstoß

Mitte der 80er Jahre befand sich die Stadt Ulm in einer sehr schwierigen wirtschaftlichen Lage. Der Verlust von über 10000 gewerblichen Arbeitsplätzen innerhalb weniger Jahre konnte durch zu wenige neue Beschäftigungsmöglichkeiten in den Dienstleistungen auch nicht annähernd ausgeglichen werden. Dieser Einschnitt läßt sich bis heute an der konjunkturellen Empfindlichkeit, der Arbeitslosigkeit, der Entwicklung offener Stellen und den Defiziten bei der beruflichen Ausbildung nachweisen. Die hohe Zahl spezialisierter Großbetriebe muß durch eine Zunahme kleinerer Firmen ausbalanciert werden. Attraktive Positionen für Planungs-, Beratungs- und Informationsdienste innerhalb der Industrie selbst sind vergleichsweise weit unterrepräsentiert. Ähnliche Probleme stellten sich auch für die alten Industriestandorte im benachbarten Ost-Württemberg und West-Bayern innerhalb der Region Donau-Iller. Als Konsequenz ergab sich daraus für Ulm und seinen Wirtschaftsraum das vorrangige kommunalpolitische Ziel, die Dominanz des Verarbeitenden Gewerbes abzumildern und solche Kräfte zu stärken, die den Strukturwandel zugunsten von Dienstleistungen, Handel, Forschung und Technologie fördern.

2. Konzeption der Wissenschaftsstadt

Auf dem Höhepunkt der Strukturkrise, d.h. vor sieben Jahren, konzipierte die junge Universität Ulm ihre Vorstellungen zur Errichtung einer Technischen Fakultät. Der Wunsch der Universität, neue Studiengänge für Informatiker und Ingenieure einzuführen, korrespondierte damals mit den Plänen der Konzerne Daimler-Benz, AEG und anderer Großfirmen, für ihre Forschungsaktivitäten auf dem „Oberen Eselsberg" in Ulm eine Partnerhochschule zu wählen, die neuen Formen der wirtschaftlichen und kommunalen Zusammenarbeit offen gegenübersteht: Die Konzeption der „Wissenschaftsstadt", ein Modell der Kooperations-Vernetzung zwischen Wissenschaft, Wirtschaft und Gemeinden, wurde geboren. Soweit in den ersten Aufbaujahren die „Wissenschaftsstadt" umgesetzt werden konnte, stellt sie im sogenannten „Forschungszentrum Ulm" eine Konzentration von Einrichtungen dar, die vor allem durch das Land Baden-Württemberg und die private Wirtschaft getragen werden:
- die Universität Ulm mit den Fakultäten für Theoretische und Klinische Medizin, Naturwissenschaften, Mathematik, Informatik sowie Ingenieurwissenschaften,
- Universitätskliniken, Bundeswehrkrankenhaus und Rehabilitationsklinik,
- die Fachhochschule Ulm mit technischen Studiengängen,

Die Wissenschaftsstadt Ulm

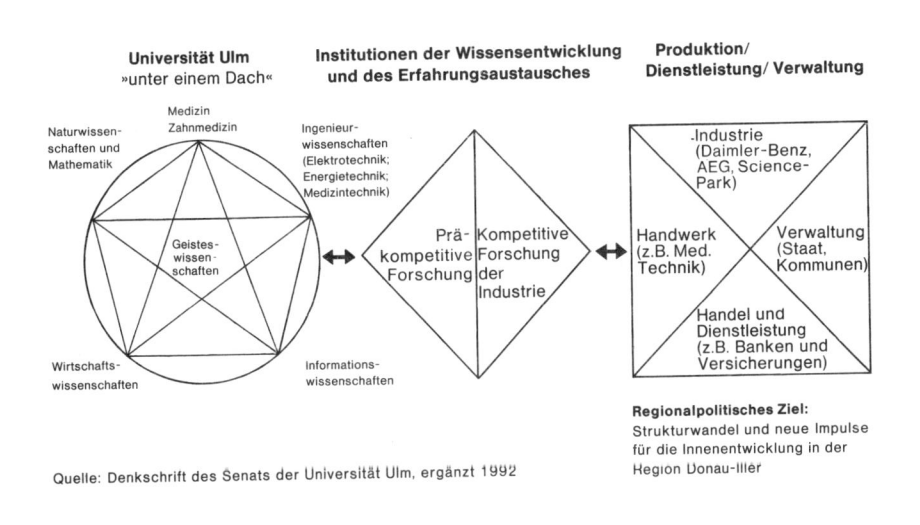

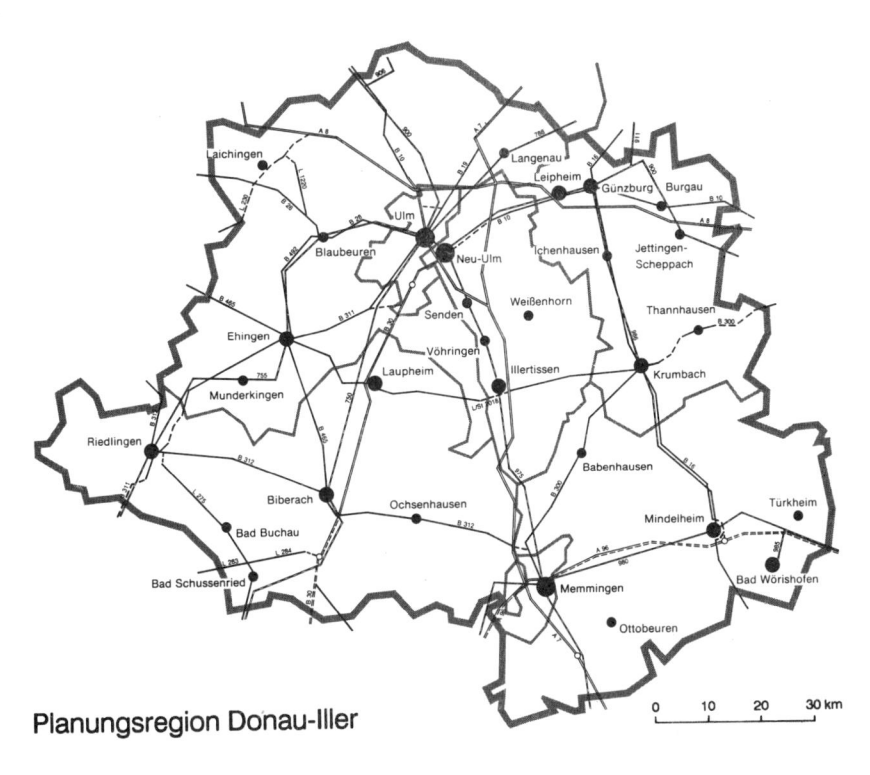

Abb. 1: Wissenschaftsstadt Ulm. Modell der Zusammenarbeit zwischen Wissenschaft, Wirtschaft und Gemeinden

- außeruniversitäre Forschungsinstitute, sog. „An-Institute", die durch einen Kooperationsvertrag an die Universität gebunden sind und neue Formen der innovativen Zusammenarbeit zwischen Wissenschaft und Wirtschaft praktizieren,
- das Daimler-Benz-Forschungszentrum Ulm mit eingegliederten Bereichen der AEG für Mikroelektronik,
- die Technologiefabrik Ulm für junge Unternehmensgründungen,
- der Science-Park, in dem kleinere und mittlere Firmen, denen bisher der direkte Zugang zu bestehenden Forschungseinrichtungen fehlt, sich in unmittelbarer Nähe ins „Netzwerk" der jungen Wissenschaftsstadt einklinken können.

Neue Institutionen der Wissensvermittlung und des Erfahrungsaustausches sollen der industriellen Produktion, den Dienstleistungen und den Gemeindeverwaltungen der Region darüberhinaus neue, positive Anstöße geben. Für die Stadt Ulm übertrug sich die positive Dynamik der jungen „Wissenschaftsstadt" sehr rasch auf verschiedene private und öffentliche Initiativen. Mit einem „Stadtqualitätsprogramm" begann Ulm, den entstandenen Imagegewinn zielstrebig umzusetzen. Die ersten regionalen Einkommenswirkungen der Wissenschaftsstadt sind beachtenswert. Jährlich kommt durch das Ausgabenvolumen von Universität, Fachhochschule und Rehabilitationskrankenhaus etwa eine viertel Milliarde DM in die Region. Je 1 Mio. DM für ausgegebene Baukosten bzw. Erstausstattung und Sachmittelausgaben fließen jährlich ca. 100 000–350 000 DM an Einkommen zusätzlich in die Region. Veranlaßt durch die Ausgaben der Studenten und das beschäftigte Personal, kommt pro Jahr eine weitere 3/4 Milliarde DM in die Region. In den nächsten acht Jahren wollen Baden-Württemberg und der Bund für die Wissenschaftsstadt voraussichtlich mehr als 1 Milliarde DM investieren. Die Beschäftigungseffekte sind ebenso bedeutend. Insgesamt hat die „Wissenschaftsstadt Ulm" in der Region bisher über 8000 Arbeitsplätze geschaffen, die zu einem erheblichen Teil hohe Qualität aufweisen.

3. Vergabe eines Gutachtens

Im benachbarten Bayern wurden als Reaktion auf die „Wissenschaftsstadt Ulm" zunächst widersprüchliche Spekulationen laut. Mitten im „Sog des Magneten München" und dem „aufblühenden Forschungszentrum Ulm" befürchtete man den Bedeutungsverlust mancher Wirtschaftsstandorte und Bildungseinrichtungen. Nach Abstimmung zwischen den Landesregierungen von Baden-Württemberg und Bayern vergaben die verantwortlichen Ministerien deshalb ein Gutachten, das die Auswirkungen der „Wissenschaftsstadt" innerhalb der Region Donau-Iller klären soll[1].

---

1 Die ersten Ergebnisse des Gutachtens über die Auswirkungen der Wissenschaftsstadt Ulm wurden der Öffentlichkeit am 8. Oktober 1991 in Neu-Ulm in einer gemeinsamen Sitzung der Verbandsversammlung und des Planungsbeirates Donau-Iller vorgestellt. Darüber exi-

Nach der Methodik von Teilraumgutachten der Landesentwicklung in Bayern wurden zunächst folgende Schritte durchgeführt: problemorientierte Bestandsanalyse; strukturpolitische Leitlinien für die Raumorganisation, ausgerichtet auf die Wissenschaftsstadt; Ableitung von Maßnahmen für die Umsetzung der räumlichen Wirkungen der Wissenschaftsstadt[2]. Die möglichen Effekte wurden aus den in- und ausländischen Erfahrungen, den Erwartungen von Interessengruppen aus Wirtschaft und Gesellschaft sowie dem Handlungsspielraum in der Kommunal- und Regionalpolitik abgeleitet. Die Vorschläge von Maßnahmen und deren Übertragung in konkrete Projekte stützen sich auf umfassende Betriebs-, Standort- und Gemeindeanalysen sowie gezielte Gespräche mit den Experten vor Ort, vor allem jedoch auf die Diskussions- und Moderations-Veranstaltungen über Ziele und Zwischenergebnisse des Gutachtens zusammen mit der Bevölkerung und den kommunalen Gremien, Planungsinstanzen und Politikern.

4. Ansprüche der Betriebe

Aus der Befragung von besonders forschungs- und entwicklungsintensiven Industrie- und Dienstleistungsbetrieben haben wir die Ansprüche der Wirtschaft an den Standort in der Region Donau-Iller bestimmt und bewerten lassen. Die Aussagen beziehen sich auf 800 Firmen der betreffenden Branchen. Nach dem Alter der Betriebe zeichnet sich für die Region eine dynamische Entwicklung ab. Fast jeder dritte Betrieb kommt in den letzten zehn Jahren an seinen jetzigen Standort. Zur Hälfte handelt es sich um Neugründungen bzw. um Verlagerungen. Von den verlagerten Firmen kam immerhin jede fünfte von außerhalb der Region. Die überwiegende Zahl der Fälle betrifft jedoch Veränderungen innerhalb der Region selbst. Das läßt einerseits auf die hohe Zufriedenheit mit dem Wirtschaftsraum Donau-Iller schließen, andererseits kann man daraus indirekt akute Probleme am vorhergehenden Standort erkennen.

Von allerhöchstem Gewicht für die betriebliche Tätigkeit sind die Verfügbarkeit von qualifizierten Arbeitskräften und die überregionale Straßenverkehrsanbindung. Eine wichtige Rolle spielen die flächenbezogenen Faktoren wie Größe des Betriebsgeländes, Grundstückspreis, Verfügbarkeit von Erweiterungsflächen, Erschließung des Betriebsgeländes, Ver- und Entsorgung.

stiert ein ausführliches Protokoll, erhältlich beim Regionalverband Donau-Iller, Insel 14, 89231 Neu-Ulm. Im einzelnen sind wiedergegeben:
– Berichte der auftraggebenden Länder durch MDirig. Dr. Frey vom Innenministerium Baden-Württemberg sowie durch MDirig. Prof. Dr. Konrad Goppel vom Bayerischen Staatsministerium für Landesentwicklung und Umweltfragen.
– Berichte der Gutachter Prof. Dr. Genosko und Dipl.-Volkswirtin Bilger, Universität Hohenheim; Prof. Dr. Schaffer und Dipl.-Geographin S. Wolf von der Universität Augsburg; Prof. Dr. h.c. Geißler und Dipl.-Volkswirt Back von der Universität Hannover.
2 Franz Schaffer, Karin Thieme und Gabi Troeger-Weiß (Hrsg.): Innovative Regionalentwicklung. Von der Planungsphilosophie zur Umsetzung. Beiträge zur Angewandten Sozialgeographie, Nr. 28, Selbstverlag Lehrstuhl für Sozial- und Wirtschaftsgeographie, Universität Augsburg 1993. Vgl. insbesondere die Beiträge von G. Knopp, F. Schaffer und W. Baumann S. 302–344.

Das äußerst wichtig eingestufte Angebot an qualifizierten Arbeitskräften ist regionsweit am schlechtesten erfüllt. Der Wissens- und Technologietransfer über staatliche Bildungs- und Forschungsinstitutionen, bestimmte soziale und kulturelle Einrichtungen, private Bildungs- und Forschungsorganistionen oder Kontakte zu berufsständischen Einrichtungen nehmen noch keineswegs den erforderlichen Stellenwert ein.

5. Erwartungen an die Wissenschaftsstadt

Die meisten Betriebe wählen ihre Kooperationspartner für bestimmte Forschungs- und Entwicklungsaufgaben in erster Linie aufgrund herausragender Kenntnisse der Wissenschaftler in bestimmten Spezialgebieten. Die in Frage kommenden Persönlichkeiten stammen aus Hochschulen in der ganzen Bundesrepublik und den Nachbarländern. Fast zwei Drittel der Betriebsleiter zeigen eine besondere Bereitschaft zu einer zukünftigen verstärkten Zusammenarbeit mit Hochschulen und anderen Forschungsinstitutionen im allgemeinen. Die Kontakte je nach Branche sind aber stark spezialisiert, so daß die Universität Ulm wegen ihres bisherigen Ausbaus bei den einzelnen Fächern für die meisten Betriebe noch nicht nennenswert in Betracht kam. Als Einrichtungen für eine potentielle Zusammenarbeit werden derzeit noch von der Hälfte der Befragten andere Hochschulen als die der „Wissenschaftsstadt Ulm" ausgesucht. Aber immerhin äußern weit mehr als zwei Drittel der Betriebe für die Zukunft den allgemeinen Wunsch nach einer verstärkten Kooperation mit der Fachhochschule Ulm. Mehr als 60% der Befragten gibt derzeit an, noch ungenügend über die Planungen, den gegenwärtigen Entwicklungsstand und die Nutzungsmöglichkeiten der Wissenschaftsstadt Ulm informiert zu sein. Generell ist nämlich für die meisten bisher noch kein konkreter Zusammenhang zwischen den Planungen und den bereits existierenden Einrichtungen auf dem Ulmer Eselsberg einerseits sowie der Situation ihres eigenen Betriebes und der Gesamtentwicklung in der Region andererseits ersichtlich.

Vor allem muß der in der Wirtschaft und bei den Gebietskörperschaften vorhandene Bedarf an konkreten Forschungs- und Entwicklungsleistungen gegenüber Hochschulen und Forschungseinrichtungen in der Region konsequent herausgearbeitet werden. Die Zuwendung zu den Forschungs- und Entwicklungsproblemen vor Ort baut bei der mittelständischen Wirtschaft bestimmte Hemmschwellen ab. Deshalb erscheint es sinnvoll, wenn die Universität und die Verantwortlichen der Region mit einer eigens dafür geschaffenen Institution Marketing für ihre Anliegen betreiben. Dazu ist es notwendig, eine verstärkte Identität zu schaffen, deren Brennpunkt die „Wissenschaftsstadt" sein kann. Wir schlugen in diesem Zusammenhang vor, das überregionale positive Image der Wissenschaftsstadt zu nutzen und nach dem Vorbild einer österreichischen Bergakademie eine besondere Innovationsmesse Ulm/Neu-Ulm einzuführen. Da die bisherigen An-Institute der Wissenschaftsstadt eher als Einrichtungen der Großindustrie aufgefaßt werden, sollte die mittelständische Wirtschaft der Region unter Obhut der

Kammern und Kommunen und mit Unterstützung beider Ländern ein eigenes „An-Institut" gründen. Bei solchen Initiativen können Einrichtungen der Wissenschaftsstadt als Vermittlungsagentur wirken und Professoren, Wirtschaftsfachleute und Politiker an einen Tisch zum Gedankenaustausch bringen, um gemeinsame Konzepte für die Region bzw. für einzelne Branchen zu erarbeiten.

6. Qualifikationsbedarf

An einer Beschäftigung von Absolventen der Ulmer Hochschulen, hochschulnahen Einrichtungen und An-Institute zeigen sich die Betriebe sehr interessiert. Diesem Wunsch kommt eine noch steigende regionale Bedeutung zu. Die Hauptnachfrage nach qualifizierten Absolventen bezieht sich bisher aber eindeutig auf die Fachhochschule Ulm.

In Deutschland werden in den nächsten 20 Jahren ungelernte Arbeitskräfte generell kaum mehr gebraucht, ihr Anteil schwindet auf etwa ein Achtel. Bei Abschlüssen mit Lehre und Berufsfachschule ergibt sich mit der Hälfte der Erwerbstätigen ein fast unverändert gleich hoher Anteil. Fast verdoppeln wird sich der Zuwachs bei den Erwerbstätigen mit Fachhochschul- und Universitätsabschluß, nämlich insgesamt auf ca. 5 Millionen.

Im Wettbewerb der Regionen um diese hochqualifizierten Arbeitskräfte, die Motor und Garant der regionalen Entwicklung verkörpern, sind jene Teilräume benachteiligt, die keine eigenen Ausbildungskapazitäten für dieses Qualifikationsniveau besitzen. Insbesondere der Mangel an mittleren Führungskräften wird im Wirtschaftsraum Region Donau-Iller ohne neue Impulse zu einer Einschränkung der gewerblichen Tätigkeit führen. Leitlinie für den Wirtschaftsraum muß es daher sein, den Anteil der jungen Menschen in der Ausbildung an Hochschulen deutlich zu erhöhen und darüber hinaus die wissenschaftliche Weiterbildung von bereits Berufstätigen vor Ort zielstrebig zu intensivieren.

7. Gründung einer neuen Fachhochschule

Nach Auffassung des Wissenschaftsrats ist dem Übergewicht von Universitäts-Studiengängen mit langen und weiter durch die Überlast steigenden Studienzeiten ein verstärkter Ausbau der Fachhochschulen entgegenzusetzen. Er empfiehlt die Umkehrung des Verhältnisses bei den Studienanfängern zugunsten der Fachhochschulen. Langfristig sollten sich also 70% der Studienanfänger an Fachhochschulen immatrikulieren! Ausgehend vom Gesamtaufkommen im zugeordneten Raum können die Fachhochschulen in Bayerisch Schwaben mittelfristig jährlich zwischen 1.700 und 3.000 Studienanfänger und -anfängerinnen erwarten, die von den Standorten Augsburg und Kempten nicht annähernd absorbiert werden können. Wegen der besonderen Lagegunst mitten im engsten Auswirkungsraum der „Wissenschaftsstadt" kam nach übereinstimmender Auffassung der Gutachter Neu-Ulm als Standort für eine neue Fachhochschule in Betracht.

Die Empfehlungen zum Fächerangebot in Neu-Ulm müssen aber insbesondere die Angebote am Standort Ulm berücksichtigen, um einen Verstärkungseffekt erreichen zu können. Die umfassende Ausrichtung auf technische Disziplinen in Ulm eröffnet für Neu-Ulm insbesondere den Bereich der wirtschaftswissenschaftlichen Studiengänge. Die klassische Betriebswirtschaftslehre steht im Vordergrund. Entsprechende Angebote können dabei in Kooperation mit Ulm im Wirtschaftsingenieurwesen genutzt werden. Erfreulicherweise haben wir uns bei dieser hochbedeutsamen Entscheidung gegen den ablehnenden Bescheid des Münchner Hochschulforschungs-Instituts durchsetzen können. Das geschah durch die Mobilisierung des politischen Einsatzes aus der Region unmittelbar nach der Vorstellung der Untersuchungsergebnisse vor der Verbandsversammlung im Herbst 1991. Heute ist die Fachhochschule in Neu-Ulm Realität geworden. Sie nimmt im Frühjahr 1994 den Studienbetrieb auf!

8. Strukturpolitische Maßnahmen

Eine unserer Leitlinien für die Wirtschaft betont die Impulse der „Wissenschaftsstadt" für den sektoralen Strukturwandel in der Region Donau-Iller:

1. Die Region soll eine selektive Ansiedlungspolitik verfolgen, um die bislang konzentrierte Ausrichtung auf das Produzierende Gewerbe zu vermindern.
2. Dabei wird es zur Abwanderung sog. „alter Industrien" aus dem Verdichtungskern kommen, die nicht behindert und von den Umlandgemeinden nicht abgeblockt werden darf.
3. Die Ansiedlung neuer, moderner Industrien im Gefolge der „Wissenschaftsstadt" ist bevorzugt im Verdichtungsraum Ulm/Neu-Ulm und seiner Randzone zu erwarten.
4. Es wird deshalb hier die Einrichtung eines Business- und Dienstleistungsparks empfohlen, da sich bundesweit ein Trend der Großunternehmen zur Auslagerung solcher Aufgaben und deren Übertragung an selbständige Dienstleister abzeichnet.
5. Da das mobilisierbare Anlagekapital in der Bundesrepublik wie im Ausland relativ gering ist, ist gerade in der Region Donau-Iller ein verstärktes Augenmerk auf das endogene Potential zu richten, d.h. auf die Stabilisierung und Expansion bereits in der Region ansässiger Betriebe.
6. Mit Blick auf die Umweltbeanspruchung und Akzeptanz der Bevölkerung ergibt sich aus dieser Situation die Empfehlung zur engeren interkommunalen Zusammenarbeit, z.B.: gemeinsame Gewerbegebiete und -parks; Aufteilung der Gewerbesteuereinkünfte zwischen kooperierenden Gemeinden; gemeinsame Auswahl von ansiedlungswilligen Firmen nach qualitativen Gesichtspunkten wie Arbeitsplatzangebot und Umweltverträglichkeit.

9. Siedlungspotential

Die Gemeinden der Region Donau-Iller sind von uns nach Kriterien und Standortfaktoren von Hochtechnologieregionen und besonderen Merkmalen wie Bevölkerungsentwicklung, Siedlungsdichte, Gemeindegröße, Verkehrsanbindung zur Wissenschaftsstadt, Ausweisung von Gewerbe- und Wohnbauland näher charakterisiert worden. Danach gliedert sich der engere Auswirkungsraum der Wissenschaftsstadt Ulm deutlich in drei Zonen: 1. Kernzone mit zusammenhängend hoher Siedlungsverdichtung rings um das Oberzentrum; 2. Verdichtungsrandzone; 3. Ländliche Übergangszone.

Im engeren Auswirkungsraum der „Wissenschaftsstadt", das sind ca. 100 Gemeinden in den angesprochenen 3 Zonen, haben wir bei den Gemeinden die verbindlich geplanten Flächen für Wohnen und Gewerbe bestimmt. Für unsere raumstrukturellen Überlegungen steht die Beantwortung folgender Fragen an die Gemeinden im Vordergrund:

Sind für die flächenbezogenen Ansprüche der „Wissenschaftsstadt", der Wirtschaft, der Wohnbevölkerung ausreichende Reserven vorhanden?
- Wo sind nach den Leitlinien des Gutachtens künftig Flächen für konkrete Entwicklungsmaßnahmen bereitzustellen?
- Wo beginnen sich bereits heute Konkurrenzen und Engpässe in bestimmten Gemeinden abzuzeichnen?
- In welchen Gemeinden ist der Entwicklungsdruck auf die Gewerbe- und Wohnbauflächen durch die „Wissenschaftsstadt" bereits nachzuweisen?
- Wo sollen die Zuwächse bei Beschäftigten und Wohnbevölkerung bevorzugt untergebracht werden?

Das größte Potential an sofort umsetzbaren Flächen für den Wohnungsbau liegt in der Verdichtungsrandzone. Es ist etwa doppelt so hoch wie in den Gemeinden der Kernzone. Der größte Anteil an sofort umsetzbarem Baurecht für die Gewerbeflächen liegt auch in der Zone am Verdichtungsrand. In der Kernzone, wo sich der Entwicklungsdruck am stärksten auswirkt, ist für den gleichen Zeitraum das bereits vorhandene Angebot an Gewerbeflächen nur halb so groß wie in den Gemeinden am Verdichtungsrand. Für weitere Folgeeinrichtungen der „Wissenschaftsstadt" und die künftige Siedlungstätigkeit in der Region sind nach den Analysen über den heutigen Bestand hinaus jedoch zusätzliche Entwicklungsflächen für bestimmte Betriebsansiedlungen erforderlich. Hier ergeben sich vor allem in der Kernzone, auf den Konversionsflächen ehemaliger US-Areale, ganz neue Perspektiven!

10. Umwelt-Informations-System

Aus dem möglichen Flächenanspruch für die verschiedenen künftigen Nutzungen müssen aber die Wirkungen auf den Naturraum sorgfältig abgeschätzt und beschrieben werden. Die ökologische Beurteilung hat für die Entwicklung des zukünftigen Siedlungsleitbildes im unmittelbaren Auswirkungsraum der Wissenschaftsstadt den absoluten Vorrang. Ermittelt wurde in Zusammenarbeit mit dem Planungsverband Donau-Iller der tatsächlich begründbare Flächenbedarf durch die Bewertung schutzwürdiger Naturraumpotentiale, die von zukünftigen Ausweisungen für Gewerbe- und Wohnbauflächen außerhalb jetzt erschlossener Siedlungsgebiete nachhaltig beeinträchtigt werden könnten.

Südlich der Donau, die den engeren Auswirkungsraum der Wissenschaftsstadt etwa in zwei Hälften trennt, liegen zahlreiche restriktionsfreie Gebiete. Sie kommen aus ökologischer Sicht vorrangig als mögliche künftige Siedlungsgebiete für Gewerbe und Wohnen im Sinne unserer Leitlinien in Betracht. Die Vorzüge der bayerischen Landkreise, insbesondere im Raum Neu-Ulm, treten deutlich hervor. Im Gegensatz dazu weist der Bereich nördlich der Donau keine absolut restriktionsfreien Räume auf. Das liegt an der besonderen wasserwirtschaftlichen Situation der Schwäbischen Alb, ein deutliches Handicap für die gewerbliche Entwicklung der Stadt Ulm und der Albgemeinden. Hier ist von Fall zu Fall eine sehr zurückhaltende Inanspruchnahme von neuen Siedlungsflächen zu erwägen.

Die von der Umweltverträglichkeitsprüfung gleichsam „freigegebenen" Flächen sind wichtige Bausteine eines Siedlungsleitbildes für die künftige Entwicklung des Raumes Ulm/Neu-Ulm rings um die Wissenschaftsstadt. In der gesamten Nahverkehrs-Planung zeichnet sich heute für das Oberzentrum Ulm/Neu-Ulm ein deutlicher Umdenkungsprozeß ab. Das neue städtische Verkehrskonzept berücksichtigt den weiterreichenden Ausbau des öffentlichen Personennahverkehrs, auch unter Einbeziehung schienengebundener Systeme. Neue Wohn- und Arbeitsstätten sollen künftig schwerpunktartig vor allem auf diesen zusätzlichen, neuen Entwicklungsflächen in jenen Gemeinden angesiedelt werden, die für Benutzer öffentlicher Verkehrsmittel zeitgünstig zu erreichen sind. Wichtig ist dabei auch die Erreichbarkeit von sogenannten „Impulsgebern" im engeren Auswirkungraum der Wissenschaftsstadt. „Impulsgeber" sind zunächst die Universität Ulm mit ihrem Forschungszentrum und alle Einrichtungen, die sich durch eine hohe Besucherdichte und Konzentration von Arbeitsplätzen auszeichnen.

11. Länderübergreifende Kooperation

Die Entwicklung der Region Donau-Iller hat bisher maßgeblich von der Straßenverkehrsgunst profitiert. Zum Beispiel kommt man von jedem Punkt des engeren Ausstrahlungsraumes der Wissenschaftsstadt in maximal 30 Minuten auf den Ulmer Eselsberg- vorausgesetzt, es gibt keinen Stau! Der Grund für die ständigen Engpässe liegt vor allem in der Durchmischung von Fern-, Regional- und innerstädtischem Verkehr auf diesen Straßen. Daraus ergibt sich jedoch auch ein Lösungsansatz: nämlich das Umlenken auf neue Verkehrsträger, die im Umweltverbund Schritt für Schritt beim Aufbau des Öffentlichen Personen-Nahverkehrs an Bedeutung gewinnen.

Mit Kooperationen dieser Art kommen zuerst am Standort Ulm/Neu-Ulm die gewünschten Synergie-Effekte zur Geltung. Diese Wirkung wird grenzüberschreitend auch von einem integrierten Strukturkonzept für die Neu-Ulmer US-

Areale ausgehen. Gleichsam in seinem Herzstück gewinnt das Oberzentrum durch die zivile Wiedernutzung 140 ha höchst attraktiven städtebaulichen Entwicklungsraums hinzu.

Im März und November des vergangenen Jahres haben die Oberbürgermeister der beiden Kernstädte einige Vorschläge unseres Gutachtens zur Kooperations-Vernetzung in einem Sofortprogramm und einer großen zweitägigen Bürgeranhörung aufgegriffen. Zum Beispiel betrachten Neu-Ulm und Ulm die US-Areale und Gebiete des Ulmer Rieds, die sich größtenteils im Ulmer Eigentum befinden, als gemeinsames Entwicklungspotential. Im Neu-Ulmer Süden besitzt die Doppelstadt mitten im Kern ihre größten Entfaltungsmöglichkeiten. Neu-Ulm allein verfügt jedoch nicht über die ausreichenden finanziellen und Verwaltungskapazitäten, um selbst einen Stadtteil vom doppelten Umfang der bisherigen Neu-Ulmer Innenstadt bauen zu können! Aus dieser Sachlage heraus gründen Ulm und Neu-Ulm eine gemeinsame Stadtentwicklungsgesellschaft, in welche diese Areale eingebracht werden. Beide Städte streben eine Erweiterung des Verkehrsbetriebes der Stadtwerke sowie deren Neuorganisation an. In direkter Nähe zu neuen „Impulsgebern" – wie der gemeinsamen Fachhochschule – können die Wirkungen des Umweltverbunds des Öffentlichen Nahverkehrs voll und attraktiv wirksam werden.

12. Umsetzung der Maßnahmen

Mit der Einbeziehung unserer Maßnahmenvorschläge in diesen politischen Entscheidungsprozeß war ein erster Schritt zur Umsetzung gelungen. Die eigentliche psychologische Schubkraft dafür kam aus der raschen Errichtung der zweiten Fachhochschule in Neu-Ulm, die in der Region als erster eigenständiger Beitrag Bayerns zur „Wissenschaftsstadt Ulm" gewertet wird. In Abstimmung mit der Bau- und Stadtverwaltung von Neu-Ulm, d.h. auf der bayerischen Seite, konnten unsere Vorstellungen über eine Schlüsselpersonen-Befragung direkt in den kommunalen Planungsprozeß eingebracht werden. Mit der Bewertung unserer Maßnahmen durch die wichtigsten Meinungsführer und Entscheidungsträger sind erstmals konkrete städtebauliche Leitprojekte für das Strukturkonzept der US-Areale in der Neu-Ulmer Südstadt definiert worden, wie z.B. das Leitprojekt „Regionales Informations-und Bildungszentrum" in Wiley-Nord. Das Gelände von Wiley-Nord liegt gleich an der Ludwigsvorfeste und an der sog. Europastraße. Es ist durch seine Lage hervorragend geeignet, die Einrichtungen der neuen grenzüberschreitend zusammenarbeitenden Fachhochschule aufzunehmen.

Hier kann das von uns empfohlene An-Institut für die mittelständische Wirtschaft angesiedelt werden, das mit der Universität Ulm und den beiden Fachhochschulen des Oberzentrums kooperiert und den Betrieben in der Region die verschiedensten technischen Transfereinrichtungen bietet.

Am Wissenstransfer arbeiten derzeit: der Science-Park am Oberen Eselsberg, das regionale Wissenschaftszentrum der Fachhochschule Ulm an der Prittwitzstraße, die Innovationsberater der IHK und Handwerkskammer Ulm, die Kontaktstelle Wirtschaft/Wissenschaft der Universität Ulm sowie einzelne Transferzentren der Steinbeis-Stiftung – also an ganz verstreuten Stellen. Woran es bis jetzt fehlt, ist die baulich-optische und funktionale Bündelung aller Kräfte an einem Standort! Hierin liegt die Chance, die Kooperation zwischen zwei Ländern, zwei Gemeinwesen und 2 Wirtschaftsinstitutionen „greifbar" zu realisieren, indem dafür die Kasernenbauten der 30er Jahre umgenutzt, Werkstätten und Wartungshallen saniert und die Flächen im Rahmen der Stadterneuerung in Wiley-Nord bebaut werden.

Die künftige „Wissenschaftsstadt" kann nur auf der Grundlage der grenzüberschreitenden Zusammenarbeit konsequent umgesetzt werden. Das geschieht zunächst schrittweise durch die zielstrebige Kooperationsvernetzung zwischen Ulm und Neu-Ulm und zwischen den Gemeinden im engeren Auswirkungsraum. Die „Wissenschaftsstadt Ulm" hat dabei eine doppelte Aufgabe: zum einen sichert sie die internationale, europaweite Wettbewerbsfähigkeit der Region, zum anderen ist sie selbst Teil des Strukturwandels, der sich nach innen nur in einer funktionstüchtigen Region vollziehen kann.[3]

---

[3] Am 20. Juni 1994 wurde der Endbericht des Gutachtens in der Sitzung der Verbandsversammlung und des Planungsbeirates Donau-Iller der Öffentlichkeit übergeben (Baden-Württemberg/Bayerisches Staatsministerium für Landesentwicklung und Umweltfragen, Hrsg.: Gutachten Auswirkungen der Wissenschaftsstadt Ulm. Stuttgart, München 1994, 405 Seiten, 11 Karten). Die Bayerische Staatsregierung und das Land Baden-Württemberg beabsichtigen, auf der Grundlage der vorgeschlagenen Maßnahmen zur Umsetzung der Auswirkungen der Wissenschaftsstadt ein grenzüberschreitendes Modellprojekt für Regionales Marketing-Management zu initiieren.

KOOPERATIVER STRUKTURWANDEL IM RUHRGEBIET: DER BEITRAG DES INSTITUTS ARBEIT UND TECHNIK (IAT)

Josef Hilbert, Gelsenkirchen und Georg Simonis, Hagen

1. Ziel des Beitrags

Das Institut Arbeit und Technik (IAT) wurde vom Land Nordrhein-Westfalen Mitte 1988 in Gelsenkirchen mit dem Auftrag gegründet, den Strukturwandel in diesem Land mitzugestalten. Die nachfolgenden Ausführungen skizzieren zum einen die Arbeit und Organisation des Instituts, zum anderen liefern sie einen Einblick in die praktischen Möglichkeiten und Grenzen einer anwendungsorientierten Forschungseinrichtung, auf regionale Entwicklungen einzuwirken.

2. Übersicht über Auftrag und Struktur des IAT

Der Auftrag des IAT ist sehr offen definiert: Es soll als Forschungsinstitut auf dem Gebiet der Gestaltung von Arbeit und Technik zum Strukturwandel in NRW beitragen. Dabei gilt ein Hauptaugenmerk der Suche nach Lösungen, die nicht nur sozial- und umweltverträglich sind, sondern die auch die Wettbewerbsfähigkeit der Nordrhein-Westfälischen Wirtschaft erhöhen.

Das IAT gehört dem Land und ist dem Geschäftsbereich des Ministeriums für Arbeit, Gesundheit und Soziales (MAGS) zugeordnet. Allerdings wird das Institut nicht wie eine nachgeordnete Landesbehörde geführt. Wenngleich die Frage, wie stark man sich dem MAGS verpflichtet fühlt bzw. von ihm verpflichtet wird, ein ständiges Diskussionsthema im IAT ist, so gibt es dennoch keine Kolleginnen oder Kollegen, die ernsthaft bezweifeln, daß das Institut in der Bestimmung seiner Themen, Kooperationspartner und inhaltlichen Aufgabenstellungen frei ist.

Dem IAT steht ein Beirat zur Seite, der vom Arbeitsminister berufen wird. Ihm gehören einschlägig ausgewiesene Wissenschaftler sowie Vertreter der organisierten Sozialpartner an. Die Aufgaben des Beirates liegen in der Beratung des Instituts, Kontrollaufgaben oder Vermittlungs- bzw. Transferaufgaben werden hier nicht wahrgenommen. Vorsitzender des Beirats ist gegenwärtig Prof. Dr. Klaus Henning.

Das IAT konnte Mitte 1989 mit seiner Arbeit beginnen. Derzeit arbeiten dort inklusive Pförtner, studentische Hilfskräfte, Verwaltung etc. rd. 90 Mitarbeiterinnen und Mitarbeiter, davon sind 39 Personen wissenschaftlich tätig. Und von diesen sitzen wiederum 26 auf Planstellen des Instituts, der Rest wird aus diversen Drittmitteln finanziert. Der Drittmittelanteil am Gesamtetat des Instituts schwankt zwischen 30 und 40 %.

Das IAT-Personal ist interdisziplinär zusammengesetzt. Vertreten sind Ingenieure, Informatiker, Mathematiker, Ökonomen, Raum- und Regionalplaner sowie Politologen und Soziologen. Allerdings haben die beiden letztgenannten Gruppen ein deutliches Übergewicht.

Das IAT hat vier inhaltliche Schwerpunkte und gliedert sich demgemäß auch in vier Abteilungen:

a) Produktionssysteme
Moderne Produktionssysteme zeichnen sich durch ein ständiges Ringen um das optimale Zusammenspiel von Personal, Organisation und Technik aus. Um dieses Zusammenspiel zu verbessern, entwickelt die Abteilung Produktionssysteme
– integrierte Konzepte für moderne, kundenorientierte Produktion;
– Modelle für partizipatives Management und Personalentwicklung;
– Prototypen von Datenverarbeitungs (DV)-Systemen, die darauf zielen, Arbeitskräfte bei ihrer Arbeit zu unterstützen und nicht zu ersetzen.

b) Dienstleistungssysteme
Dienstleistungen sind mehr als nur eine vielversprechende Wachstumsbranche. Von der Kundenorientierung und von dem Innovationspotential der verschiedenen Dienstleistungsbereiche hängen die wirtschaftliche Anpassungsfähigkeit sowie die Leistungsfähigkeit der öffentlichen und sozialen Infrastruktur ab. Die Mitarbeiterinnen und Mitarbeiter der Abteilung Dienstleistungsysteme
– untersuchen die Chancen für die Verknüpfung verschiedener Dienstleistungen zu nachfragegerechten und kostengünstigen neuen Angeboten;
– konzipieren und implementieren rationale Organisationsstrukturen für öffentliche und private Dienstleister;
– entwickeln moderne arbeitsorganisatorische Modelle für attraktive und produktive Arbeitsplätze.

c) Arbeitsmarkt
Strukturwandel, neue Technologien und scharfer internationaler Wettbewerb stellen hohe Anforderungen an die betriebliche Personalpolitik und Arbeitsmarktpolitik. Die Abteilung Arbeitsmarkt
– analysiert Anpassungsprobleme auf dem Arbeitsmarkt und entwickelt Strategien präventiver und zukunftsorientierter Arbeitsmarktpolitik;
– untersucht den Wandel der Berufs- und Qualifikationsstrukturen und entwickelt Modelle für die notwendige Weiterbildung;
– entwickelt Vorschläge für betriebliche Regelungen von Arbeits- und Betriebszeiten, die Spielraum für individuelle Zeitgestaltung bieten.

d) Industrieentwicklung
Markt- und Produktionsstrategien bestimmen die Zukunftschancen von Unternehmen, ganze Industrien und Regionen. Die Mitarbeiterinnen und Mitarbeiter der Abteilung Industrieentwicklung analysieren
– unternehmerische und wirtschaftspolitische Handlungsstrategien im internationalen Vergleich;
– Produktions- und Innovationsstrategien in ausgewählten Industrien Nord-

rhein-Westfalens im Kontext internationaler Entwicklungen;
- das Marktumfeld in neuen Wachstumsregionen und entwickeln Strategien für Marktentwicklung und Marktchancen der nordrhein-westfälischen Wirtschaft.

Das IAT ist Bestandteil eines Verbundes von Instituten, die zusammen das Wissenschaftszentrum Nordrhein-Westfalen bilden. Dazu gehören neben dem Institut Arbeit und Technik das Wuppertaler Institut für Klima, Umwelt und Energie sowie das Kulturwissenschaftliche Institut in Essen. Das in Düsseldorf angesiedelte Wissenschaftszentrum – diese Einrichtung trägt den gleichen Namen wie der gesamte Verbund – organisiert gemeinsam mit den drei genannten Instituten den Dialog zwischen Wissenschaft, Wirtschaft und Politik.

3. Unterschiedliche Philosophien hinsichtlich der Einwirkung des IAT auf den Strukturwandel

Das IAT hat die Aufgabe, den Strukturwandel voranzubringen und dabei insbesondere auf die Gestaltung von Arbeit und Technik zu achten. Wie dieser Auftrag inhaltlich auszufüllen ist, darüber ist im Vorfeld der IAT-Gründung zwar heftig debattiert worden, jedoch hat es keine enge Festlegung durch die Landesregierung gegeben. Gemeinsamer Ausgangspunkt der Mitarbeiterinnen und Mitarbeiter der ersten Stunde war lediglich der Wunsch, möglichst anwendungsnah tätig zu sein, ohne den Kontakt zur eher akademischen, universitären Grundlagenforschung zu verlieren. Dieser Ausgangspunkt läßt sich vielleicht am besten mit dem Begriff „Grundlagenbasierte Anwendungsorientierung" beschreiben.

In den ersten Jahren wurden innerhalb des IAT in der Diskussion über die Umsetzung dieser Praxis- und Anwendungsorientierung verschiedene Wege bzw. Ansatzpunkte erörtert:

– Forschen, entwickeln und erproben
Aufbauend auf solider Forschung sollen neue technische und organisatorische Lösungen für die Gestaltung von Arbeit und Technik entwickelt und (im Zusammenspiel mit der Praxis) erprobt werden. Die Zielgruppen sind hier eher unspezifisch und können je nach inhaltlicher Fragestellung, aber auch unter pragmatischen Gesichtspunkten nicht im vorhinein festgelegt werden.

– Transparenz schaffen
Das IAT soll durch praxisnahe Forschung Transparenz schaffen. Forschungen werden auf praxisrelevante Fragen ausgerichtet und möglichst verständlich und publizitätsträchtig aufbereitet. Bei der Nutzung dieser Ergebnisse in der Praxis wirkt das Institut nicht mehr mit.

– Dialoge über Leitbilder
Die IAT-Forscherinnen und -Forscher sollen Leitbilder entwickeln und diese

durch den Dialog mit Akteuren aus Wirtschaft und Politik vermitteln und weiterentwickeln.

– Impulse durch Dialoge
Durch themenspezifische Dialoge zwischen Wissenschaftlern nicht nur aus dem IAT, sondern auch aus den benachbarten Hochschulen, Politikern und Wirtschaftsleuten sollen Forschungsergebnisse vermittelt und wichtige Forschungsfragestellungen identifiziert werden. Damit soll nicht nur die oft erschreckend ausgeprägte Sprachlosigkeit zwischen verschiedenen Eliten überwunden werden, sondern es geht auch darum, neue Verknüpfungen zwischen Eliten herzustellen, um so neue Gestaltungsansätze möglich zu machen.

– Politikberatung
Einer der wichtigsten Ansatzpunkte für die Gestaltung des Strukturwandels sind politische Programme; demensprechend soll die Entwicklung und Evaluation solcher Programme in der IAT-Arbeit einen prominenten Platz einnehmen.

Die Diskussion um diese verschiedenen Ansatzpunkte und Philosophien des Verhältnisses des IAT zur Praxis ist im Institut teilweise sehr kontrovers geführt worden. In der ersten Phase der Insitutsentwicklung waren sowohl der Forschungs- und Entwicklungsplan als auch die praktische Arbeit sehr stark auf die Entwicklung und Erprobung neuer technischer und organisatorischer Lösungen sowie auf themenspezifische Dialoge zwischen Wissenschaftlern, Politikern und Wirtschaftsleuten ausgerichtet. Mittlerweile hat sich im Institut jedoch ein Pluralismus an Ansätzen zur Kooperations-, Anwendungs- und Praxisorientierung durchgesetzt. Und es stellt sich auch mehr und mehr heraus, daß man eigentlich die gesamte Bandbreite an Vorgehensweisen braucht, um in die Region hineinwirken zu können.

4. Die Anwendungs- und Kooperationsorientierung des IAT in der Praxis/ Beispiele aus der Projektarbeit des IAT

4.1. Forschen, entwickeln und erproben: das Beispiel „Lokale Arbeitsmarktpolitik in Gelsenkirchen" (LOKAM)

Ziel von LOKAM war die Entwicklung einer Arbeitsmarkt- und Qualifizierungspolitik bei knappen Ressourcen mit Kooperation als zentraler Handlungsstrategie.

Der Mangel an qualifiziertem Personal in den Betrieben auf der einen und eine hohe Arbeitslosenquote auf der anderen Seite zeigen, daß die Schere zwischen Angebot und Nachfrage auf dem Arbeitsmarkt – nahezu unabhängig von der konjunkturellen Entwicklung – immer weiter auseinandergeht. Mit der Förderung des sogenannten zweiten Arbeitsmarktes, also mit der Schaffung von öffentlich finanzierten, zusätzlichen, befristeten Beschäftigungsmöglichkeiten, kann das Problem der „Schere" nicht gelöst werden. In den Mittelpunkt des

Interesses treten deshalb Strategien, die verstärkt auf eine Integration der Arbeitslosen in die Betriebe und auf eine vorbeugende Verhinderung der Ausgrenzung von (noch) Beschäftigten abzielen und die die Förderung des Strukturwandels mit der Förderung der Qualifizierung verbinden. Dies kann weder ausschließlich von der öffentlichen Hand noch allein von den Betrieben geleistet werden. Arbeitsmarkt- und Qualifizierungspolitik kann also nicht für die Betriebe und auch nicht gegen die Betriebe, sondern nur mit den Betrieben erfolgreich umgesetzt werden. Erforderlich sind also die Entwicklung und Förderung kooperativer Strategien.

Der Auf- und Ausbau lokaler und regionaler Kooperationsstrukturen ist somit als entscheidender Ansatz für eine offensive und zielgerichtete Arbeitsmarkt- und Qualifizierungspolitik in den neunziger Jahren zu betrachten. Die nachfolgende Übersicht zu den Beispielen aus Gelsenkirchen über die Kooperation von öffentlichen und privaten Akteuren in der lokalen Arbeitsmarktpolitik verdeutlicht, welche Wege für die Bewältigung der anstehenden Probleme eingeschlagen werden können. Die Aufgabe der Wissenschaft liegt dabei hauptsächlich beim sog. Schnittstellenmanagement. Unterschiedliche Akteure, Interessen und Rationalitäten müssen miteinander verknüpft werden, um das nur kooperativ zu lösende Problem anzugehen.

Im vorliegenden Projekt ist es gelungen, zwei Instrumente aufzubauen, mit denen Langzeitarbeitslose wieder an den „ersten" Arbeitsmarkt herangeführt werden. Im sog. Gelsenkirchener Modell werden sie in Kooperation von Betrieben und Bildungsträgern qualifiziert; und die Arbeitsförderungsgesellschaft Gelsenkirchen – eine gemeinnützige GmbH, getragen zu je 50% von der Stadt und lokalen Unternehmen – verknüpft eigenständige Produktionsaktivitäten oder die gemeinnützige Überlassung von Arbeitnehmern mit Qualifizierungsmaßnahmen.

Voraussetzung für das Gelingen dieser Projekte war ein intensiver Dialog zwischen den verschiedenen arbeitsmarktpolitischen Akteuren Gelsenkirchens zur Identifizierung von Schnittstellen ihrer Aufgaben und Interessen. Wissenschaftliche Expertise „von außen", kombiniert mit einem kooperativen Politikstil, bietet gute Vorraussetzungen dafür, daß wissenschaftliche Institutionen in die Rolle eines Schnittstellenmanagers hineinwachsen können.

LOKAM war das erste Entwicklungs- und Erprobungsprojekt des IAT. Mittlerweile sind weitere hinzugekommen, auch solche, die unmittelbar auf der betrieblichen Ebene ansetzen.

4.2. Dialoge über Leitbilder: Das Beispiel „Lernstatt"

4.2.1. Aufgabe und Ziel

Die Automatisierungsschübe der 70er und 80er Jahre durch Einsatz von DV-Systemen haben ihre Grenzen erreicht. Immer mehr Betriebe denken um: Nicht die „menschenleere Fabrik", sondern die „Rückkehr der Arbeit in die Fabrik" ist der Leitgedanke, der einige Pionierbetriebe zu beachtlichem wirtschaftlichen Erfolg führte.

Objektorientierte Gliederung der Produktion, die Nutzung von DV-Systemen als aufgabenangemessen gestalteter Werkzeuge, vor allem aber qualifizierte Gruppenarbeit mit ganzheitlichen Aufgaben und weitgehender Selbstregulation, neue Formen der Personalführung, Entlohnung und Qualifizierung setzen die Erfolgsmarken.

Doch die Barrieren zur Akzeptanz neuer Produktionssysteme sind hoch: Die Trennung von Hand- und Kopfarbeit, Akkordsysteme und Mengenproduktion bestimmen nicht nur die Organisation von Fabrikarbeit, sie sind auch tief in unseren Denkstrukturen verwurzelt und zeigen ein Beharrungsvermögen, das vielfach den wirtschaftlichen Niedergang vorprogrammiert.

Ziel der Unternehmenslernstatt ist es, in der Moderation mit betrieblichen Akteuren diese Denk- und Verhaltensstrukturen zu hinterfragen sowie Anstöße und Orientierung auf dem Weg zur betrieblichen Umgestaltung zu geben.

4.2.2. Voraussetzungen

Alle an einer Unternehmenslernstatt Beteiligten stehen zunächst vor dem schwierigen Problem, tradierte Denk- und Handlungsmuster in Frage zu stellen, sich neuen Denk-, Verhaltens- und Handlungsmöglichkeiten zu öffnen. Im ersten Schritt bedeutet dies die gegenseitige Akzeptanz und allgemeine Zielübereinstimmung der betrieblichen Akteure. Sowohl Geschäftsführung als auch Betriebsrat müssen die Entscheidung zur Teilnahme an einer Unternehmenslernstatt tragen. Entscheidend für den Erfolg einer Unternehmenslernstatt ist es, inwieweit sich trotz unterschiedlicher Interessen – hier Steigerung der Produktivität, dort Humanisierung der Arbeit – konsensfähige Lösungen formulieren lassen. Dabei Mittler zu sein und Anstöße zu geben, ist eine Aufgabe der externen Moderation.

Eine weitere Voraussetzung zur erfolgreichen Durchführung einer Unternehmenslernstatt ist in der Teilnahme mehrerer Betriebe mit vergleichbaren Problemstellungen zu sehen. Unterschiedliche Erfahrungen ermöglichen die angestrebte Selbststeuerung der Gruppe.

Die Unternehmenslernstatt wendet sich an Unternehmensleitungen und Betriebsräte, die den Wert einer menschenzentrierten Erneuerung der Produktion erkannt haben und nach praktischen Wegen suchen. Das bedeutet für die inhaltliche Gestaltung, daß Teilnehmerinnen und Teilnehmer in einer Reihe intensiver Gespräche ihre Erfahrungen austauschen, Strategien diskutierten, in konkreten Szenarien reale Konzepte auf ihre Tragfähigkeit überprüfen, weiterführende Ansätze entwickeln und jene Probleme orten, die es in Zukunft zu lösen gilt. Dies können die Problembereiche
- Qualifizierung
- Bildung von Produktionsinseln
- Entgeltgestaltung
- materialarme Auftragsabwicklung
- Neuordnung des Arbeitszeitsystems sein. Die Themenbereiche sind hier vielfältig, ausgerichtet an den Interessen der Teilnehmerinnen und Teilnehmer und von ihnen bestimmt.

4.2.3. Methodik

Die Leistung anthropozentrischer Produktionssysteme meint in erster Linie, menschliche Expertise und Kreativität in den Mittelpunkt betrieblichen Handelns zu stellen. Dieser Zielvorstellung muß eine Lernstatt in ihrer methodischen Vorgehensweise Rechnung tragen. Der Grundgedanke ist, eine betriebliche Vision zu erarbeiten und auf ihre Praxistauglichkeit zu erproben. Im Rahmen der allgemeinen Zielvorstellung setzen die Teilnehmerinnen und Teilnehmer selbst die Themenschwerpunkte und bestimmen den Diskussionsprozeß. Der Gestaltungsprozeß obliegt also den betrieblichen Akteuren. Es ist die Aufgabe des IAT, diesen Prozeß zu strukturieren. Jeder Diskussionsprozeß mit unbekannten Variablen benötigt gleichzeitig eine Informationsbasis. Diesen Input zu leisten, obliegt ebenfalls den Mitarbeiterinnen und Mitarbeitern des IAT.

4.3. Impulse durch Dialoge: Das Beispiel „Ruhr 2010"

4.3.1. Aufgabenstellung

Das Projekt „Ruhr 2010" hat sich die Aufgabe gestellt, wichtige Trends in Wirtschaft, Gesellschaft und Politik zu identifizieren und deren Auswirkungen auf das Ruhrgebiet zu untersuchen. Organisatorisch ist „Ruhr 2010" ein wissenschaftlich vorbereitetes und begleitetes Diskussionsforum, auf dem Unternehmer, Arbeitnehmervertreter, Politiker und Wissenschaftler Problemsichten austauschen und Problemlösungen diskutieren. Zu diesem Zweck tagt etwa zweimal jährlich der „Beraterkreis Ruhr 2010". Die Aufgabe der am Projekt „Ruhr 2010" beteiligten Mitarbeiterinnen und Mitarbeiter des IAT besteht darin, diesen „praktischen" Diskurs zu begleiten, durch Kritik anzuregen und umgekehrt von der Praxis aufgeworfene Probleme in Fragen an die Forschung umzuformulieren und – soweit es die Kapazitäten erlauben – zu bearbeiten.

4.3.2. Vorgehensweise

In einer ersten Projektphase (1990/91) wurden Bestandsaufnahmen der Entwicklungstrends im Verarbeitenden Gewerbe und im Dienstleistungsbereich vorgestellt und diskutiert. Auf dieser Basis fand eine ausgiebige Erörterung von Problemen und Chancen des Strukturwandels mit ausgewiesenen Praktikern und Wissenschaftlern statt. In der zweiten Projektphase konzentriert sich die Arbeit auf vier ausgewählte Probleme, für die Lösungsperspektiven gesucht werden. Für diese vier Themenfelder wurden Arbeitsgruppen gebildet, in denen die Problemlagen aufgearbeitet und Handlungsoptionen entwickelt werden. Auf dieser Basis erstellen die Leiter der jeweiligen Arbeitsgruppen Expertisen, die die Grundlage für weitere Erörterungen sind und zur Entwicklung von Gestaltungsprojekten führen sollen. Im einzelnen handelt es sich dabei um folgende Themenfelder:
– Neue Lösungen für die Verankerung von Forschungs- und Entwicklungsaufgaben an den Hochschulen,
– Entwicklungsperspektiven bei den sozialen Diensten,
– Umweltproblematik,
– Probleme der Akzeptanz.

4.3.3. Perspektiven

Das Diskussionsforum „Ruhr 2010" bildet eine Schnittstelle des IAT zur Praxis. Die Ergebnisse der Arbeitsgruppen werden mit dem Beraterkreis in regelmäßigen Abständen erörtert. Wichtige Anregungen können so von den Praktikern aufgegriffen werden. Auf der anderen Seite helfen diese Diskussionsrunden, daß bei den Wissenschaftlern das Verständnis für Fragestellungen und Probleme der Praxis wächst.

5. Den Strukturwandel kooperierend und forschend beeinflussen: vier Jahre Praxis- und Gestaltungserfahrung am IAT – Versuch eines Zwischenresümees

5.1 Der Eingriff in den Strukturwandel durch Forschung, Entwicklung und Erprobung ist möglich

In der Startphase der IAT-Arbeit wurden Forschungs-, Entwicklungs- und Erprobungsprojekte ganz klar als wichtigster Ansatzpunkt des IAT begriffen. Prinzipiell kann eine solche Orientierung auch durchgehalten werden. Sie ist jedoch nur mit großen Startschwierigkeiten zu realisieren und hat auch einige Probleme zur Konsequenz. Sie macht langfristig nur Sinn, wenn sie in ein Konzert anderer Strategien der Praxis- und Anwendungsorientierung eingebettet ist:
– Eine der Startschwierigkeiten liegt darin, daß es nicht leicht, sondern aufwendig ist, geeignete Partner zu finden. Viele Praktiker stehen innovativen Lösungen mit Skepsis gegenüber. Die potentiellen Partner sind mißtrauisch. Bei manchem Partner ist mit dem Wunsch zu kooperieren nicht nur ein sachlich-inhaltliches Anliegen, sondern auch die Hoffnung verbunden, mit dem IAT besser an staatliche Subventionen zu gelangen.
– Eine der Konsequenzen von sehr spezifisch ausgerichteten Entwicklungs- und Erprobungsprojekten ist, daß die Generalisierung sehr schwer fällt.
– Breiteneffekte können nur dann erzielt werden, wenn die Ergebnisse der Gestaltungsprojekte kommunikativ vermittelt werden, d.h. nicht nur schriftlich veröffentlicht, sondern auch über Netzwerke transportiert werden.
– Wenn es gelingt, mit kooperativen Forschungs- und Entwicklungsprojekten Fortschritte zu erzielen, hat der Erfolg viele Väter. Für das beteiligte Forschungsinstitut hat dies oft zur Folge, daß die Urheberschaft und der Aufwand nicht mehr klar dargestellt werden können. In diesem Problem liegt, überspitzt formuliert, die Gefahr, daß sich erfolgreiche Forschung, Entwicklung und Erprobung selbst marginalisiert.
– Praxisorientierte Forschung, Entwicklung und Erprobung bringen für die beteiligten Wissenschaftler in der akademischen Landschaft nicht immer die erhoffte Reputation. Diese Arbeit ist aufwendig, und in den einschlägigen wissenschaftlichen Diskussionen wird man schnell durch kurzlebige Themenkonjunkturen abgehängt.

5.2 Die Wirkung von Forschung und Kooperation an einem einzigen Institut sollte nicht überschätzt werden

Der Strukturwandel ist komplex und breit, und selbst die Forschung und Kooperation in einem so großen Institut wie dem IAT bildet nur einen kleinen Baustein. Entscheidungen werden in Betrieben und in vielfältigen Netzwerken getroffen. Die Entscheidungsinstanzen sind teilweise sehr geschlossen, und es gelingt immer nur sehr selektiv, über einzelne Entscheidungsbereiche informiert zu sein oder auf sie einzuwirken.

Viele unserer Kolleginnen und Kollegen sind manchmal ein wenig enttäuscht, wenn von einem anderen Institut oder von einer anderen Hochschuleinrichtung ein Projekt durchgeführt wird, daß auch uns ganz gut zu Gesicht gestanden hätte. Angesichts der Komplexität des Strukturwandels und natürlich auch angesichts der Größe Nordrhein-Westfalens ist es freilich nicht nur unvermeidlich, sondern auch nötig, daß auch noch andere Einrichtungen in den Arbeitsgebieten des IAT aktiv sind.

Mittel- und langfristig wird es für die Forschungs- und Gestaltungslandschaft Nordrhein-Westfalens unerläßlich sein, daß die hier wirkenden Forschungs-, Gestaltungs- und Beratungseinrichtungen besser miteinander vernetzt werden.

5.3 Der Zugang zu Ministerien ist kein Selbstläufer

Das IAT ist eine Einrichtung des Landes. Dies bedeutet keineswegs, daß die Kooperation mit der Politik und der Verwaltung problemlos läuft. Die verschiedenen politischen Akteure haben etablierte Kommunikations- und Beratungsstrukturen, und nur über kompetente und zähe Forschungsarbeit sowie über unermüdliche Kooperationssuche kann der Aufbau von vertrauens- und wirkungsvollen Austauschstrukturen gelingen. Im übrigen gibt es beim Zusammenwirken mit Politik und Verwaltung auch die Gefahr, daß man nicht wegen der Sache selbst, sondern wegen ganz anderer Ziele kooperiert; hier liegen also durchaus Analogien zu den Schwierigkeiten der Kooperation mit Unternehmen.

5.4 Forschungen über die Entwicklung von Netzwerken sind nötig

Die vorstehenden Ausführungen laufen darauf hinaus, daß Netzwerke für die Gestaltung des Strukturwandels von ausschlaggebender Bedeutung sind. Die Mitarbeiterinnen und Mitarbeiter des IAT haben dies – genau wie die meisten Politiker und Wirtschaftführer – intuitiv begriffen und den Kontakt zu Netzwerken gesucht. Für eine Forschungs- und Entwicklungspolitik, die systematisch auf Kooperation setzt, reicht dies jedoch keineswegs aus. Um die Mittel zielgerichtet und effizient zu verwenden, ist es nötig, mehr über Art, Umfang und Entwicklung von Netzwerken in den Regionen zu wissen, in denen oder mit denen man arbeitet. Forschungen über Netzwerke sind bislang aber am IAT viel zu kurz gekommen. Vielleicht ist dies eine klassische Aufgabe für die Grundlagenforschung an Hochschulen. Jedoch sind die von dort vorgelegten Ergebnisse bislang zwar interessant, aber für die praktische Gestaltungsarbeit nur eingeschränkt verwendungsfähig.

FACHSITZUNG 3:
ÖKOLOGIE UND RAUMPLANUNG

EINLEITUNG

Otto Sporbeck, Bochum

Die alten Industrieregionen im vereinigten Deutschland befinden sich in einem Strukturwandel wie selten zuvor in ihrer Geschichte. Die sich abzeichnenden Konflikte sind gekennzeichnet durch die Beschleunigung des wirtschaftlichen, technischen und räumlichen Strukturwandels, die Verschärfung des nationalen und internationalen Standortwettbewerbs und die Einsicht, ökologische Belange stärker als bisher berücksichtigen zu müssen.

Auch wenn die Umstrukturierung vorrangig der Sicherung und Schaffung von Arbeitsplätzen dient, geht die Chance damit einher, nicht nur neue Wirtschaftsstrukturen in den betroffenen Regionen zu schaffen, sondern diese auch ökologisch verträglich und räumlich koordiniert zu entwickeln. Bei frühzeitiger Planung und Steuerung auf der Grundlage einer ökologisch orientierten Raumordnung und Landesplanung sollten sich auch in den umweltbelasteten Krisenregionen Möglichkeiten bieten, die Voraussetzungen dafür zu schaffen, daß der Mensch in einer lebenswerten Umwelt wirtschaften kann.

In den folgenden Beiträgen stehen zum einen das Ruhrgebiet als ehemaliger Montanstandort im Mittelpunkt, zum anderen das Braunkohlengebiet Westsachsens, das durch die Stillegung zahlreicher Tagebaue und hohe Arbeitslosigkeit gekennzeichnet ist. Gemeinsam sind beiden Regionen der notwendige wirtschaftsstrukturelle Umbau, die hohe Umweltbelastung und die übernommenen Altlasten. Ist im Ruhrgebiet durch entsprechende planungspolitische Programme, finanzielle Anreize und Wettbewerbe die Umstrukturierung unter weitgehender Berücksichtigung ökologischer Belange bereits eingeleitet, so steht das westsächsische Braunkohlengebiet erst am Anfang der Entwicklung zu einer umweltorientierten und wirtschaftlich effizienten Sanierung. Die Beiträge stellen schlaglichtartig und regionalspezifisch die Probleme der Regionen und planerische Lösungsstrategien vor, die durch das Bemühen gekennzeichnet sind, Umweltvorsorge und wirtschaftlichen Strukturwandel als gemeinsame Aufgabe einer ökologisch orientierten Raum- und Regionalplanung zu begreifen. Im einzelnen werden die Themenbereiche der ökologischen Stadterneuerung im Ballungsraum (MARKS), des planerischen Umgangs mit Altlasten und des Flächenrecyclings (NOLL) sowie der wirtschaftlichen Erneuerung und ökologischen Sanierung des westsächsischen Braunkohlengebietes (BERKNER) behandelt.

PLANUNGSSTRATEGIEN FÜR EINE ÖKOLOGISCHE STADTENTWICKLUNG IM BALLUNGSRAUM: DAS BEISPIEL DORTMUND

Robert Marks, Dortmund

1. Grundsätze der ökologischen Stadtentwicklung

Stadtentwicklung hat als Begriff in den letzten Jahren eine neue Akzentsetzung erfahren. Mehr und mehr sind zu rein ökonomischen Zielen ökologische Aspekte getreten, ist Stadtentwicklung auch ein Auftrag zur Steuerung der komplexen Abläufe in städtischen Ökosystemen geworden. Heute wird Umweltverträglichkeit in nahezu allen Entwicklungsbereichen als grundlegendes Entscheidungskriterium für die Realisierung von Vorhaben vorausgesetzt. Umweltschutz ist somit von einer Randerscheinung zu einem zentralen Thema der Daseinsvorsorge geworden, ja hat sich sogar als tragender Wirtschaftsfaktor etabliert. Gerade auch die Städte des Ruhrgebiets haben an diesem Werte- und Strukturwandel aktiven Anteil genommen.

Im folgenden soll anhand der unterschiedlichen Aufgabengebiete verdeutlicht werden, welche Aktivitäten der Umweltverwaltung der Stadt Dortmund in den letzten Jahren diesen Prozeß der ökologischen Erneuerung begleitet oder gar auf Teilgebieten initiiert haben.

Unter ökologischer Stadtentwicklung versteht der Verfasser die Steuerung raumwirksamer Maßnahmen auf zwei Ebenen:

(1) Unmittelbare Verbesserung der Leistungsfähigkeit des Naturhaushalts durch Schutz, Pflege und Entwicklung der Landschaft mit Hilfe geeigneter Planungsinstrumentarien, insbesondere Naturschutz, Freiraumplanung, Landschaftsplanung, Arten- und Biotopschutz, Altlastensanierung, Gewässerrenaturierung usw.

(2) Minderung der negativen Einflüsse von Eingriffen in Natur und Landschaft im Zuge baulicher Maßnahmen durch umweltverträgliche Gestaltung, Ausgleichs- und Ersatzmaßnahmen sowie ökologisches Bauen. Wesentliches Planungsinstrumentarium ist hier die Umweltverträglichkeitsprüfung (UVP).

Beide Ebenen müssen natürlich in gesamtkonzeptionellen Überlegungen zusammengeführt werden.

Die wesentlichen Dortmunder Aktivitäten als Beiträge zu einer ökologisch orientierten Stadtentwicklung sind in Abb. 1 zusammengestellt. Eine Dortmunder Besonderheit ist dabei die hervorragende Datenlage, die natürlich vieles vereinfacht. Im folgenden soll anhand von zwei Beispielen aufgezeigt werden, nach welchen Methoden ökologischen Stadtentwicklung in Dortmund betrieben wird.

Abb.1: Schwerpunkte der ökologischen Stadtentwicklung in Dortmund
(nach W. HÖING und R. MARKS)

Umweltsanierung	
Altlastkonzepte	Erfassung, Gefährdungsabschätzung und Sanierung von Altlasten. Auf der Basis dieser Systematik wurden z.B. 1989 42 und 1990 47 Gutachten vergeben.
Gewässereinleiter	Erfassung von mehr als 2 000 bislang nicht oder nur unzureichend bekannten Gewässereinleitungen durch die untere Wasserbehörde in einem rechnergestützten Einleiterkataster als Grundlage für ein gezieltes ordnungsrechtliches Handeln und als aktiver Gewässerschutz.
Landschaftsplanung, Biotop- und Artenschutz	
Biotop- und Stadtbiotopkataster	Ergänzend zur Biotopkartierung im gesamten städtischen Freiraum (Landschaftsplanbereich) wurden die Stadtbiotope im besiedelten Bereich auf zwei Drittel des Stadtgebietes erfaßt und in das rechnergestützte Biotopkataster überführt (ca. 800 Flächen).
Landschaftsplanung	Der Landschaftsplan DO-Nord ist inzwischen rechtskräftig, der Landschaftsplan DO-Mitte ist als Entwurf fertiggestellt (Offenlage), die Grundlagen zum Landschaftsplan DO-Süd sind weitgehend fachlich ausgearbeitet. Damit liegen für das gesamte Stadtgebiet wesentliche Umweltqualitätsziele für den Biotop- und Artenschutz vor, die als Richtschnur für städtische Planungen dienen. Zahlreiche Vorweg- Realisierungsmaßnahmen sind in allen Stadtbezirken durchgeführt worden. Nach und nach werden sämtliche Naturschutzgebiete durch Ankauf in die öffentliche Hand überführt. Als Ausgleich für bauliche Entwicklungen im Dortmunder Norden (Autobahn, Gewerbe, Deponie usw.) ist ein ca. 50 ha großer Bereich („Im Siesack") für ca. 5 Mio DM gekauft worden und wird als Naturschutzgebiet entwickelt.
Biotopentwicklung	Durch eine Vielzahl von Maßnahmen der Stadt und durch die fachliche Betreuung privater Initiativen wurden wesentliche Beiträge zur Biotopentwicklung in Dortmund geleistet. Zahlen zu den Projekten können die Vielfal der Aktivitäten nur unzureichend darstellen. Exemplarisch seien hier nur 43 Aufträge für Landschaftsschutzmaßnahmen im Jahr 1990 genannt.
Internationale Bauausstellung (IBA) Emscherpark	
Emscher-Landschaftspark	Ausgehend vom IBA-Leitprojekt Emscher-Landschaftspark wurden auf verschiedenen Handlungsebenen Beiträge des Umweltamtes geleistet, u.a. Regionaler Grünzug F, Waldband Scharnhorst, Aufforstungen.
Umweltverträglichkeitsprüfung (UVP), Umweltbewertung	
UVP-Verfahren	Mit der Einführung eines standardisierten Verfahrens zur UVP in der Bauleitplanung ist eine deutliche Verbesserung der Planqualität hinsichtlich der ökologischen Belange erreicht worden. Nach dem gutachterlich entwickelten Ansatz werden seit 1988 in gestufter Intensität (je nach Art des Vorhabens) im Jahresdurchschnitt ca. 20-25 planerische

Handbuch zur Umweltbewertung	Vorhaben geprüft. In Anlehnung an die Methodik kommen 60-80 Stellungnahmen zu sonstigen Bauanträgen im Jahr hinzu. 1990 konnte das Handbuch zur Umweltbewertung vorgestellt werden. Wenngleich die darin entwickelte Methodik erst in einem zweiten Schritt die erforderliche Anwendungsreife erhält durch Umsetzung mit der automatisierten Datenverarbeitung (ADV), so ist hier doch ein wichtiger Beitrag zur Bewertungsthematik entstanden, der für die Umweltgüteplanung und die UVP in Dortmund eine wichtige Basis darstellt.

Bauleitplanung

Bebauungspläne	Auf der Grundlage der neuen Gesetzgebung werden in allen neu aufzustellenden Bebauungsplänen Flächen für Ausgleichs- und Ersatzmaßnahmen festgesetzt.

Umweltgüteplanung – Boden, Wasser, Luft

Bodenschutz	Die Umsetzung der Anforderungen des Bodenschutzes erfolgt in Dortmund seit 1990 auf der Grundlage einer städtischen Konzeption mit modularen Ansätzen. In enger Abstimmung mit der Landschaftsplanung wird kontinuierlich an einer ökologisch orientierten Umstellung der landwirtschaftlichen Betriebe gearbeitet.
Wasserschutz: Grundwasser	1991 konnte eine umfassende Bestandsaufnahme der Grundwasserbrunnen des Stadtgebietes vorgenommen werden. Sie ist Grundlage für eine aktuelle Darstellung des Grundwasserhaushaltes.
Wasserschutz: Oberflächengewässer	Die Erfassung der Gewässergüte für die Dortmunder Fließgewässer ist in Zusammenarbeit mit einem externen Labor eingeleitet worden. Die Daten der Gewässergüteuntersuchung werden über das Umweltinformationssystem mit den Daten der o.g. Erfassung der Gewässereinleitungen verknüpfbar, so daß gezieltes Agieren unter finanziellen und ökologischen Gesichtspunkten möglich sein wird. Nach und nach werden sämtliche Fließgewässer in Dortmund ökologisch umgestaltet.
Luftgüteuntersuchung	Um ein aktuelles Bild der Luftbelastung in Dortmund zu erhalten, wurde die Luftgüte anhand von Flechten als Bioindikatoren erfaßt. Die damit erzeugte fachliche und politische Diskussion führte zu weiteren Schritten der Informationsverdichtung (s.u.).

Umweltinformation

Umweltinformationssystem Dortmund (UDO)	Das UDO hat in den letzten Jahren deutliche Konturen bekommen. Auf der Grundlage der mit der Universität Dortmund ausgearbeiteten Konzeption wurden systematisch die unterschiedlichen Sachgebiete, wie oben ausgeführt, mit ADV-S ausgestattet. Damit erweiterte sich die verarbeitbare Datenbasis erheblich. 1991 ist der Schritt zur Integration der Einzeldateien über ein geographisches Informationssystem erfolgt.

2. Umweltverträglichkeitsprüfung (UVP)

Bereits vor dem Inkrafttreten des UVP-Gesetzes hatte die Stadt Dortmund die UVP in der Bauleitplanung eingeführt. Diese läuft nach folgendem Schema ab (vgl. Abb. 2):
(1) Maßnahmebrief des städtischen Planungsamtes, in dem das Bebauungsplanvorhaben (B-Plan) begründet und erläutert wird.
(2) Gebietsbrief des Umweltamtes mit der ökologischen Kartierung des B-Plan-Gebietes und einer Beschreibung nach
    – Funktionsfähigkeit von Boden, Wasser, Luft,
    – Arten und Biotopen,
    – Landschaftsbild und landschaftsgebundener Erholung, und zwar im Hinblick auf
    – Bestand und Prognose,
    – Grundbelastung und Empfindlichkeit,
    – Entwicklungspotential,
    – Schutzkategorien,
    – bestehende planerische Aussagen.
(3) UVP-Ersteinschätzung des Umweltamtes, bei der die Umweltverträglichkeit des Vorhabens ermittelt und bewertet wird. Hierbei werden die Funktionsfelder „Boden, Wasser, Luft", „Arten und Biotope" sowie „Umwelterlebnis und landschaftsgebundene Erholung" im Hinblick auf das ökologische Risiko beurteilt, welches sich bei einer Realisierung der vorgesehenen Nutzung ergeben würde. Es ergibt sich folgende Gesamtbeurteilung aus Umweltsicht: Das Vorhaben (der B-Plan) ist
    – unbedenklich oder
    – bedingt vertretbar oder
    – bedenklich oder
    – nicht vertretbar.
(4) Haupttest des Planungsamtes, wobei – sofern es nicht zu einer Aufgabe des Verfahrens kommt – das Ergebnis der UVP in den B-Plan eingearbeitet wird. Hier kommt es ggf. zu Plankorrekturen. Die Ergebnisse der UVP-Ersteinschätzung bilden außerdem eine wichtige Grundlage für den Grünordnungsplan und die Bestimmung der Ausgleichs- und Ersatzmaßnahmen.

UVP in Dortmund erschöpft sich also nicht in mehr oder weniger unverbindlichen Umweltverträglichkeitsstudien (UVS), sondern versteht sich tatsächlich als integrierter (unselbständiger) Verfahrensbestandteil des Bebauungsplanverfahrens, wie es vom Gesetzgeber auch vorgesehen ist.

3. Eingriffsberechnung

Über Eingriffsregelung und Eingriffsberechnung existiert mittlerweile eine umfangreiche Literatur, ohne daß es bisher ein allgemein anerkanntes Verfahren gäbe, nach dem die Beurteilung von Eingriffen vorgenommen wird. Auch in

Abb. 2
Einbindung der Umweltverträglichkeitsprüfung in das Bebauungsplanverfahren

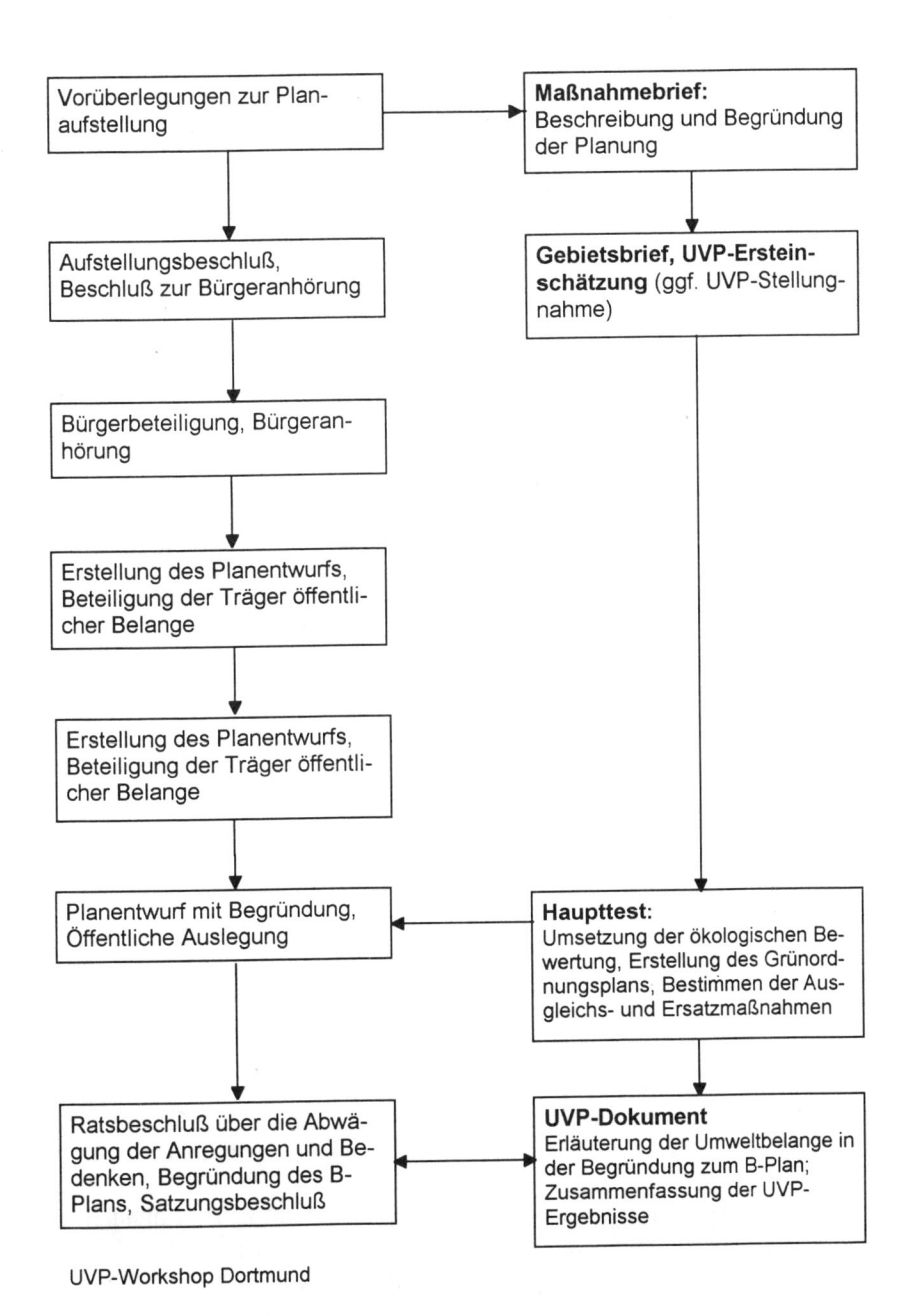

```
Vorüberlegungen zur Plan-        →    Maßnahmebrief:
aufstellung                           Beschreibung und Begründung
                                      der Planung
        ↓                                     ↓
Aufstellungsbeschluß,                 Gebietsbrief, UVP-Erstein-
Beschluß zur Bürgeranhörung           schätzung (ggf. UVP-Stellung-
                                      nahme)
        ↓
Bürgerbeteiligung, Bürgeran-
hörung
        ↓
Erstellung des Planentwurfs,
Beteiligung der Träger öffentli-
cher Belange
        ↓
Erstellung des Planentwurfs,
Beteiligung der Träger öffentli-
cher Belange
        ↓
Planentwurf mit Begründung,      ←    Haupttest:
Öffentliche Auslegung                 Umsetzung der ökologischen Be-
                                      wertung, Erstellung des Grünord-
                                      nungsplans, Bestimmen der Aus-
                                      gleichs- und Ersatzmaßnahmen
        ↓                                     ↓
Ratsbeschluß über die Abwä-      ←    UVP-Dokument
gung der Anregungen und Be-           Erläuterung der Umweltbelange in
denken, Begründung des B-             der Begründung zum B-Plan;
Plans, Satzungsbeschluß               Zusammenfassung der UVP-
                                      Ergebnisse
```

UVP-Workshop Dortmund

Abb.3: Bewertung der Biotoptypen (B-Plan Harkortshof)

Kriterium	Pkt.	Brache	Grünfläche	Kriterium	Pkt.	Brache	Grünfläche
Häufigkeit				Natürlichkeit des Standorts			
sehr häufig	0						
häufig	1		X	nicht vorhanden	0		
mäßig häufig	2			gestört	1	X	X
selten	4	X		vorhanden	3		
sehr selten	5						
Entwicklungstendenz				Artenreichtum			
				1-10	0		
zunehmend	0		X	11-20	1		
gleichbleibend	1			21-30	2		X
abnehmend	3	X		32-40	3		
				41-60	4	X	
Präsenzwert				61-80	5		
				über 80	6		
bis 500 m	0						
500 - 3000 m	1	X	X	Natürlichkeitsgrad			
über 3000 m	3			künstlich	0		
				naturfern	1		X
Standortpotential				halbnatürlich	2	X	
				naturnah	3		
häufig	0		X	natürlich	5		
mäßig häufig	1	X					
selten	3			Entwicklungsdauer			
Rote Liste-Arten				0- 5 Jahre	0		
0	0		X	5-20 Jahre	1		X
1	1			21-50 Jahre	3	X	
2-3	2	X		über 50 Jahre	5		
4-5	4						
über 5	5						
				Summe		**21**	**7**

Dortmund befindet man sich noch im Experimentierstadium, wobei sich jedoch ein einfaches Verfahren bewährt hat, das (in Anlehnung an diverse von FROELICH/ SPORBECK entwickelte Verfahren) eine Eingriffsbilanzierung auf der Grundlage von Biotoptypen vornimmt.

Am Beispiel des Bebauungsplanes „Harkortshof" in Dortmund-Hombruch soll dies näher demonstriert werden. Abb. 3 zeigt beispielhaft die Bewertung zweier Biotoptypen (Brache und Grünfläche), wobei der höhere (bio-)ökologische Wert der Brachfläche deutlich sichtbar wird. In Abb. 4 wird ersichtlich, wie

Abb.4: Flächen- und Wertberechnung der Biotoptypen

Biotoptyp	Vorhanden			Geplant		
	ha	Pkt.	Wert	ha	Pkt.	Wert
Brache	3,3	21	69,3	0,0	21	0,0
Ruderalfläche	0,3	8	2,4	0,0	8	0,0
Feldgehölz	1,0	13	13,0	0,0	13	0,0
Fettweide	0,2	6	1,2	0,0	6	0,0
Öffentliches Grün	0,0	7	0,0	3,4	7	23,8
Überbaute Fläche	1,7	0	0,0	3,1	0	0,0
Summe	6,5		85,9	6,5		23,8

Fläche des B-Planes Harkortshof: 6,5 ha
Wert vorhanden: 85,9 Pkt.
Wert geplant: 23,8 Pkt.
Differenz = Eingriffswert: 62,1 Pkt.

Ausgleich / Ersatz
– Aufforstung mit standortgerechten Laubhölzern   62,1 : 8 = 7,8 ha
– Kleingewässer mit Feuchtbiotop   62,1 : 20 = 3,1 ha

sich der ökologische Wert des Untersuchungsraumes vor und (durch Simulation) nach dem vorgesehenen Eingriff darstellt. Die Differenz zwischen beiden Werten ist die Eingriffsbilanz, die es durch Ausgleichs- und Ersatzmaßnahmen in der Umgebung des B-Plan-Gebietes auszugleichen gilt.

Auffällig ist, daß das Verfahren (noch) nicht die abiotischen Faktoren sowie das Landschaftsbild berücksichtigt. Hier werden sich in den nächsten Jahren sicherlich noch neuere Bewertungsansätze ergeben, insbesondere auch im Hinblick auf die Bestimmung der Ausgleichsabgabe nach dem neuen Bundesnaturschutzgesetz.

4. Abschließende Bemerkungen: Grenzen der ökologischen Stadtentwicklung

Natur- und Umweltschützer neigen des öfteren dazu, pessimistisch in die Zukunft zu blicken. Schaut man sich aber einmal die Vielzahl der Aktivitäten im Rahmen der ökologischen Stadtentwicklung an, so muß man doch feststellen – und dies gilt sicher nicht nur für Dortmund – daß sich auf diesem Gebiet mehr tut, als man auf den ersten Blick annehmen könnte. Es ist deshalb sicherlich unzutreffend, wenn behauptet wird, dem Umweltschutz werde nur eine nebensächliche Bedeutung beigemessen. Vielmehr kann man feststellen, daß die vielfältigen Bemühungen der amtlichen und privaten Umwelt- und Naturschützer allmählich Früchte zeigen – und das trotz knapper Finanzmittel. Neuere Untersuchungen zur Tier-

und Pflanzenwelt in Dortmund zeigen deutlich, daß in einigen Gebieten die „Talsohle" offensichtlich durchschritten ist und Artenbestände und Artenvielfalt wieder ansteigen. Gleichwohl sollen auch die Grenzen und Mißerfolge der ökologischen Stadtentwicklung in Dortmund nicht verschwiegen werden; sie seien abschließend stichwortartig genannt:
– Das Konzept einer verkehrsfreien bzw. -armen Innenstadt ist bisher gescheitert, obwohl eine derartige Regelung – z.B. nach dem Aachener Muster – aufgrund der zahlreichen alarmierenden Meßergebnisse dringend geboten wäre.
– Obwohl die Stadt Dortmund dem sog. „Klimabündnis" beigetreten ist, spielt Klimaschutz in der Stadt kaum eine Rolle.
– Der Bodenschutz hat bislang keine praktische Bedeutung; allerdings zeichnet sich hier allmählich eine Besserung ab.
– Eine kontrollierte Bebauung von Freiflächen nach ökologischen Gesichtspunkten scheitert trotz der Bemühungen der Verwaltung an der Verfügbarkeit der Grundstücke bzw. fehlender Investitionsbereitschaft; sie läuft daher mehr oder weniger unkontrolliert ab.
– Die Internationale Bauausstellung (IBA) Emscherpark hat auf dem Umweltsektor für die Stadt bislang keinerlei Leistungen erbringen können.

Literatur

Aus Platzgründen wird auf die Angabe von Literatur verzichtet, die ohnehin nur eine recht willkürliche Auswahl darstellen würde. Verfasser stellt Interessierten gern eine umfangreiche Literaturdokumentation zu den Themenkomplexen „ökologische Stadtentwicklung – UVP – Eingriffsregelung" zur Verfügung.

PLANERISCHER UMGANG MIT ALTLASTEN AUF EHEMALIGEN BERGBAUFLÄCHEN: DAS BEISPIEL PROSPER III IN BOTTROP

H. Peter Noll, Bergkamen

Strategien zur Erneuerung alter Industrieregionen werden international entwickelt und intensiv diskutiert. Das Ruhrgebiet – und hier insbesondere die Brachflächenproblematik – stellt dabei eine besondere Herausforderung dar.

Im Durchschnitt ist mehr als jede zweite nutzbare Fläche mit einer Größe von mehr als 5 ha eine Industriebrache. Die Flächengrößen der Brachen liegen zwischen ca. 0,3 ha und über 70 ha, wobei etwa 47 % der Flächen eine Größe von über 10 ha aufweisen (LAMPE 1993).

Entsprechend der Industriegeschichte und des Strukturwandels in Nordrhein Westfalen und insbesondere im Ruhrgebiet waren die meisten Flächen ehemalige Zechen-, Kokerei- und Stahlstandorte. So sind z. B. im östlichen Ruhrgebiet ca. 80 % der Brachflächen alte Bergbaustandorte (NOLL 1993a). Und es werden in den kommenden Jahren zusätzliche Flächen freigesetzt.

Die Reaktivierung dieser Industriebrachen ist zwingend gefordert, birgt jedoch eine Vielzahl von Problemen, angefangen von finanziellen über rechtliche und planerische bis hin zu technischen Schwierigkeiten bei der Beseitigung der vielfach vorhandenen Altlasten. Die oft mehr als hundertjährige industrielle Vergangenheit hat auf diesen Flächen zahlreiche Spuren hinterlassen:
– Schadstoffanreicherungen im Grund- und Oberflächenwasser,
– zum Teil erhebliche Verunreinigungen des Bodens,
– schadstoffbelastete Reste der Bausubstanz,
– ungeordnete Ablagerungen von Produktionsrückständen,
– großflächige und mächtige Auffüllungen aus Bauschutt, Bergematerial, Schlacken und Aschen,
– mit Abfällen gefüllte Kühlturmtassen und Keller,
– nicht entfernte und noch gefüllte Produktionsleitungen,
– massive Fundamente, usw.

Zusammenfassend kann von drei – wenn auch nicht wissenschaftlich definierten, so doch aus der Praxis heraus erlebten – „Altlastenfeldern" gesprochen werden:
– den chemischen Altlasten (Kontamination),
– den baulichen Altlasten (Fundamente, Baugrund, Hochbauten) und
– den mentalen Altlasten; diese spielen besonders bei der Planung und nachher bei der Vermarktung eine große Rolle (d. h. alle altlastenbehafteten Flächen sind stigmatisiert).

Die Reaktivierung von Brachflächen ist somit zwangsläufig mit den Problemen der Akzeptanz von Altlasten und ihrer Sanierung behaftet.

Gesellschaftliche Risiken können nur in öffentlichen, d. h. politisch organisierten Prozessen bewältigt werden. Sowohl Altlasten selbst als auch Entscheidungen über Art und Zeitraum der Sanierung sowie das Sanierungsverfahren einschließlich der durch die Sanierung entstehenden Belastungen und Belästigungen betreffen viele Menschen. Für viele Betrachter hat der Umgang der Gesellschaft mit ihren Altlasten geradezu symbolhaften Charakter angenommen: Symbol dafür, daß unsere Gesellschaft die Schwierigkeiten des Umgangs mit den von ihr selbst produzierten Risiken kaum bewältigt. Mit Altablagerungen und Altstandorten zusammenhängende Fragen können des öffentlichen Interesses stets sicher sein. Die Angst vor im Boden tickenden giftigen „Zeitbomben", die technische und organisatorische Schwierigkeit der Sanierung und die unvorstellbar hohen Kosten haben in der Öffentlichkeit eine rational und emotional kaum bearbeitbare Problemlage geschaffen. Es geht vor allem um die Akzeptanz ökologischer, aber auch weitgehender sozialer Risiken neuer Techniken. Ein Großteil der Bevölkerung, aber auch zukünftige Nutzer vermuten, daß die Entscheidungsträger in Wirtschaft, Wissenschaft und Politik oft wissenschaftliche Erkenntnisse technologisch umsetzen, ohne deren Auswirkungen zuvor hinreichend zu untersuchen. Das bedeutet, daß nicht so sehr die Technik, sondern Politik, Wirtschaft und Wissenschaft hinsichtlich ihrer Fähigkeit zur Lösung von Umweltproblemen mit zunehmender Skepsis betrachtet werden. Die Wahrnehmung von Risiken ist kein naturwissenschaftlicher Vorgang, sondern sozial und kulturell bestimmt. Eine allgemeine Risikobetrachtung eröffnet nicht den Zugang zur individuellen Akzeptanz von Risiken. Da die umfassende Information über komplizierte Zusammenhänge auf vielen Gebieten den Einzelnen überfordern muß und demnach eine rein verstandmäßige Durchdringung und Verarbeitung der Probleme nicht mehr möglich ist, bleibt oft die Flucht in emotionale Reaktionen. Gesellschaftliche Risiken können nicht bewältigt, Lasten nicht übernommen, Aufgaben nicht in Angriff genommen und gelöst und Belästigungen dabei nicht ertragen werden, wenn sie nicht bekannt sind und ihre Notwendigkeit bzw. Unvermeidbarkeit nicht anerkannt ist (NOLL 1993b).

Akzeptanz stellt sich jedoch nicht von selbst ein, sie bedarf der Organisation. Der erste Schritt besteht darin, über Risiken, Belastungen und Belästigungen durch die zur Entscheidung stehenden Alternativen zu informieren . Aufklärung muß der Verdrängung entgegenwirken. Transparenz, Nachvollziehbarkeit und Begründbarkeit von Bewertungen und Entscheidungen, schlicht gesprochen: die Schaffung „gläserner Altlastverhältnisse" ist zwingend notwendig.

Neben der Komplexität der Aufgabenstellung und der vielfältigen Vernetzung der unterschiedlichen Arbeitsfelder im Prozeß der Wiedernutzbarmachung sind es häufig der sehr enge Zeitraum, die Begrenztheit der finanziellen Mittel und die große Zahl der zu bearbeitenden Projekte, die ein effektives Sanierungsmanagement -eingebunden in das Gesamtmanagement des Projektes – erforderlich machen.

Eine erfolgreiche Projektabwicklung ist allerdings nur möglich, wenn:
– der Sanierungsprozeß vollständig und zielgerichtet strukturiert ist und
– das Management zentral in einer Hand liegt.

An dieser Stelle soll keine allgemeingültige Auflistung aller Arbeitsschritte bei der Altlastensanierung und der Altlastenbearbeitung erfolgen; dies ist aus-

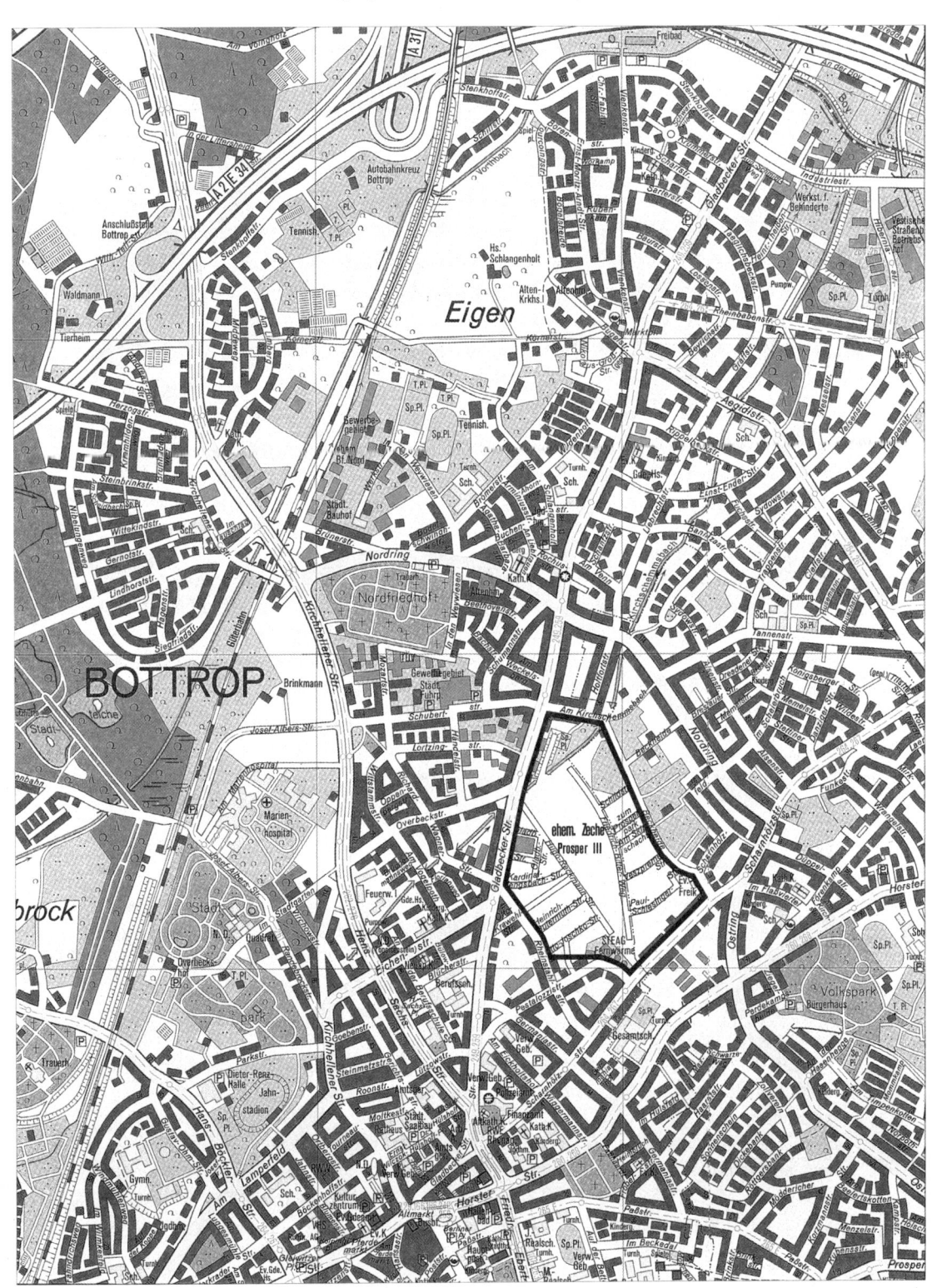

Abb. 1: Lage von Prosper III im Stadtgebiet Bottrop

Abb. 2: Die Schachtanlage und Kokerei Prosper III um 1920

führlich in der Fachliteratur nachzuvollziehen (Rat der Sachverständigen für Umweltfragen 1990). Es sei daher nur darauf hingewiesen, daß die konkrete Vorgehensweise für jeden Standort aus den spezifischen Gegebenheiten entwickelt werden muß, denn es gibt nicht *die* Untersuchungsstrategie und *die* Sanierungstechnologie. Altlast ist nicht gleich Altlast.

Die Altlasten und ihre Behandlung bei der Flächenreaktivierung begleiten heute den Planer, und zwar von der Aufgabe des Betriebes über die Erschließung der Fläche bis hin zur Durchführung von Neubaumaßnahmen. Die enge thematische Verzahnung von Grundstücksentwicklung und Altlastenbewältigung ist daher die wesentliche Grundlage für eine erfolgreiche Reaktivierung ehemaliger Industrieflächen.

Die Entwicklung von Sanierungszielen und Sanierungsstrategien, kurz: der Sanierungsprozeß ist eng mit der Entwicklung städtebaulicher Zielsetzungen verbunden. Integrierte Sanierungs- und Nutzungskonzepte, die in einem komplexen, iterativen, interdisziplinären Planungs- und Arbeitsprozeß entstehen, haben sich als wirkungsvolles Instrument zur Reaktivierung von Brachflächen erwiesen (BRÜGGEMANN/SCHRODT/THEIN 1991). Dies soll im folgenden an einem konkreten Beispiel erläutert werden.

Im Rahmen der Internationalen Bauausstellung (IBA) Emscherpark sollen 1994 u. a. unter dem Motto „Leben und Arbeiten im Park" eine Reihe von großen Industriebrachflächen der Wiedernutzung zugeführt werden mit dem ehrgeizigen Ziel einer ökologischen Erneuerung des zentralen Reviers in der Emscherzone. Eines der aktuellsten Beispiele einer zu reaktivierenden Fläche, die aufgrund ihrer hervorragenden städtebaulichen Situation inmitten von Bottrop als „Filetstück" im Rahmen der IBA nach der Idee „Arbeiten im Park, Wohnen und integrierte Stadtteilentwicklung" entwickelt wird, ist das ehemalige Zechen- und Kokereigelände von Prosper III in Bottrop (Abb. 1) (IBA 1993, S. 182-185). Seit über vier Jahren wird die Entwicklung der Fläche zielstrebig durchgeführt. Projektträger sind die Stadt Bottrop und die Ruhrkohle AG, vertreten durch die Montan-Grundstücksgesellschaft.

Die Zeche Prosper III mit den beiden Förderschächten 6 und 7 bestand seit 1906 auf einem Gelände mit einer Größe von ca. 29 ha. Von 1907 bis 1928 fand neben der Förderung von Kohle auch deren Verkokung auf der Fläche statt (Abb. 2). Das intensiv genutzte Gelände vereinigte zu dieser Zeit neben der Schachtanlage Kokerei, Koksgasanstalt, Leichtölgewinnungsanlage, Ammoniakfabrik, Benzolfabrik und Teergewinnungsanlage. 1928 wurde die Kokerei aufgegeben, 1986 die Schachtanlage stillgelegt und anschließend abgebrochen. Danach stellte sich die Fläche im Luftbild nur noch als häßliche Narbe im Stadtbild dar: eine Herausforderung für die Planer (Abb. 3).

Im ersten Arbeitsschritt wurde auf der Grundlage einer historischen Recherche, gekoppelt mit einer multitemporalen Luftbildauswertung, eine ausführliche Altlastenuntersuchung durchgeführt.

Die ersten Erkenntnisse über die grundsätzlichen Schadstoffverteilungen wurden korreliert mit den städtebaulichen und stadtstrukturellen Vorgaben, wie Wohnquartiere im Westen und Osten, die teilweise als Gartenstadtsiedlungen ausgebildet sind, und gewerbliche Ansiedlung im Nordwesten. Wegen der zu erwartenden hohen Kontaminationen wurde der zentrale Bereich dort, wo die Kokerei mit den Nebengewinnungsanlagen gestanden hatte, als nicht bebaubar und damit als zentraler Grünbereich definiert. Diese grundsätzlichen Festlegungen waren nun durch die weiteren Untersuchungen zu verifizieren. Die geologische Situation unterstützte diese Annahmen. Die Fläche liegt auf quartären Schluffen und Feinsanden, die kreidezeitliche Feinsande und Mergel überlagern. Vom Gelände aus strömt das oberflächennahe Grundwasser in nördlicher Richtung auf den Vorfluter Kirchschemmsbach ab. Der Flurabstand beträgt dabei im Norden des Geländes nur 1-2 m und wächst im Süden auf bis zu 7 m an. Nach Stillegung bzw. Abbruch der Kokerei wurde das Gelände in verschiedenen Zeitepochen bis auf 3 m Mächtigkeit mit unterschiedlichem Material aufgefüllt, das heute eine nur schwach bis nicht kontaminierte Deckschicht darstellt.

Die Aufschlußarbeiten im Rahmen der Altlastenuntersuchungen zeigten, wie zu erwarten, um die Kokerei starke, bereits organoleptisch feststellbare Verunreinigungen bis unmittelbar unter die gering belastete Aufschüttung. Die Kontaminationen reichen dabei zum Teil tiefer als 15 m in den anstehenden Boden hinunter. Um den kontaminierten Kernbereich legt sich eine Randzone mit schwä-

Abb. 3: Die Zeche Prosper III im Luftbild

cherer Verunreinigung, die erst unterhalb des Grundwasserspiegels ansetzt (vgl. Abb. 4). Wahrscheinlich bildet sie eine durch das Grundwasser verschleppte Schadstoffahne um die Kernzone. Dies bestätigt auch die Hauptausbreitung in der Strömungsrichtung. Spuren leichtlöslicher Komponenten, wie Cyanide und Phenole, wurden auch in unterstromigen Grundwasserbeobachtungen nachgewiesen. Die Kontamination liegt allerdings, bis auf Schwankungen im Porenraum des feinsandig-schluffigen Untergrundes, fest und stationär.

Die äußeren Randzonen des Geländes zeigen nur in der Aufschüttung lokal geringe Belastungen, z. B. durch Schwermetalle im Bergematerial, Schlacken und Bauschutt. Die aus dem gewachsenen Untergrund entnommenen Proben

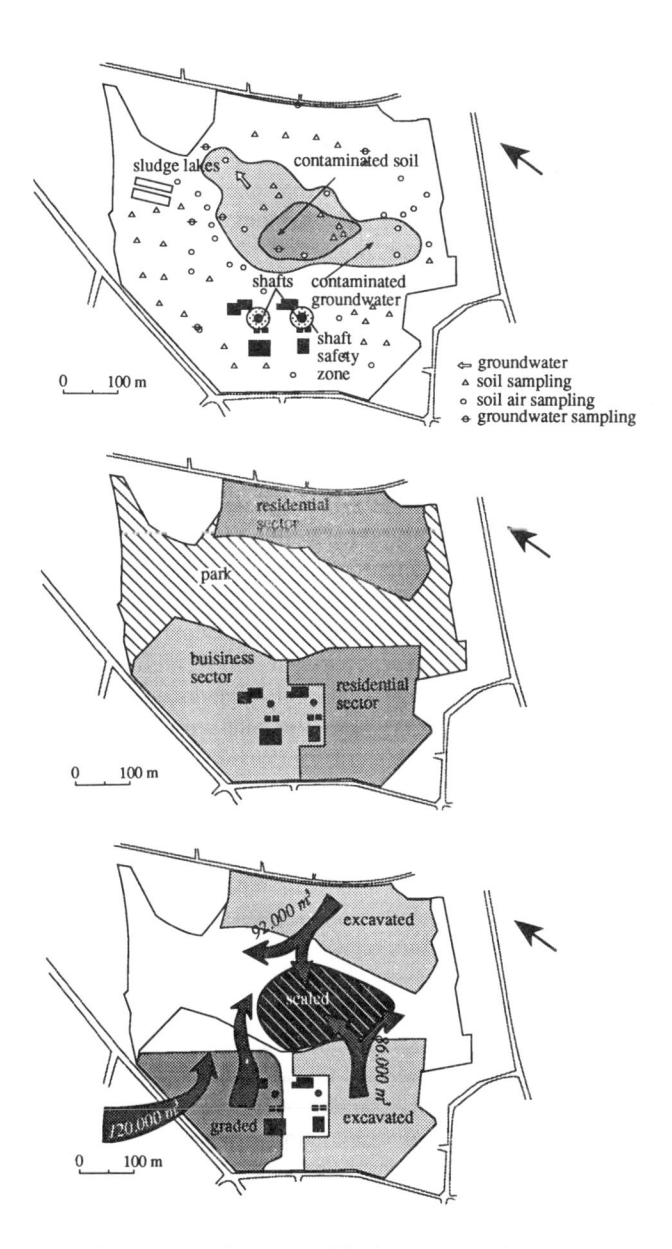

Abb. 4: Kontamination, Nutzungskonzept und Sanierungsstrategie

weisen diesen generell als unbelastet aus. Die Konzentrationen von Metallen und organischen Komponenten sind so niedrig, daß sie z. T. beträchtlich unter denen der A-Vergleichswerte der Hollandliste für natürliche, unbelastete Böden liegen.

Vor diesem Hintergrund der stofflichen Belastung und der möglichen Emissionspfade ist im Abgleich mit dem existierenden Flächennutzungsplan der Stadt ein erster städtebaulicher Entwurf entwickelt worden, der für die zentralen, kontaminierten Zonen eine Grünflächennutzung (Prosper-Park), für die schwächer kontaminierten Flächen eine Gewerbenutzung und für die Außenflächen eine Wohnbebauung vorsieht (vgl. Abb. 4).

Zur Realisierung dieser Nutzungen waren selbstverständlich vorausgehende Sicherungs- und Sanierungsmaßnahmen notwendig. Um einen direkten Kontakt von Mensch und Tier mit den verunreinigten Böden zu vermeiden, wurde der zentrale Bereich mit Material abgedeckt, das neben der Sicherung der Altlast zusätzlich zur landschaftsplanerischen Gestaltung des Geländes herangezogen werden konnte. Das weitere Eindringen von Sickerwasser in den stark kontaminierten zentralen Bereich wird durch den integrierten Einbau einer Dichtschicht in die Abdeckung verhindert. Die möglichen Emissionen flüchtiger Inhaltsstoffe über die Bodenluft werden durch eine Gasdrainage unter der Dichtschicht und eine Gasabsaugung abgefangen.

Um selbst die letzte Möglichkeit von verbleibenden Restkontaminationen im Untergrund derjenigen Flächen auszuschließen, die für die Wohnbebauung vorgesehen sind, und damit ein höchstes Maß an Sicherheit zu gewährleisten, wurde auf diesen Flächen die bis zu 3 m mächtige Anschüttung vollständig abgeschoben und zur Abdeckung der zentralen, kontaminierten Flächen sowie zur Geländemodellierung genutzt. Gleichzeitig wurden bei dieser Vorgehensweise Bauhindernisse, z. B. mächtige Fundamente, Kanäle, Kellerräume erfaßt und beseitigt sowie wichtige Daten über den Baugrund gewonnen.

Die Geländemodellierung im Gewerbegebiet, bei der gemäß dem Plan ein Teil der vorhandenen Anschüttung im Baugrund verbleiben sollte, entwickelte sich aufgrund eines auch bei den Sondierungen nicht identifizierten Luftschutzstollensystems zu einer vollständigen Freiräumung der anstehenden Anschüttung. Das bebaubare Geländeniveau wurde mit fremden Erdmassen angeglichen, da der differenzierte Abbau von unterirdischen Fundamenten sich als zu aufwendig erwies.

Insgesamt mußten nur rund 200 t hochkontaminierte Materialien extern entsorgt werden. Die übrigen schwach kontaminierten Massen ließen sich unter der Abdichtung im zentralen Bereich einbauen. Hier war ein Massenvolumen von 20 000 cb vorgesehen, das aber bei weitem nicht ausgenutzt werden mußte. Das sonstige Material (Mauerwerk und Beton) wurde mit anfallendem Boden gemischt und als Abdeckung auf dem Hügel eingebracht.

Um im Hinblick auf das von der IBA angestrebte Ziel einer ökologischen Erneuerung des Emscherraumes zu einem möglichst idealen Lösungsvorschlag für die Folgenutzung der Prosperfläche zu kommen, und aufgrund der Tatsache, daß Prosper III hier Modellfunktion besitzt, wurde von der Stadt Bottrop in Zusammenarbeit mit der IBA und der Montan-Grundstücksgesellschaft ein internationaler städtebaulicher Realisierungswettbewerb ausgelobt. 42 Wettbewerber aus verschiedenen Ländern – von Polen über Dänemark bis hin zur Schweiz –, gingen mit den Punkten städtebauliches Konzept, Landschaftsplan, Einzelnutzungen, Wasser, Ökologie und vor allem Altlasten in sehr unterschiedlicher Art und Weise um: vom völligen Ignorieren der Kontaminationen mit Überbauen oder Anlegen von Wasserflächen auf der zentralen Altlast bis hin zum verantwortungsbewußten Umgang mit mehrfacher Sicherung und realistischen Vorschlägen zur Sanierung.

Der nach den genannten Kriterien ausgewählte Siegerentwurf verbindet ein Optimum an städtebaulichen Aspekten mit der größtmöglichen Chance der Realisierbarkeit im Hinblick auf Altlastenbewältigung und ökologische Landschaftsplanung. Auch bei diesem Entwurf zeigte sich im Detail allerdings der dringende Bedarf des Abgleichs zwischen der geplanten Nutzung und dem Umgang mit der Kontamination, besonders im Grenzbereich zur Altlast.

Das Nutzungskonzept hat drei zentrale Bestandteile (IBA 1993, S. 182–185):

(1) Wohnungsbau
Insgesamt werden auf Prosper III rund 430 neue Wohnungen für mehr als 1000 Menschen entstehen: 246 Mietwohnungen in dreigeschossiger Bauweise an der Rheinstahlstraße (Architekt Franz Oswald, Bern) und ca. 120 zweigeschossige Reihen- und Doppelhäuser an der Deckheide (Architektengruppe Tegnestuen Vandkunsten, Kopenhagen). Ergänzt werden die neuen Siedlungsbereiche durch ein Modell „Betreutes Altenwohnen" mit Pflegeeinrichtungen und Sozialstation, einer Kindertagesstätte und weiteren Einzelwohnungen im gewerblichen Bereich. Die beiden erhaltenen Torhäuser der Zeche sind restauriert und werden künftig als Informationsbüro und Begegnungsstätte genutzt. Die alte Zechenmauer bleibt ebenfalls erhalten.

(2) Gewerbe
Auf ca. 6 ha der Gesamtfläche sind an der Gladbecker Straße Flächen für Gewerbeansiedlung und an der Rheinstahlstraße ein öffentlicher Bereich für Mischnutzung vorgesehen. Kern des Gewerbebereichs wird ein Gründerzentrum für zehn bis fünfzehn Handwerksbetriebe sein. Für den Entwurf des Gründerzentrums zeichnet das Darmstädter Büro Trojan + Trojan verantwortlich. Dazu kommen Fachmarktbetriebe, eine Regionalverwaltung des Rheinisch-Westfälischen Wasserwerks sowie Geschäfts- und Büroflächen für private und öffentliche Nutzungen. Im Eingangsbereich des ehemaligen Zechenareals ist ein „Nahversorgungszentrum" mit Läden, Arztpraxen und Wohnungen geplant.

(3) Park
Mittelpunkt des neuen „Prosper-Viertels" wird der „Prosper-Park" sein: ein 11 ha großer Grün- und Freiraum, der von der Landschaftsplanergruppe Schmelzer und Bezzenberger aus Stuttgart gestaltet wird.

Mit den Erschließungsarbeiten auf dem Gelände und den Bauten im Gewerbereich wurde 1992 begonnen, der Bau der 246 Wohnungen an der Rheinstahlstraße erfolgte ab Sommer 1993. Durch die zeitgleiche Bearbeitung der unterschiedlichen Planungsebenen und Investitionsbausteine werden die weiteren Maßnahmen 1994/95 erfolgen können. Das Projekt umfaßt ein Gesamtinvestitionsvolumen von 145 Mio DM.

Das Projekt Prosper III ist ein Beispiel für die gute Zusammenarbeit zwischen Stadt und Bergbau und auch ein Modell für zeitsparende, koordinierende Planungsverfahren. Das gilt für die einigermaßen zieltreue Umsetzung eines städtebaulichen Wettbewerbs in einer Vielzahl von Teilmaßnahmen, besonders aber für die integrierte Bearbeitung der Bauleitplanung mit der Flächensanierung, der Baugrundaufbereitung und der Erschließung.

Zusammenfassend kann festgehalten werden: Die Reaktivierung des ca. 29 ha großen Geländes der ehemaligen Zeche Prosper III im Herzen der Stadt Bottrop wird ein bedeutender Impuls für die Stadtentwicklung sein. In fußläufiger Entfernung vom Rathaus wird ein neuer Stadtteil mit Wohnungen, Gewerbe, Versorgungseinrichtungen, und Grünflächen entstehen.

Literatur

Brüggemann, J., D. Schrodt und J. Thein (1991): Reaktivierung von Industriebrachen. In: Energie 43, Nr. 12.

Internationale Bauausstellung (IBA) Emscherpark (1993): Katalog zum Stand der Projekte, Frühjahr 1993. S. 182–185.

Lampe, P. (1993): Erfahrungen mit Sicherungsverfahren bei der Altlastensanierung. In: Jessberger (Hrsg.): Sicherung von Altlasten. S. 137–149.

Noll, H.-P. (1993a): Nutzung ehemaliger Betriebsflächen des Steinkohlenbergbaus. In: Wiggering (Hrsg.): Steinkohlenbergbau – Steinkohle als Grundstoff, Energieträger und Umweltfaktor. Berlin.

Noll, H.-P. (1993b): Probleme bei der Vermarktung sanierter Flächen. In: Sanierung kontaminierter Flächen und deren Vermarktung, hrsg. von Kreis Recklinghausen, Recklinghausen.

Rat der Sachverständigen für Umweltfragen (Hrsg.) (1990): Sondergutachten Altlasten. Stuttgart.

DER BRAUNKOHLENBERGBAU IN WESTSACHSEN IM SPANNUNGSFELD ZWISCHEN WIRTSCHAFTLICHER ERNEUERUNG, ÖKOLOGISCHER SANIERUNG UND SOZIALVERTRÄGLICHKEIT

Andreas Berkner, Leipzig

1. Einleitung

Der in den späten 70er und den 80er Jahren teilweise in Form einer „radikalen Auskohlung" betriebene Braunkohlenbergbau mit einer Konzentration von ca. 30 % der Weltförderung auf dem Gebiet der ehemaligen DDR bildete im Mitteldeutschen und im Lausitzer Revier einen Wertschöpfungs- und Beschäftigungsfaktor von herausragender Bedeutung. Gleichzeitig konservierte er industrielle Monostrukturen, die nach Einführung der Wirtschafts- und Währungsunion Mitte 1990 einem raschen Niedergang unterlagen. Altlasten und Rekultivierungsdefizite bilden eine schwere Hypothek sowohl für den angestrebten Strukturwandel als auch für die ökologische Sanierung dieser Regionen.

Parallel dazu traten neue Problemkreise in den Mittelpunkt. Bis dahin staatlich unterdrückte Akzeptanzprobleme kamen nunmehr offen zum Ausdruck. Durch Betriebsstillegungen kam zwar eine spürbare Umweltentlastung (Atmosphäre, Gewässer) zustande. Zugleich war aber auch die Frage nach der Sanierung der Hinterlassenschaften von Bergbau und Industrie zu beantworten, deren Aufnahme in die D-Mark-Eröffnungsbilanzen die Verursacher auf direktem Wege zum Konkursrichter geführt hätte. Der rasante, bis heute nicht abgeschlossene Beschäftigungsabbau war vor allem durch die Vernichtung von etwa 65 % der Industrie-Arbeitsplätze und das überproportional hohe Ausscheiden von Frauen aus dem Erwerbsprozeß gekennzeichnet.

Vor diesem Hintergrund erfolgt die aktuelle Diskussion zur Perspektive des Braunkohlenbergbaues, zur Schaffung zukunftsträchtiger wirtschaftlicher Strukturen und zur ökologischen Erneuerung. Die enge Verzahnung von wirtschaftlichen, sozialen und Umweltaspekten, verbunden mit einer Entwicklungsdynamik im „Zeitraffer" im Vergleich zu Altindustriegebieten in den alten Bundesländern, soll nachfolgend anhand von Beispielen aus der Region Westsachsen verdeutlicht werden.

2. Raumstruktur

Die vom Braunkohlenbergbau und seiner Folgeindustrie betroffenen bzw. beeinflußten westsächsischen Bereiche lassen sich in die folgenden, trotz räumlicher Nachbarschaft problemseitig völlig unterschiedlich strukturierten Teilgebiete untergliedern:
- Die Stadtregion Leipzig bildet einen Hauptentwicklungspol in den neuen Bundesländern, der eine beträchtliche Gravitationswirkung insbesondere auf

den Tertiärsektor (Banken, Dienstleistungen) ausübt und eine Wiederbelebung der traditionellen Messefunktion als „Ost-West-Drehscheibe" anstrebt. Andererseits führt das zu eng geschnittene Stadtgebiet zwangsläufig zu Konflikten mit dem Umland. Die „weichen" Standortfaktoren (insbesondere Landschaftsbild, Erholungsmöglichkeiten, Freizeitangebot, öffentlicher Personennahverkehr) entsprechen bei weitem nicht dem Standard vergleichbarer Großstädte in den alten Bundesländern.

– Der Nordraum Leipzig bildet ein vergleichsweise junges Braunkohlenrevier mit einem Abbaubeginn erst nach 1945. Mit der Fördereinstellung 1993 blieb dem Gebiet die ursprünglich vorgesehene Auskohlung von etwa 60 % seiner Gesamtfläche weitgehend erspart. Aufgrund des Fehlens von Braunkohle-Veredlungsstandorten im Delitzscher Raum ist die Umweltbelastung vergleichsweise gering. Die weitgehend intakte Verkehrsinfrastruktur und die Nähe zu überregional bedeutenden Standorten bzw. Vorhaben (Flughafen Leipzig-Halle, Güterverkehrszentrum Leipzig-Wahren, „Neue Messe") bilden gute Voraussetzungen für eine selbsttragende wirtschaftliche Entwicklung.

– Im Südraum Leipzig, der seit über 100 Jahren das Zentrum von industriellem Braunkohlenbergbau, Kohleveredlung und chemischer Industrie in Westsachsen bildet, konzentrieren sich Altlasten, Rekultivierungsdefizite und erhalten gebliebene, teilweise bemerkenswerte „natürliche Restzellen" auf engstem Raum. Technische Infrastruktur und Siedlungsnetz wurden durch die Abbauentwicklung schwer in Mitleidenschaft gezogen. Im Gegensatz zum Nordraum Leipzig sind hier die wirtschaftlichen Perspektiven nach einer Phase des Strukturbruches weit weniger deutlich auszumachen.

Die regionale Entwicklung wird durch drei Problembereiche mit überlagernder, teilweise problemverschärfender Wirkung beeinflußt:

– die Verwaltungsreform im Freistaat Sachsen mit der Kreisreform (Beibehaltung und Ausdehnung des „Kragenkreises" Leipzig bei Aufgabe der Kreisstadt Borna) und Eingemeindungen (fehlende Neigung von Umlandgemeinden zum an sich plausiblen Anschluß an die Stadt Leipzig);

– die Teilung des historisch gewachsenen Wirtschaftsraumes Leipzig-Halle in Anteile des Freistaates Sachsen und des Bundeslandes Sachsen-Anhalt, verbunden mit bislang unterschiedlichen raumordnerischen Maßstäben bei Ansiedlungen von Gewerbe und großflächigem Einzelhandel (Stichwort „Saale-Park"). Ein Staatsvertrag zur Bildung einer Raumordnungskommission wurde inzwischen abgeschlossen;

– die länderübergreifende Braunkohlenförderung und -sanierung mit Objekten des aktiven und des Sanierungsbergbaues im Bereich der Landesgrenzen zu Sachsen-Anhalt und Thüringen. Hier besteht das Problem der länderübergreifenden Braunkohlenplanung angesichts unterschiedlicher gesetzlicher Grundlagen und in den Zuweisungen von Finanzen zur Braunkohlensanierung.

3. Ausgangssituation des Braunkohlenbergbaues

Der Braunkohlenbergbau und seine Folgeindustrien in Westsachsen waren mit einer Reihe von markanten ökologischen, sozialen und kulturlanschaftlichen Konsequenzen verbunden, die wie folgt zusammengefaßt werden können:
- Eine Kohle-Gesamtförderung von 3,3 Mrd. t hatte ein Gesamtmassendefizit von ca. 3 cbkm in Form von Tagebaurestlöchern (Fläche < 1–20 qkm, Volumen 20-700 Mio. cbm, Tiefe <10–100 m) zur Folge.
- Einer Devastierung von fast 250 qkm Flächen stand ein Anteil der zeitgleichen Wiedernutzbarmachung von ca. 50 % gegenüber (Anteile bei aktuellen Tagebauen zwischen 5 und 75 %).
- Es erfolgte eine massive Beeinträchtigung des Landschaftshaushalts, die in der Zerstörung von Auenbereichen, der Rodung von Waldflächen, großflächigen Grundwasserabsenkungen sowie der Abgrabung und Unterbrechung von Grundwasserleitern gipfelte.
  Gleichzeitig vollzog sich eine Durchsetzung der Region mit industriellen Altstandorten und Altablagerungen (Karbochemie, Industrieabfälle, Kommunalmüll), die durch Spontanvermüllungen nach 1989 („neue Altlasten") weiter verstärkt wurde.
- Schließlich führten überwiegend wenig verträgliche Verlagerungen von ca. 70 Siedlungen mit rund 24 000 Einwohnern zur weitgehenden Konzentration verbliebener Ortslagen auf die regionalen Knoten und Achsen.

Der dramatische wirtschaftliche Niedergang des profilbestimmenden Industriezweiges kommt durch den Beschäftigungsrückgang von (1989) 57 000 auf aktuell 9 400 Beschäftigte (dazu ca. 6 500 Arbeitskräfte in befristeten Sanierungsmaßnahmen) im Braunkohlenbergbau Mitteldeutschlands am deutlichsten zum Ausdruck. Nachdem die Karbochemie schon 1990 komplett zusammenbrach, ist die Braunkohlenbrikettierung in Westsachsen 1994 weitestgehend auslaufen. Von ehemals über 20 sind derzeit noch 5 Förderstätten in Betrieb. Die Braunkohlenförderung in Westsachsen entwickelte sich seit 1989 wie folgt:

Jahr	1989	1990	1991	1992	1993(Plan)
Förderung (Mio t)	64,9	50,4	30,1	24,2	16,3

Aus der Darstellung der wirtschaftlichen, ökologischen und sozialen Ausgangspositionen können folgende Kernprobleme für die Gebietsentwicklung mit akutem Handlungsbedarf abgeleitet werden:
- die Schaffung selbsttragender wirtschaftlicher Strukturen zwischen dem Erhalt von industriellen Kernen und der schrittweisen Überwindung der Monostruktur;
- die Sicherung sozialer Verträglichkeiten zwischen Arbeitsplatzerhalt, bergbaubedingten Ortsverlagerungen und der Gewinnung von Akzeptanz;
- die ökologische Sanierung zwischen Gefahrenabwehr, Wiedernutzbarmachung, Landschaftsgestaltung und „knappen Kassen" sowie
- eine Regionalplanung und -entwicklung zwischen Handlungsbedarf, Zeitnot und Planungsqualität.

4. Wirtschaftliche Entwicklung der Region

Seit 1991 wurden in und um Leipzig fast 5 000 ha Gewerbegebiete sowie ca. 3 000 ha Wohn- und Mischgebiete raumordnerisch befürwortet, womit selbst eine langfristige Bedarfsdeckung gesichert ist. 74 Gewerbegebiete wurden mit rund 600 Mio DM Fördermitteln unterstützt. Zielvorstellungen gehen von der Schaffung von ca. 63 000 neuen Arbeitsplätzen aus.

Ein Blick auf die „top ten" der Investoren im Regierungsbezirk zeigt deutlich, daß mit einem Investitionsvolumen ca. 2,8 Mrd. DM nur rund 6 900 Arbeitsplätze, davon allein 3 200 im Bereich des Großversandhauses Quelle, geschaffen werden. Auffällig ist die Konzentration der Vorhaben im nördlichen Umland der Stadt Leipzig sowie im Bereich der Achse Leipzig-Halle. Dagegen orientiert sich mit Air Liquide lediglich eine Investition dieser Kategorie auf den Südraum Leipzig.

Exemplarisch für die Entwicklung in der Stadt Leipzig sind die Ansiedlungen von Banken und Sparkassen (1989 13 Institute mit 3 000 Beschäftigten, 1993 70 mit 13 000). Dagegen haben sich inzwischen viele der 1990/91 bei den Kommunen noch weitverbreiteten Träume von einträglichen Gewerbegebieten zerschlagen. Die wenigsten Standorte werden durch produktives Gewerbe genutzt, in zahlreichen Fällen erfolgten die Ansiedlungen dem Schema: Tankstelle plus Autohaus plus „Dauertiefpreiscenter".

Bereits im Herbst 1989 wurde eine massive Ablehnung des Braunkohlenbergbaus und seiner Folgeindustrien deutlich. Bürgerinitiativen erzwangen einen zunächst ungeordneten Auslauf von einzelnen Tagebauen. Hinzu kamen Fehleinschätzungen der Bedarfsentwicklung. Nach einer kontroversen Debatte zur Braunkohlenindustrie in der Region (Einstellung bis zur Jahrtausendwende oder „kleine Braunkohlenschiene" für 30–40 Jahre) besteht inzwischen ein politischer und regionaler Grundkonsens zur Fortführung des Bergbaus und zum Bau eines neues Kraftwerks auf Braunkohlenbasis, wobei über Größenordnungen und Laufzeiten noch heftig gestritten wird.

Nachdem bei der deutschen Stromwirtschaft zunächst kein Interesse an einer Übernahme der Mitteldeutschen Braunkohlenwerke AG (MIBRAG) bestand, führte eine internationale Ausschreibung zu Privatisierungsverhandlungen zwischen der Treuhandanstalt und einem angloamerikanischen Erwerberkonsortium (Powergren, Energie Energie, Morrison/Knudsen) mit dem Ziel der Übernahme zum 1. Januar 1994. Als Kaufpreis ist ein Betrag von ca. 890 Mio DM im Gespräch, wobei die bislang nicht vorliegenden Genehmigungsgrundlagen für den künftigen Abbau nach wie vor den „deal breaker" bilden.

Die Privatisierungskonzeption geht von einer Aufspaltung des Unternehmens in drei Teile aus (Abb. 1). Danach bleiben im Kerngeschäft („A-Bergbau") lediglich zwei Tagebaue erhalten. Eine Mitteldeutsche Bergbauverwaltungsgesellschaft wird den Sanierungsbergbau im wesentlichen zu Lasten der öffentlichen Hand führen. Die Perspektive der Romonta GmbH (Montanwachsherstellung) ist bislang noch offen.

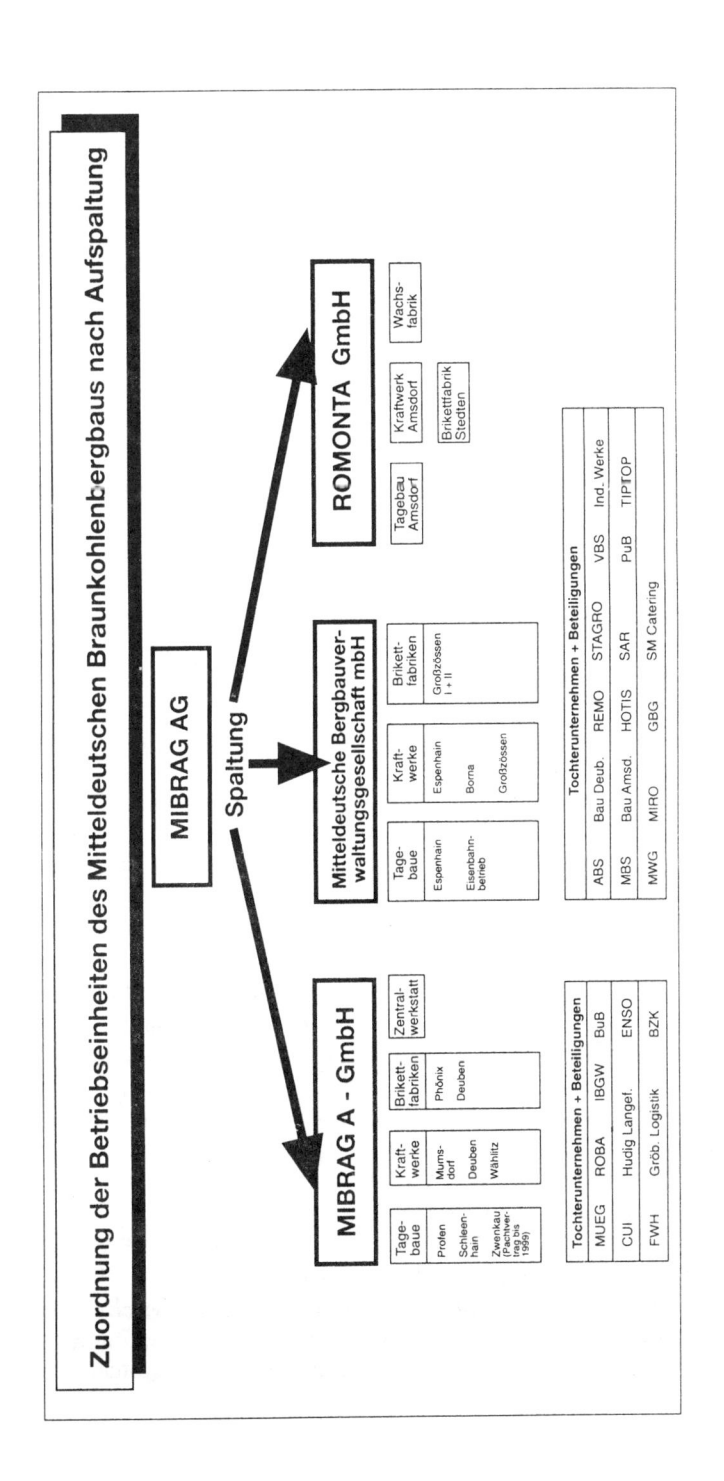

Abb. 1: Zuordnung der Betriebseinheiten des Mitteldeutschen Braunkohlenbergbaus nach Aufspaltung (aus Spektrum 7/1993)

Hauptabnehmer der Braunkohle in Westsachsen soll ein ab 1995 neu zu bauendes Kraftwerk am Standort Lippendorf werden. Die Inbetriebnahme der beiden vorgesehenen, durch VEAG und „Südpartner" zu betreibenden 800 MW-Blöcke ist für 1999/2000 vorgesehen. Mit diesen Blockgrößen können erstmals auf Braunkohlenbasis überkritische Dampfparameter und damit Wirkungsgrade von 42,5 % sowie bei Fernwärmelieferung nach Leipzig Brennstoffausnutzungsgrade von über 55 % erreicht werden. Vom Investitionsvolumen in Höhe von ca. 4,5 Mrd. DM sollen 60 % in den neuen Bundesländern wirksam werden. Darüber hinaus wird eingeschätzt, daß während der Laufzeit des Kraftwerkes Aufträge von 60 Mio DM/a für die Betriebssicherung zu vergeben sind, die insbesondere umliegenden Gewerbegebieten zugute kommen könnten.

Das derzeit im Gesamtraum Leipzig-Halle gebundene bzw. absehbare Investitionsvolumen beläuft sich auf rund 22 Mrd. DM. Davon entfallen auf den Komplex Tagebaue und Kraftwerke allein ca. 8 Mrd. DM. Ihre Bedeutung wird angesichts der Tatsache, daß sich der Gesamtumfang der Wirtschaftsförderung im Freistaat Sachsen 1994 auf ca. 250 Mio DM beläuft, besonders deutlich.

Die einheimische Braunkohle unterliegt einem massiven Konkurrenzdruck durch Importsteinkohle, die inzwischen zu Preisen von 70–75 DM/t frei Hafen angeboten wird, worauf noch die Transportkosten zum Verbraucher und die Ascheentsorgungskosten aufzuschlagen sind. Dem steht ein aktueller Braunkohlepreis von 27 DM/t bzw. 85 DM/t SKE gegenüber. Daraus wird deutlich, daß bereits minimale Belastungen durch höhere spezifische Förderkosten, größere Transportwege oder zusätzliche Steuerbelastungen die Möglichkeiten zu einer subventionsfreien Braunkohlenförderung und -verstromung beenden.

Angesichts der jahrzehntelangen massiven Belastung des Südraumes Leipzig durch Braunkohlenbergbau und Folgeindustrien wäre ein vollständiger mittelfristiger Ausstieg aus diesen Wirtschaftsbereichen nachvollziehbar. Andererseits hätte die dann zwangsläufige Beseitigung industrieller Kerne in der Region ausgesprochen problematische Folgewirkungen für den Arbeitsmarkt und die Tagebausanierung bei weitgehend fehlenden Investitionsalternativen ausgelöst. Eine moderne Braunkohleverstromung bei ca. 25 % der Förderung und rund 65 % der Kraftwerksleistung zu DDR-Zeiten ist als Allheilmittel für die wirtschaftliche Zukunft der Region bei weitem nicht ausreichend. Bislang bildet sie aber das praktisch einzige kalkulierbare Standbein einer erneuerten Wirtschaftsstruktur.

5. Soziale Betroffenheiten

Die Stadtregion Leipzig gehört mit etwa 10 % Arbeitslosigkeit zu den am wenigsten problematischen Gebieten in den neuen Bundesländern. Selbst im Kernrevier (Landkreis Borna) lag der Anteil im April 1993 bei lediglich 9,9 %. Damit wird aber eine durch die Ausschöpfung vom Arbeitsbeschaffungsmaßnahmen und Vorruhestandsregelungen sowie Wochenpendler in die alten Bundesländer beeinflußte reale Erwerbslosigkeit von 30–40 % kaschiert, die zu etwa 70 % Frauen betrifft.

Personalabbau in Zusammenhang mit der Privatisierung

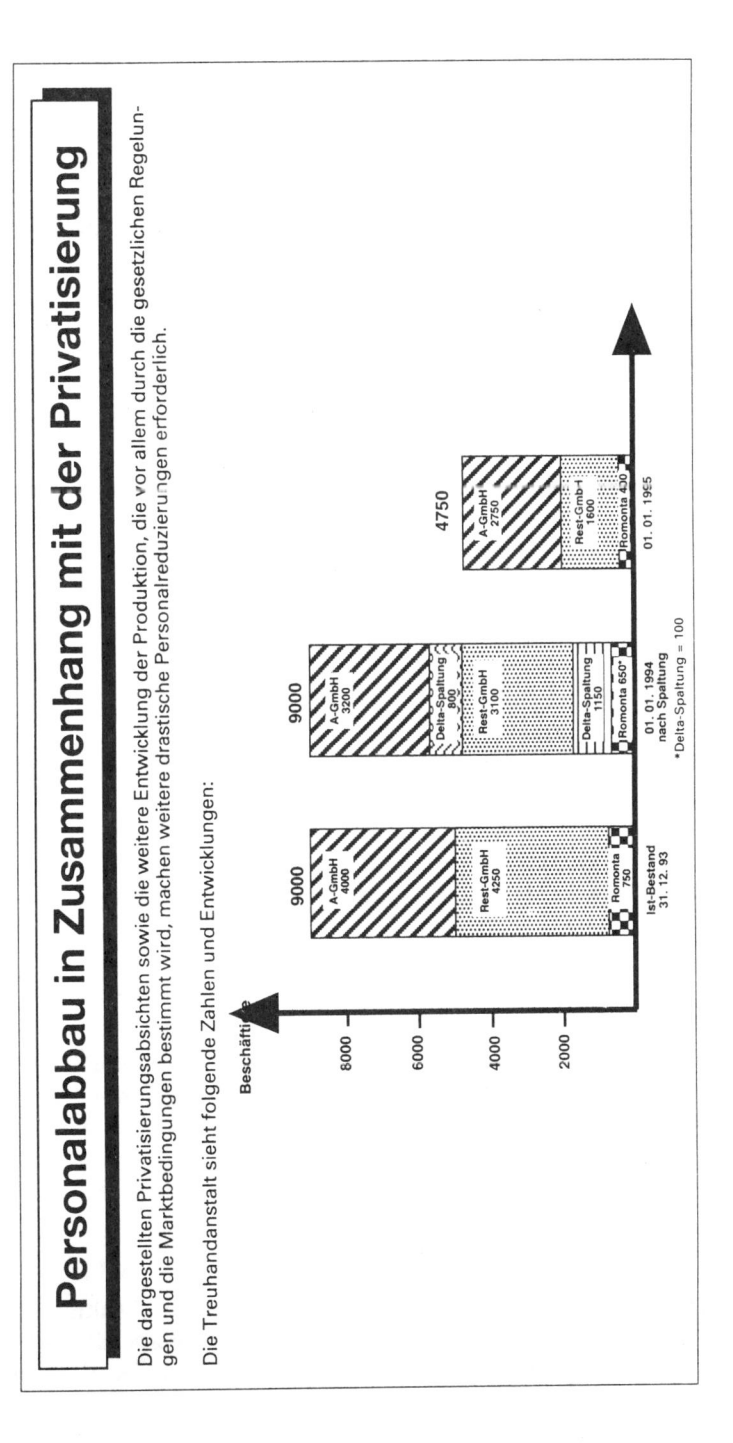

Die dargestellten Privatisierungsabsichten sowie die weitere Entwicklung der Produktion, die vor allem durch die gesetzlichen Regelungen und die Marktbedingungen bestimmt wird, machen weitere drastische Personalreduzierungen erforderlich.

Die Treuhandanstalt sieht folgende Zahlen und Entwicklungen:

Abb. 2: Personalabbau im Zusammenhang mit der Privatisierung (aus Spektrum 7/1993)

Bei den 8 industriellen Hauptbeschäftigungsträgern im Südraum Leipzig waren 1989 noch 34 600, Ende 1992 lediglich noch 13 100 Arbeitskräfte tätig. Ingesamt gingen hier 58,8 % der Arbeitsplätze in der Industrie verloren. Gleichzeitig vollzog sich ein primär abwanderungsbedingter Bevölkerungsrückgang von etwa 6 %. In vielen Dörfern stehen nach den Einbrüchen in der Landwirtschaft 50 % der Personen im arbeitsfähigen Alter außerhalb des Erwerbsprozesses. Auch die regionale Metall- und Schuhindustrie ist faktisch zusammengebrochen. Damit bildet der Bereich Kohle/Kraftwerk bislang neben der Petrochemie (Olefinkomplex Böhlen) das einzige halbwegs kalkulierbare Potential für künftige Arbeitsplätze in der Industrie (Bergbau-Kernbereich 2 000–3 000, Kraftwerk 600 (in Bauphase 4000), Sanierungsbergbau 2500, Sekundäreffekte ca. 3000 Arbeitsplätze).

Global muß eingeschätzt werden, daß hinsichtlich des Beschäftigungsabbaues hier das Durchschreiten der Talsohle noch bevorsteht, was insbesondere auf den weiteren Abbau im Bergbau (Abb. 2) zurückzuführen ist. Eine gegenläufige Entwicklung besteht im Nordraum Leipzig, wo die durch die Schließung des Tagebaus Delitzsch-Südwest betroffenen und finanziell abgefundenen Bergleute in relativ kurzer Zeit neue Beschäftigungen fanden und nur in geringem Umfang in die zeitlich befristete und schlechter vergütete Tagebausanierung überwechselten.

Eine völlig andere, aber gleichermaßen problematische soziale Betroffenheitsebene ergibt sich durch bergbaubedingte Ortsverlegungen. Zwar bildet Heuersdorf in Westsachsen die voraussichtlich letzte Gemeinde, die mit diesem Schicksal konfrontiert ist. Dennoch ist eine Abwägung in diesem Fall außerordentlich kompliziert. Negative Erfahrungen mit dem Bergbau bis zur Gegenwart (Entschädigungen, Transparenz von Entscheidungen) in Kopplung mit sozialen und demographischen Belastungen (Überalterung, Erwerbslosigkeit, Verschuldung) führten zur absoluten Verhärtung der Standpunkte.

Die Situation wird hier durch verbreitete Doppel-Betroffenheiten (nach Verlust des Arbeitsplatzes im Bergbau nunmehr drohender Heimatverlust) weiter kompliziert. Eine bergbaubedingte Umsiedlung wird kompromißlos abgelehnt. Deshalb sind zur Zeit alle Diskussionen über neue Umsiedlungsmodelle im Sinne einer echten sozialen Verträglichkeit blockiert. Angesichts dieser Problemlage ist derzeit völlig offen, ob sich Heuersdorf im Falle eines Umsiedlungsbeschlusses zu einem „neuen Wackersdorf" entwickelt oder, falls der Erhalt des Ortes die MIBRAG-Privatisierung und das neue Kraftwerk ausschließen sollte, zu einem „zweiten Bischofferode" führt.

6. Tagebausanierung

Das Hauptanliegen der Tagebausanierung muß in einer nachhaltigen Überwindung des negativen Gebiets-Images und einer Aufwertung „weicher Standortfaktoren" auch zum Vorteil der Stadt Leipzig gesehen werden. Das beinhaltet insbesondere

- den Abbau von Gefährdungspotentialen für die Öffentlichkeit (Stichworte Bergsicherheit, Altlasten und -Altstandorte) und
- die Schaffung akzeptabler Wohnumfelder und Naherholungsbedingungen (Stichworte Ausweitung der Wald- und Wasserflächen, Landschaftsvernetzung und -ästhetik, Vorranggebiete für Naturschutz)

Die Rahmenbedingungen dafür sind grundsätzlich positiv zu beurteilen. Das Zurückfahren des Braunkohlenbergbaus nach 1989 führte durch Schließung von Tagebauen und Veredlungsstandorten relativ rasch zu spürbaren Umweltentlastungen. Auch das know-how für die Wiedernutzbarmachung von Tagebaulandschaften ist vorhanden. Dennoch bestehen bei der Sanierung vier grundsätzliche Problemkreise, die nachfolgend kurz betrachtet werden sollen.

Die Planungssituation ist dadurch gekennzeichnet, daß nach der Entwertung fast aller älterer Konzepte und angesichts teilweise noch offener Rahmenbedingungen für den künftigen Bergbau die Braunkohlen- bzw. Sanierungsrahmenpläne als Teile eines Regionalplanes unter erheblichem Zeitdruck erarbeitet werden müssen. Dabei kann der zeitliche Versatz zwischen weitgehend abgeschlossenen kommunalen und laufenden regionalen Planungen zu Planungsbrüchen insbesondere dann führen, wenn Wunschdenken an die Stelle realistischer Betrachtungen von geotechnischen, sanierungstechnologischen und finanziellen Aspekten tritt. Ein Mangel an Abstimmung führte teilweise zu einer regelrechten „Vergutachtung" von öffentlichen Mitteln, ohne daß die Kernfragen bei Sanierung und Landschaftsgestaltung hinreichend beantwortet wurden.

Mit dem für die Jahre 1993–97 aufgelegtem 7,5-Mrd.-DM-Programm wurde durch Bund und Länder eine Finanzierungsgrundlage für die Braunkohlensanierung geschaffen. Damit können schätzungsweise 40 % der absehbaren Sanierungsaufgaben bewältigt werden (60–70 % bei industriellen Altstandorten, 20-30 % bei Tagebauen). Somit ist ein Finanzbedarf auch nach 1997 klar absehbar. Die Alternative würde in einer „Zaunvariante" für ausgelaufene Tagebaue und Fabriken bestehen, die lediglich gegen unbefugtes Betreten gesichert würden.

Die Mittelvergabe erfolgt bis Ende 1994 über eine Steuerungsgruppe, in der neben den beteiligten Bundesministerien (Finanzen, Wirtschaft, Umwelt, Arbeit) die von der Braunkohlenproblematik betroffenen Bundesländer, die Treuhandanstalt, die Sanierungsträger sowie die Gewerkschaften vertreten sind. Angesichts einer derzeit in den Vordergrund gestellten Projektorientierung auf die Gefahrenabwehr muß darauf verwiesen werden, daß das Setzen regionaler Zeichen bei der Sanierung sowie die Entwicklung überlebensfähiger Wirtschaftsstrukturen aus dem Sanierungsbergbau heraus mindestens ebenso wichtige Anliegen bilden müssen.

Der insbesondere für den Südraum Leipzig immer wieder als Vorteil genannte qualifizierte Beschäftigtenstamm hat durch die Abwanderung zumeist junger, flexibler Arbeitnehmer bereits beträchtliche Einbußen hinnehmen müssen. Im Gegensatz dazu stehen als ausgesprochene soziale Problemfälle Werktätige mit einem ganz eng auf Braunkohlenbergbau oder -veredlung zugeschnittenen Ausbildungsprofil und einem Lebensalter von 40–55 Jahren, die nach Jahrzehnten mit überdurchschnittlichen, angesichts der Arbeitsbelastungen gerechtfertigt hohen Einkommen nunmehr ins „Bergfreie" zu stürzen drohen. Weiter ist darauf zu verweisen, daß, bedingt durch die Tarifstruktur, im Sanierungsbergbau gerade die Arbeitnehmer abwandern, die zum qualifizierten Stamm gehören.

Bergleute werden nicht über Nacht zu Landschaftsgestaltern. Insofern kann nur regelmäßige Präsenz „vor Ort" dazu beitragen, daß etwa Böschungen nicht nur glatt und ordentlich, sondern gleichzeitig nach Bergsicherheits- und landschaftsästhetischen Aspekten gestaltet werden. Andererseits ist eine erhebliche Lernbereitschaft zu verzeichnen. Ein spezifisches Problem besteht in der Vermittlung bergbaufremder Arbeitskräfte in den Sanierungsbetrieb, was 1992 zu einer Verfünffachung der Unfallzahlen gegenüber dem „lebenden Bergbau" führte.

Die künftige Struktur der Sanierungsträger steht zur Zeit in der Diskussion. Bislang besitzt die Mitteldeutsche Braunkohlen- und Strukturfördergesellschaft (MBS) eine monopolistische Position. Mit der bevorstehenden Privatisierung der MIBRAG und der Einrichtung einer Gesellschaft für den Übergangs- und Sanierungsbergbau wird es Veränderungen geben müssen. Gleichermaßen wichtig sind Fragen wie Firmengründungen aus dem durch die öffentliche Hand finanzierten Sanierungsbergbau, die Vergabe von Fremdleistungen oder die Ausschreibung von Sanierungsleistungen. Zur Zeit wird das Konzept einer Regionalen Strukturfördergesellschaft für Westsachsen mit Bündelung der Zuständigkeiten für Sanierungsprojekte (nicht nur aus dem Bereich Braunkohle) und Immobilienverfügbarkeit (hinsichtlich der nicht betriebsnotwendigen Flächen in Treuhandbesitz) auf seine Realisierbarkeit geprüft.

7. Regionale Planung – regionale Visionen

Der Verfahrensablauf bei der Braunkohlenplanung mit einer ausgesprochen schwierigen Konsenssuche zwischen der Perspektive des Bergbaues, Sanierungserfordernissen sowie berechtigten und überzogenen kommunalen Forderungen kann als Beispiel für komplizierte Entscheidungsfindungen bei akutem Zeitdruck und schwieriger Überschaubarkeit von 30–40 Jahre umfassenden Planungshorizonten gelten.

Ein Grundziel besteht dabei darin, rasch zu einer seit den 70er Jahren nicht mehr möglichen, offensiven Folgelandschaftsplanung zu finden, die nicht nur auf bereits vom Bergbau geschaffene Tatsachen reagiert. Dabei ist in Rechnung zu stellen, daß der Kenntnisstand zu einzelnen Sanierungsobjekten sehr unterschiedlich ist. Während in einigen Fällen (Tagebaue Cospuden, Bockwitz) praktisch alle Planungsgrundlagen vorliegen und in die bereits laufende Sanierung eingehen, erfordern insbesondere die Förderbrückentagebaue andere, teilweise neu zu entwickelnde Sanierungstechnologien.

In die Diskussion zur Entwicklung des Südraumes Leipzig wurden insbesondere von auswärtigen Experten immer wieder Zukunftsvisionen eingebracht, die bei an sich schlüssiger Langfristperspektive die Frage nicht beantworten, wie der Zeitraum bis zum Beginn ihrer Wirksamkeit (meist 2010) wirtschaftlich und

sozial überbrückt werden soll. Ein dennoch vorsichtig optimistischer Blick in die Zukunft basiert auf folgenden Fakten:
(1) Mit dem überlebenden Bergbau und einem neuen Kraftwerk kann es gelingen, wenigstens *ein* kalkulierbares industrielles Standbein mit Beschäftigungswirkung für ca. 10 000 Arbeitskräfte zu erhalten.
(2) Trotz aller Belastungen ist das Image einer ökologischen Katastrophenregion für Westsachsen nicht gerechtfertigt. Schrittweise Fortschritte bei der Tagebausanierung werden die Lebensbedingungen spürbar verbessern.
(3) Bei Wiederherstellung von Landschaftsbrücken zwischen der Stadtregion Leipzig und dem Südraum könnte sich letzterer wieder zu einem echten Ergänzungsraum für das Oberzentrum insbesondere für die Funktionen Wohnen, Erholen und auszulagerndes Gewerbe entwickeln.

Nachfolgende Generationen werden angesichts ihnen erspart gebliebener negativer Erfahrungen unbefangener mit dem Erbe der Braunkohlenindustrie umgehen, die der Region seit fast 150 Jahren ihren Stempel aufdrückt. Die Einrichtung einer „Braunkohlenstraße" analog zur „Silberstraße" im Erzgebirge könnte zunächst dazu beitragen, Produktionszeugen der Vergangenheit und damit regionale Identität zu bewahren und aufklärend zu wirken. Mittelfristig könnte sie dann in einer durch große Restseen und Waldgebiete, Aussichtspunkte, verbliebene und neue Biotope sowie erhaltene Kultur- und technische Denkmale wieder attraktiv gewordenen Landschaft vielleicht auch touristische Bedeutung gewinnen.

Literatur

Berkner, A. (1993a): Braunkohlenbergbau und Landschaftsplanung im Südraum Leipzig – Sachstand, Perspektiven, Handlungsfelder. In: Deutsche Gesellschaft für Gartenkunst und Landschaftspflege e.V. (Hrsg.): Landschaft 2000. Landschaftsplanung in der Region Halle/Leipzig. Berlin. S. 38–45.

Berkner, A. (1993b): Situation und Perspektiven der Braunkohlenindustrie im Südraum Leipzig. In: Friedrich-Ebert-Stiftung, Büro Leipzig (Hrsg.): Arbeitsmarkt und regionale Strukturpolitik in den neuen Bundesländern – Perspektiven für den Südraum Leipzig (Workshop, Leipzig, 28./29. Januar 1993). Leipzig. S. 9–14.

Sächsisches Staatsministerium für Wirtschaft und Arbeit (1993): Energieprogramm Sachsen. Dresden.

Kabisch, S. (1993): Regionale Entwicklungsfähigkeit des Südraumes Leipzig aus soziologischer Perspektive. In: Friedrich-Ebert-Stiftung, Büro Leipzig (Hrsg.): Arbeitsmarkt und regionale Strukturpolitik in den neuen Bundesländern – Perspektiven für den Südraum Leipzig (Workshop, Leipzig, 28./29. Januar 1993). Leipzig. S. 15–21.

Mitteldeutsche Braunkohlenwerke AG (1993): Sozialbericht 1991/92. Bitterfeld.

Spektrum. Mitarbeiterzeitschrift der Vereinigten Mitteldeutschen Braunkohlenwerke AG. Heft 7/1993. Bitterfeld.

FACHSITZUNG 4:
ERNEUERUNG STÄDTISCHER LEBENSRÄUME IN DEN NEUEN BUNDESLÄNDERN

EINLEITUNG

Helga Schmidt, Halle

Die Städte in den neuen Ländern machen gegenwärtig einen wirtschaflichen Anpassungsprozeß durch, der zu tiefgreifenden Wandlungen ihrer gesamten Stadtstruktur führt. Dies hat umfangreiche sozioökonomische Auswirkungen. Es besteht aber durchaus die Chance, den allgemeinen Umbruch für eine umfassende Stadterneuerung zu nutzen.

Die Übertragung von marktwirtschaftlichen Rahmenbedingungen stellt die ostdeutschen Städte gleich in mehrerer Hinsicht vor neue Aufgaben und Probleme. Zumindest mittelfristig ist in den Städten der neuen Länder mit weiterer Bevölkerungsabwanderung, Arbeitslosigkeit, einem überhitzten Immobilien- und Wohnungsmarkt und großen kommunalen Finanzproblemen zu rechnen. Lediglich bezüglich der Umweltqualität sind in den letzten vier Jahren schon deutliche Verbesserungen eingetreten. Zu diesen generellen Rahmenbedingungen treten eine Reihe von Sonderproblemen bei der Transition vom Plan zum Markt auf, die in erster Linie durch einen hohen Nachholbedarf in verschiedenen Bereichen der Wirtschaft verursacht werden. Die wichtigsten Merkmale sind:
– derzeitige Eigentumsverhältnisse
– Stadtverfall
– sprunghafte Motorisierung
– Infrastrukturengpässe
– Altlastensanierung

Betrachtet man die Bewegung auf den drei Marktsegmenten, die bestimmend auf die urbanen Strukturen einwirken, lassen sich folgende Tendenzen erkennen:
1. Bewegungen auf dem Arbeitsmarkt
    – Tertiärisierung als Gegensteuerungsprozeß gegen die Deindustrialisierung
    – steigende Mobilität und Migration der Bevölkerung
    – rasche Kleinprivatisierung in Handel, Gewerbe, Dienstleistungen u.a.
    – steigende Arbeitslosigkeit
    – negative Effekte des Waren- und Lohndumpings in Osteuropa
2. Segregationstendenzen am Wohnungsmarkt
    – Wirksamwerden der Eigentumsverhältnisse in der Wohnungswirtschaft
    – Herausbildung von Wohnungsteilmärkten nach Finanzierungsbedingungen
    – Reduktion der Wohnungsbautätigkeit
    – steigende Mietendifferenzierung

- steigende soziale Differenzierung
- Bildung von Tauschwohnungsmärkten
- Revitalisierung gründerzeitlicher Stadtviertel
3. Zunehmende Segmentierung des Immobilienmarktes
   - Marktgerechtes Angebot an eigentums-, altlasten-, planungs- und baurechtlich geklärten Liegenschaften
   - zunehmender Wettbewerbs- und Angebotsdruck auf Bestandsobjekte
   - zunehmende marktwirtschaftliche Orientierung am Preis-/Leistungsverhältnis
   - verstärkter Wechsel von der Mieter- in die Eigentümerstellung
   - Chancen, Objekte zunehmend marktorientiert, lagediffernziert, qualitätsdifferenziert auswählen zu können.

Aufgrund der einseitigen städtebaulichen Entwicklung in Form von Großwohnsiedlungen am Stadtrand setzte in den neuen Ländern mit der Übertragung von marktwirtschaftlichen Bedingungen sprunghaft der Prozeß einer „nachholenden Suburbanisierung" ein, der genau konträr zum Suburbanisierungsprozeß in den alten Ländern verläuft und zunächst von der Expansion des Tertiärsektors in das Umland der Städte getragen wird.

Diese „Streßsuburbanisierung von Handel und Gewerbe" ist bisher durch eine sehr extensive Flächennutzung gekennzeichnet. Es entstehen große Einheiten bei Einkaufsketten und Fachmärkten. Der Arbeitsplatzbesatz in Gewerbegebieten ist im Durchschnitt deutlich geringer als in den alten Ländern, weil die Gewerbeflächenpolitik in den neuen Ländern in großem Stile Baulanderschließung fördert. Die Tertiärisierung im Umland der Städte hat zu einem raschen Anwachsen des Individualverkehrs geführt, ohne daß die Verkehrsinfrastruktur dieser Expansion gerecht wird.

Bei anhaltender Expansion der ostdeutschen Städte in die Fläche besteht die Gefahr einer Entstädterung und des andauernden Stadtverfalls.

Stadtgeographie als interdisziplinäres – sozioökonomische und ökologische Aspekte integrierendes – Forschungsfeld mit stadtplanerischem Anwendungsbezug kann einen wichtigen Beitrag zu einer sanften Stadterneuerung leisten.

In den Beiträgen von ELLGER, MEYER, SCHMIDT und WALOSSEK wird der Versuch unternommen, für Teilbereiche der wichtigsten Marktsegmente die Ausgangssituation 1989 zu bilanzieren, alte und neue Konflikte aufzuzeigen und ihre Ursachen zu ermitteln.

MARKTWIRTSCHAFTLICHE ENTWICKLUNGSPROZESSE IM STADTZENTRUM: DAS BEISPIEL JENA

Günter Meyer, Mainz

1. Einführung und methodische Vorgehensweise

Durch den Übergang von der Zentralverwaltungswirtschaft zur Marktwirtschaft sind in den Städten der neuen Bundesländer tiefgreifende Umstrukturierungsprozesse ausgelöst worden. Nachdem der Bodenmarkt in der DDR mehr als vier Jahrzehnte außer Kraft gesetzt war, konnte gleich nach der „Wende" angenommen werden, daß das erneute Wirksamwerden der Boden- und Mietpreismechanismen an den höchstwertigen Standorten – also im Stadtzentrum – die massivsten räumlichen Veränderungen zur Folge haben würde. Unter Berücksichtigung der einschlägigen Theorien des städtischen Bodenmarktes in der westeuropäischen Stadt (vgl. zusammenfassend LICHTENBERGER 1991, 130-134) war zu vermuten, daß die Übernahme der Marktwirtschaft in den neuen Bundesländern zu einer zumindest tendenziellen Angleichung der Nutzungsstrukturen ostdeutscher Innenstädte an die räumlichen Nutzungsmuster in westdeutschen Stadtzentren führen würde. Ein Vergleich der innerstädtischen Nutzungsstrukturen in Ost und West müßte deshalb Rückschlüsse auf die zu erwartenden Entwicklungsprozesse in den Stadtzentren der neuen Bundesländer erlauben.

Ausgehend von dieser Überlegung führte der Autor noch in der Endphase der Zentralverwaltungswirtschaft – im Mai 1990 – eine erste Erhebung der Nutzungsflächen in den Gebäuden der Innenstadt von Jena durch. Dabei wurde zunächst die Grundfläche des jeweiligen Hauses auf dem Stadtplan 1 : 1000 ausgemessen. Anschließend wurden im Rahmen einer Gebäudebesichtigung für jedes Geschoß die Flächen der einzelnen Nutzungsgruppen – inklusive der Grundfläche der angrenzenden Mauern – ermittelt, so daß die derart gewonnenen Daten die Bruttogeschoßflächen wiedergeben.

Die gleichen Erhebungen wurden auch in Erlangen vorgenommen, Jenas westdeutscher Partnerstadt mit ebenfalls rund 100 000 Einwohnern, einem dominierenden Industriebetrieb (Siemens mit einer vergleichbaren Bedeutung für Erlangen wie Zeiss, heute Jenoptik für Jena) und der Universität als jeweils zweitwichtigstem Arbeitgeber. Da eindeutige Kriterien für eine räumliche Abgrenzung der beiden Innenstädte fehlen, konnten aus methodischen Gründen für den direkten Vergleich nur die Flächennutzungsdaten der Gebäude in den Geschäftsstraßen berücksichtigt werden. Letztere wurden definiert als Baublockseiten, deren Bruttogeschoßfläche im Erdgeschoß zu mehr als 25 % vom Einzelhandel oder von Banken eingenommen wird und die direkt oder durch andere Geschäftsstraßen mit dem zentralen Hauptgeschäftsgebiet verbunden sind.

2. Vergleich der Nutzungsstrukturen in den Geschäftsstraßen von Jena und Erlangen im Jahre 1990

Die Bruttogeschoßflächen der Hauptnutzungsgruppen in den Jenaer und Erlanger Geschäftsstraßen sind in Tab. 1 gegenübergestellt. Der Vergleich zeigt zunächst, daß die Geschäftsstraßen in Jena wesentlich kleiner sind als in Erlangen und nur 33 % der entsprechenden Bruttogeschoßflächen in der westdeutschen Partnerstadt einnehmen.

Aber auch bei der Zusammensetzung der Hauptnutzungsgruppen treten erhebliche Unterschiede auf. So erreicht der Anteil der Verkaufsflächen des Einzelhandels an der Gesamtfläche der Jenaer Geschäftsstraßen nur gut ein Drittel des Erlanger Wertes, während die sonstigen Geschäftsflächen des Einzelhandels in Jena sogar einen größeren Anteilswert aufweisen als in Erlangen – aus marktwirtschaflicher Sicht eine völlig unrentable Nutzung höchstwertiger Flächen im Jenaer Stadtzentrum! Während in den Erlanger Geschäftsstraßen auf 100 qm Verkaufsfläche nur 61 qm sonstige Geschäftsflächen des Einzelhandels entfallen, sind es in Jena mit 183 qm dreimal soviel. Diese überproportionale Ausweitung der von Lager- und Verwaltungsfunktionen des Einzelhandels eingenommenen Flächen resultiert in erster Linie aus dem bisher fehlenden wirtschaftlichen Zwang einer rentablen Ausnutzung knapper Flächen im Zentrum der sozialistischen Stadt.

Erhebliche Defizite in den Jenaer Geschäftsstraßen bestehen bei Kreditinstituten und dem Versicherungsgewerbe; Rechts- und Steuerberatung sowie Dienstleistungen für Unternehmen fehlen nahezu vollständig. Ähnliches gilt auch für das Gesundheitswesen sowie für Garagen und Parkhäuser.

Überrepräsentiert sind dagegen das verarbeitende Gewerbe und vor allem die Wohnnutzung: Sie stellt in den Jenaer Geschäftsstraßen mehr als ein Drittel, in Erlangen dagegen nur knapp ein Viertel der Bruttogeschoßflächen.

Schließlich ist in Jena auf das Ausmaß von leerstehenden Räumlichkeiten und verfallenen Altbauten hinzuweisen. Am Ende der Zentralverwaltungswirtschaft nahmen beide Nutzungsgruppen zusammen immerhin 11 % der Geschoßflächen in den Geschäftsstraßen ein und bildeten ein beachtliches Potential für zukünftige Nutzungsänderungen.

3. Veränderung der Nutzungsstruktur in der Jenaer Innenstadt von 1990 bis 1993

Nach der Analyse der Ausgangssituation stellt sich die Frage, welche Entwicklungsprozesse seit der Ablösung der Zentralverwaltungswirtschaft durch die Marktwirtschaft tatsächlich eingetreten sind. Dazu liegen die Ergebnisse von fünf Nutzungserhebungen vor, die der Autor für die Gebäude der Jenaer Innenstadt zwischen Mai 1990 und Mai 1993 zunächst in halbjährigem und dann in einjährigem Abstand durchführte. Die Ergebnisse sind in Tab. 2 zusammengefaßt.

Tab. 1: Bruttogeschoßflächen der Hauptnutzungsgruppen in den Geschäftstraßen der Innenstädte von Jena und Erlangen (1990)

Hauptnutzungsgruppen	Bruttogeschoßfläche (in %)	
	Jena	Erlangen
Verkaufsflächen des Einzelhandels	8,2	23,7
Sonst. Geschäftsflächen des Einzelhandels	15,0	14,5
Kreditinstitute und Versicherungsgewerbe	4,1	6,2
Rechts-/Steuerberatung, Dienstleistungen für Unternehmen	0,2	2,6
Gaststätten und Beherbergungsgewerbe	6,2	4,4
Sonstige Dienstleistungsbetriebe	2,4	3,2
Gesundheitswesen	0,6	3,1
Verarbeitende Gewerbe	2,7	1,9
Öffentliche Einrichtungen, Organisationen ohne Erwerbszweck	4,9	3,1
Wohnungen	37,7	24,6
Garagen und Parkhäuser	0,7	9,0
Leerstände	7,3	0,4
Verfallene Altbauten	3,7	0,1
Renovierungen, Um- und Neubau	2,6	0,3
Unterschiedliche Nutzungen (Zugänge, Zufahrten)	3,7	2,9
Bruttogeschoßfläche insgesamt (in qm)	155.667	476.205

Quelle: Eigene Erhebungen

Tab. 2: Veränderung der Nutzungsstruktur in der Jenaer Innenstadt (1990-1993)

Hauptnutzungsgruppen	Bruttogeschoßfläche (in qm)			
	1990	1991	1992	1993
Verarbeitendes Gewerbe	180.482	175.302	48.736	20.953
Baugewerbe	1.239	542	6.753	4.517
Banken, Sparkassen, Kreditinstitute	7.403	8.882	9.659	10.270
Versicherungsgewerbe	19	2.876	5.009	5.576
Rechts-/Steuerberatung, Dienstleistungen für Unternehmen	743	6.857	16.516	10.841
Berufliche Fortbildung	-	201	4.827	6.028
Gesundheitswesen	4.273	4.240	4.542	4.074
Gastgewerbe	13.988	9.363	8.398	12.902
Verkaufsflächen des Einzelhandels	14.718	20.928	21.483	22.012
Sonst. Geschäftsflächen des Einzelhandels	26.417	25.385	21.804	19.097
Verkehr, Spedition, Reisebüro	3.707	4.615	4.655	5.279
Garagen, Parkhäuser	3.406	3.438	3.419	3.336
Sonstige Dienstleistungen	7.064	7.712	7.150	8.759
Universität	17.837	17.837	19.408	20.905
Sonstige Organisationen ohne Erwerbszweck	25.703	22.908	22.232	27.066
Gebietskörperschaften, kommunale Einrichtungen	19.862	19.603	16.594	16.033
Wohnnutzung	121.060	118.737	107.875	105.964
Leerstehende Wohnungen	11.838	9.847	12.150	14.262
Leerstehende Gewerberäume	10.902	14.536	71.177	56.290
Verfallene Altbauten	17.361	17.342	13.458	11.479
Renovierungen, Um-/Neubau	11.822	9.852	70.978	70.568
Unterschiedl. Nutzungen (Zugänge, Zufahrten)	12.849	13.072	14.626	14.097
Insgesamt	512.693	514.075	511.449	470.308

Quelle: Eigene Erhebungen

Als massivster Einschnitt ist die Verlagerung bzw. Verdrängung des verarbeitenden Gewerbes aus dem Stadtzentrum zu nennen. Dies betrifft in erster Linie das riesige Areal der zentralgelegenen Zeiss-Werke, die unmittelbar an die Altstadt angrenzen. Unter der energischen Leitung von Jenoptik-Chef Lothar Späth läuft seit 1991 der Umbau der Industriegebäude auf Hochtouren. Lager, Produktion, Forschung und Entwicklung sowie große Teile der Verwaltung sind inzwischen auf Standorte am Stadtrand verlagert worden. Nur noch die Hauptverwaltung der Jenoptik wird an dem traditionellen Standort zurückbleiben. Die übrigen Bauten werden in ein modernes Dienstleistungszentrum mit Bürobetrieben, Einkaufszentrum, Hotel sowie Parkhaus umgewandelt und sollen den dringendsten Raumbedarf der expandierenden Universität abdecken.

Doch auch im übrigen Stadtzentrum schreitet die Verdrängung -teilweise auch Vernichtung – des verarbeitenden Gewerbes voran. Immer mehr Handwerksbetriebe müssen vor allem aufgrund steigender Mietbelastungen ihre traditionellen Standorte aufgeben. Besonders für ältere Handwerker, die einen risikoreichen Neuanfang am Stadtrand scheuen, bedeutet dies oft die endgültige Schließung ihres Betriebes.

Einen deutlichen Rückgang verzeichneten nach der „Wende" auch etliche einheimische Betriebe des Ausbaugewerbes. Die auf Touren gekommene Baukonjunktur hat jedoch 1992 zu einer Trendumkehr geführt. Dieser temporäre Boom des Baugewerbes in der Innenstadt ist vor allem durch westdeutsche Bauunternehmen bedingt, die ihre Vertretungen, Planungsbüros und Bauleitungen vorübergehend in leerstehenden Zeiss-Gebäuden etablierten, ehe sie in geeignete Räumlichkeiten am Stadtrand umzogen.

Expandiert haben auch die Banken, Sparkassen und Kreditinstitute. Zum Zeitpunkt der Währungsunion Anfang Juli 1990 waren bereits sämtliche großen westdeutschen Banken in Jena vertreten. Nur wenige hatten das Glück, sofort eine endgültige Bleibe zu finden. Manche mußten sich zunächst mit Containern zufrieden geben, ehe sie mit dem Aufkauf und der Umwandlung von Wohn- und Geschäftshäusern in repräsentative Bankfilialen beginnen konnten – ein Prozeß, der sich immer wieder durch ungeklärte Eigentumsverhältnisse verzögert.

Noch höhere Zuwachsraten als die Banken weist das Versicherungsgewerbe auf, und entsprechendes gilt für die Büros von Rechtsanwälten und Steuerberatern sowie sonstige für Unternehmen tätige Dienstleistungsbetriebe. Die extreme Zunahme 1992 ist wiederum dadurch bedingt, daß viele westdeutsche Unternehmen die leerstehenden Zeiss-Bauten als Sprungbrett für eine dauerhafte Ansiedlung meist in umgewandelten gründerzeitlichen Wohnhäusern außerhalb des zentralen Untersuchungsgebietes nutzten. Andere westdeutsche Betriebe dieser Branchengruppe hatten ihre Filialen zunächst in dem ehemaligen Interhotel aufgeschlagen. Angesichts des akuten Mangels an Büroflächen und der entsprechend hohen Mietpreise für geeignete Räumlichkeiten wurden schon 1990 die Hotelzimmer in Büros umgewandelt.

Dies erklärt auch die erste kräftige Schrumpfung des Gaststätten- und Beherbergungsgewerbes. Der dann bis 1992 anhaltende Rückgang ist bedingt durch vorübergehende Betriebsschließungen im Zuge der Privatisierung von HO-Gaststätten und die danach von den neuen Eigentümern durchgeführten Umbauten. Als typisches Beispiel kann in der Bachstraße ein heruntergekommener HO-Gasthof mit Wohnungen in den oberen Geschossen genannt werden, der inzwischen eine moderne Gaststätte mit Hotelbetrieb beherbergt – gleichzeitig ein Beispiel für die Verdrängung der Wohnnutzung.

Neue Gaststätten entstanden außerdem durch die Inwertsetzung der verfallenen Bausubstanz. Wohl niemand hätte es vor der „Wende" für möglich gehalten, daß aus einer für den Abriß vorgesehenen Ruine in der Quergasse einmal eine schmucke Kneipe werden würde!

Erhebliche Nutzungsänderungen hat auch der Abbau des staatlichen Gesundheitswesens und die Einrichtung privater Arztpraxen ausgelöst. Die geringen Schwankungen in der Gesamtfläche täuschen darüber hinweg, daß nicht nur die staatlichen Polikliniken in private Ärztehäuser umgewandelt wurden. Ehemalige Räumlichkeiten des öffentlichen Gesundheitswesens wurden auch in beträchtlichem Umfang von Bürobetrieben angemietet, während aus dem staatlichen Gesundheitsdienst entlassene Ärzte Wohnungen sanierten und in Praxen umbauten.

Es kann deshalb nicht überraschen, daß die Abnahme der als Wohnungen genutzten Flächen rasch voranschreitet. Die steigenden Umbauten oder Renovierungen von Wohnungen und ebenso die Zunahme bei leerstehenden Wohnungen sind oft nur die Vorstufen für die Umwandlung in eine gewerbliche Nutzung.

4. Strukturwandlungen des Einzelhandels und die Folgen für die Attraktivität der Innenstadt

Zu den wichtigsten Entwicklungsprozessen in der Innenstadt zählt schließlich die Umstrukturierung des Einzelhandels. Auf das Mißverhältnis zwischen Verkaufs- und sonstigen Geschäftsflächen wurde bereits hingewiesen. Hier setzte sehr rasch eine Angleichung an westdeutsche Verhältnisse ein, indem die sonstigen Geschäftsflächen des Einzelhandels innerhalb kürzester Zeit um fast ein Drittel schrumpften und in rentablere Nutzungen umgewandelt wurden. Gleichzeitig erfolgte eine langsame Ausweitung der Verkaufsflächen in der Innenstadt. Dabei ist der in Tab. 2 erkennbare Sprung um 6000 qm im Jahre 1990 völlig untypisch und vor allem durch die Fertigstellung eines seit vielen Jahren im Bau befindlichen Warenhauses bedingt.

Durch diese beiden gegenläufigen Prozesse entfallen auf 100 qm Verkaufsfläche statt 179 qm sonstiger Geschäftsfläche im Frühjahr 1990 inzwischen nur noch 87 qm. Der eingangs genannte westdeutsche Vergleichswert von 61 qm Geschäftsfläche pro 100 qm Verkaufsfläche in den Erlanger Geschäftsstraßen ist also innerhalb von drei Jahren schon in greifbare Nähe gerückt.

Ungleich gravierender als dieser Nutzungswandel ist der Wandel der Besitzverhältnisse, der sich im Einzelhandel seit der Übernahme der Marktwirtschaft vollzogen hat. Werfen wir dabei zunächst einen kurzen Blick auf die Handelsentwicklung in Jena insgesamt, die in ihren Grundzügen in allen Städten der ehemaligen DDR ähnlich abgelaufen sein dürfte (vgl. dazu MEYER 1992). Wie haben

sich die ehemals vier Säulen des DDR-Einzelhandels entwickelt?
- Die Läden des alteingesessenen Privathandels, die oft vier Jahrzehnte Sozialismus überlebt hatten, waren der marktwirtschaftlichen Konkurrenz zum Teil nicht gewachsen und mußten schließen.
- Die Geschäfte des sog. sonstigen sozialistischen Einzelhandels, wie etwa genossenschaftliche oder kommunale Läden, haben sich relativ gut behauptet.
- Die Konsumgenossenschaft, die früher mit zahlreichen kleinen Läden die Grundversorgung gerade auch in peripheren Wohngebieten sicherte, hat innerhalb kürzester Zeit die meisten ihrer nach marktwirtschaftlichen Maßstäben viel zu kleinen und somit unrentablen Verkaufsstellen geschlossen.
- Die HO-Läden wurden überall privatisiert, wobei die größten und lukrativsten Kaufhallen in der Regel von westdeutschen Handelsketten – in diesem Fall von der REWE – erworben wurden.

Darüber hinaus sind seit der Wende zahlreiche neue Läden entstanden, und zwar
- als Filialen ostdeutscher Unternehmen,
- durch Handwerksbetriebe, die sich zusätzlich noch im Einzelhandel engagierten,
- durch zahlreiche Einheimische, die meist zuvor von staatlichen Großbetrieben entlassen worden waren und sich im Handel eine neue Existenz aufbauten,
- aber auch durch westdeutsche Firmen und Unternehmer, die in Jena neue Einzelhandelsgeschäfte eröffneten.

Bezogen auf die Gesamtzahl der Läden erreichten die westdeutschen Betriebe Mitte des Jahres 1993 nur einen Anteil von 27 %. Ein ganz anderes Bild ergibt sich dagegen bei den Verkaufsflächen: Bereits auf 70 % ist der Anteil der von westdeutschen Unternehmen kontrollierten Verkaufsfläche gestiegen. Hier zeigt sich das Dilemma der einheimischen Geschäfte, die trotz ihrer großen Zahl den expandierenden westdeutschen Konkurrenzbetrieben mit ihren wesentlich größeren Verkaufsflächen hoffnungslos unterlegen sind.

Doch zurück zur Innenstadt. Während die Verkaufsfläche dort durch ungeklärte Besitzverhältnisse, völlig überzogene Mietforderungen und schwerfällige Genehmigungsverfahren für Neubauten seit der Wende nur geringfügig gewachsen ist, hat sie sich vor allem durch die zunächst ungebremste Errichtung großflächiger Filialen westdeutscher Handelsketten in den Außenbezirken verfünffacht. Von der früheren Dominanz der Innenstadt als überragendem Einzelhandelsstandort ist wenig übriggeblieben. Lagen 1989 noch 52 % der Jenaer Verkaufsflächen im Stadtzentrum und 48 % im Außenbereich, so ist der Anteil der Innenstadt an der gesamten Verkaufsfläche inzwischen auf nur noch 24 % abgesunken, während sich mehr als drei Viertel des Handels auf die Außenbezirke verteilt – ganz zu schweigen von den neuen Verbrauchermärkten und Fachmarktzentren, die unmittelbar jenseits der Stadtgrenze in den letzten Jahren wie Pilze aus dem Boden geschossen sind!

Der Verlust an zentralörtlicher Bedeutung der Innenstadt ist enorm und schlägt sich auch massiv in einem Rückgang der Passantenzahlen im Stadtzentrum nieder. Entsprechende Zählungen, die unter Leitung des Autors seit 1991 durchgeführt wurden, zeigen, wie an normalen Wochentagen und ebenfalls am Samstag die Passantendichte immer weiter absinkt. Lag der Rückgang 1992 im Vergleich zum Vorjahr bereits in einer Größenordnung von 10 % bis 12 %, so hat er sich bis zum Juni 1993 nochmals nahezu verdoppelt.

Gleichzeitig hat sich auch die Zusammensetzung der Innenstadtbesucher geändert. Dies bestätigen die Ergebnisse von jeweils rund 1 700 Passantenbefragungen im Stadtzentrum, die von Erlanger und Jenaer Studenten parallel zu den Passantenzählungen durchgeführt wurden: Der Anteil der Besucher aus den Außenbezirken geht deutlich zurück, während der Prozentsatz der Passanten ansteigt, die innerhalb und im Randbereich der Innenstadt leben. Der Attraktivitätsverlust des Einkaufsstandortes Innenstadt für eine Bevölkerung, die weiter als 3 km vom Stadtzentrum entfernt wohnt, wird überdeutlich.

5. Schlußfolgerungen

Beobachtungen aus zahlreichen anderen Orten bestätigen, daß die in Jena registrierten Entwicklungsprozesse in ihren Grundzügen auf die meisten Großstädte in den neuen Bundesländern übertragbar sind. Hier überrascht immer wieder das Tempo der Umstrukturierungen. Veränderungen, die sich im alten Bundesgebiet über mehrere Jahrzehnte hinzogen, laufen in den östlichen Bundesländern innerhalb weniger Jahre ab. Dabei handelt es sich keineswegs immer um geradlinige Wandlungsprozesse. So ist davon auszugehen, daß der vielerorts feststellbare Verlust der zentralörtlichen Bedeutung des Einkaufsstandortes Innenstadt längerfristig durch neue Einzelhandelsprojekte, die sich überall in den Stadtzentren in der Planung oder bereits im Aufbau befinden, zumindest teilweise wieder ausgeglichen werden wird.

Literatur

Lichtenberger, E. (1991): Stadtgeographie. Bd. 1. Stuttgart.
Meyer, G. (1992): Strukturwandel im Einzelhandel der neuen Bundesländer. In: Geographische Rundschau 44, S. 246-252.

QUARTÄRER SEKTOR UND WIRTSCHAFTLICHER UMBAU IN OSTDEUTSCHLAND: DAS BEISPIEL COTTBUS

Christof Ellger, Berlin

1. Zur Abgrenzung des quartären Sektors

Seit den 60er Jahren ist von verschiedener Seite vorgeschlagen worden, zur Verfeinerung des Instrumentariums der wirtschaftlichen und wirtschaftsräumlichen Analyse die traditionelle Drei-Sektoren-Gliederung der Wirtschaft, die diese einteilt in den primären Sektor der Urproduktion, den sekundären Sektor der Sachgüterproduktion sowie den tertiären Sektor der Dienstleistungen, um einen vierten Sektor zu erweitern. In diesem quartären Sektor sollen wirtschaftliche Funktionen – Unternehmen, Arbeitsstätten, Berufe oder Tätigkeiten – zusammengefaßt werden, die vom Umgang mit Materie weitgehend losgelöst und vor allem durch die Beschäftigung mit Information zu charakterisieren sind. Für den derart ausgewiesenen quartären Sektor wird von daher auch der Begriff ‚Informationssektor' verwendet. Beim quartären Sektor handelt es sich wie beim tertiären Sektor um Dienstleistungen. Der Unterschied zwischen den beiden Dienstleistungssektoren besteht bei der Vier-Sektoren-Gliederung jedoch darin, daß der tertiäre Sektor materielle bzw. materialbezogene Dienstleistungen (wie Handel, Transport, Reparatur, Wartung) sowie die in einem ebenfalls materiellen Sinn personenbezogenen Dienstleistungen (wie die Pflege, Bewirtung oder Beherbergung von Personen) umfaßt, während im quartären Sektor immaterielle, informationelle Funktionen zusammengefaßt sind, welche letztlich Kommunikationstätigkeiten darstellen.

Der Vorstoß zur Ausgliederung des quartären (Informations-)Sektors kommt dabei zum einen von Wirtschafts- und Sozialwissenschaftlern, die sich mit dem wirtschaftlichen und gesellschaftlichen Strukturwandel befassen, insbesondere mit dem Wandel der Beschäftigungsstruktur. Mit Hilfe der Kategorie des quartären Sektors läßt sich die Zunahme von abstrakten Informationstätigkeiten im 20. Jahrhundert als wesentlicher Aspekt dieses Strukturwandels beschreiben (vgl. ELLGER 1988, HENSEL 1990). Legitimiert wird die Abgrenzung auch damit, daß Information als wirtschaftliches Gut besondere Charakteristika aufweist, so die Eigenschaft der Vermehrbarkeit bei Weitergabe und ganz besonders auch den Aspekt der ‚Kontextualität', d.h. das Phänomen, daß Information stets an einen Zusammenhang gebunden ist, in welchem sie ihren Sinn erhält.

Parallel zur Entwicklung einer Informationsökonomie haben auf der anderen Seite auch Raumwissenschaftler entdeckt, daß zur Beschreibung wesentlicher Phänomene und Bestimmungsfaktoren der räumlichen Entwicklung der Gegenwart eine derartige Abgrenzung hilfreich ist. So hat GOTTMANN (1961) den Begriff des quartären Sektors in die wirtschafts- bzw. stadtgeographische Analyse eingeführt, um den Metropolisierungsprozeß im Nordosten der USA zu erklären. Die Agglomerationsdynamik ist danach vor allem zu sehen als Konzentration von informationsbezogenen Arbeitsstätten mit einerseits vergleichsweise geringem Flächenbedarf und andererseits hohem Interaktions- bzw. Kontaktbedarf, sowohl untereinander als auch mit anderen Einrichtungen. Auch der raumökonomisch motivierten Abgrenzung des quartären Sektors liegt die Annahme zugrunde, daß informationsbezogene Arbeitsstätten sowie ‚Information' selbst ein spezifisches räumliches Verhalten aufweisen und den Raum in einer besonderen Weise prägen: Einerseits sind Informationstätigkeiten per Telekommunikation abzuwickeln und damit – zumindest theoretisch – nicht an ein direktes physisches Zusammentreffen der Interaktionspartner gebunden. Andererseits laufen die Kommunikationskontakte, die für die quartären Funktionen konstitutiv sind, im wesentlichen zwischen Menschen ab. Psychische Faktoren, die u.a. mit der Komplexität wechselseitiger Lernprozesse, der Vertrauensbildung in Verhandlungsprozessen und der Machtausübung in Institutionen im Zusammenhang stehen, führen dazu, daß die in quartären Institutionen ausgeübten Kommunikationstätigkeiten in hohem Maße im direkten Kontakt, in ‚face-to-face'-Begegnung stattfinden; Information ist keineswegs uneingeschränkt mobil, sondern im Gegenteil vielfach „sperrig" (BRANDT 1984, S. 140ff.).

Es ist schwierig, den quartären Sektor auf der Grundlage von Wirtschaftszweigen abzugrenzen, da in allen Branchen die Existenz quartärer Funktionen anzunehmen ist. Die Ausdifferenzierung von informationsbezogenen Steuerungs- und Verwaltungseinheiten innerhalb von Großunternehmen und deren eigenständige Standortwahl ist ja gerade eines der Motive für eine Abgrenzung der quartären Funktionen. Eine Zusammenstellung dieses Wirtschaftsbereichs muß von daher eher über die Auswahl von informationsbezogenen Tätigkeiten, Berufsgruppen oder Typen von Arbeitsstätten vorgenommen werden. Dazu sind eine Reihe von durchaus unterschiedlichen Vorschlägen vorgelegt worden (ELLGER 1988, S. 28ff., HENSEL 1990, S. 79ff.). Zum quartären Sektor zu rechnen sind in den meisten Abgrenzungsansätzen die Führungs- und Verwaltungsbereiche von Unternehmen in allen Wirtschaftszweigen – häufig mit dem englischen Begriff ‚headquarters' angesprochen –, die öffentliche Verwaltung einschließlich des Rechtswesens, staatliche und privatwirtschaftliche Bildungs- und Forschungseinrichtungen (sowohl eigenständig als auch als Teil von Unternehmen), der Bereich der Kultureinrichtungen im weitesten Sinne, die Medien sowie die Kommunikationsinfrastruktur, die Informationsdienstleistungen für Unternehmen wie Rechts-, Steuer-, Wirtschaftsberatung, Wirtschaftsprüfung, Werbung, Computer-Software und technische Beratung – in ihrer Gesamtheit auch als ‚business services' bezeichnet – wie auch jene Branchen, die Informations-Dienstleistungen für Haushalte anbieten, und schließlich große Teile der Organisationen ohne Erwerbscharakter (Verbände, Vereinigungen).

Hinsichtlich der Art der Arbeitsstätte handelt es sich bei quartären Einrichtungen in den meisten Fällen um ein ‚Büro'. Generell kann ja auch das Büro als Typ von Arbeitsstätte definiert werden, bei dem der Umgang mit Information (auf Papier in Form von Akten, Plänen etc. oder auf einem elektronischen Datenträger) im wesentlichen den Arbeitsinhalt darstellt. Insofern sind auch die Geographie des quartären Sektors und die Bürostandortforschung weitgehend identisch. Es gibt darüber hinaus jedoch noch weitere Formen von Arbeitsstätten für quartäre Einrichtungen, wie z.B. Unterrichtsbauten und -räume oder Labors.

Relevant für sozial- und raumwissenschaftliches Arbeiten erscheint der quartäre Sektor aus unterschiedlichen Gründen. Allein die Entwicklungsdynamik der unter diesem Etikett zusammengefaßten Funktionen in den vergangenen Jahrzehnten, insbesondere in den entwickelten Industrieländern, rechtfertigt die Beschäftigung mit diesem Bereich. Studien der OECD für ihre Mitgliedsstaaten haben ergeben, daß in der Nachkriegszeit die Informationstätigkeiten sowohl den von Rationalisierung und Technikeinsatz gekennzeichneten Produktionsbereich als auch den tertiären Sektor im engeren Sinne hinsichtlich des Anteils an den Beschäftigten in den untersuchten Ländern überholt haben (HENSEL 1990, S. 140). Als Hintergründe dieser Entwicklung werden in den Studien zum Informationssektor die enorm gestiegene Bedeutung planender, forschender, steuernder und verwaltender Aufgaben – gerade auch als Folge der Rationalisierung in der Sphäre der Güterproduktion sowie der größeren Dimensionen der Unternehmen, aber auch des gesamten wirtschaftlichen und politischen Geschehens –, die zunehmende Bedeutung von Wissen als Produktionsfaktor sowie Bürokratisierungsprozesse in Staat und Unternehmen genannt. Zwar erreichen die Rationalisierungsbemühungen, die die Bereiche der Sachgüterproduktion und -distribution seit längerem auszeichnen, gegenwärtig auch den Informationssektor; unter dem Begriff ‚lean management' wird versucht, die Expansion des dispositiven Bereichs von Institutionen rückgängig zu machen oder zumindest einzudämmen. Dies schmälert jedoch keineswegs die grundsätzliche Bedeutung des quartären Sektors. Diese erwächst auch aus der Tatsache, daß er gesellschaftliche Elite-Tätigkeiten, die mit Machtausübung, Wissensentwicklung und -adaption befaßt sind, einschließt. Die hierunter gefaßten Kommunikationsfunktionen und ihr Zusammenspiel sind die wesentliche Basis für die ‚Urbanität', die den jeweiligen Standortraum auszeichnet. Die Analyse eines Raumes hinsichtlich der Ausstattung mit quartären Funktionen bzw. deren Zusammensetzung läßt über die einzelsektorale Beschreibung hinaus Rückschlüsse zu auf die generelle Bedeutung des Raumes als Informations- und Steuerungsraum innerhalb der interregionalen Arbeitsteilung, auf seine mögliche Rolle als Machtzentrum und Zentrum von Wissensproduktion und -transfer.

2. Der quartäre Sektor im Kontext der gegenwärtigen Wirtschaftsentwicklung in Ostdeutschland

2.1. Der Transformationsprozeß in Ostdeutschland

Mit der Übernahme des westlichen Wirtschaftssystems und dem Beitritt zum westdeutschen Wirtschaftsgebiet hat in der Wirtschaft der ehemaligen DDR ein grundlegender Transformationsprozeß begonnen, der zu einer völligen Neuformierung führt. Wesentlicher Aspekt ist dabei die Überführung der ehemals zentralgelenkten Staatsbetriebe in einzelne Unternehmen, die, zumeist in privater

Hand, in Konkurrenz zu anderen Anbietern stehen und auf diese Weise die entscheidende Bedingung für das Funktionieren einer Marktwirtschaft bilden.

Plötzlich und vielfach ungeschützt der hinsichtlich ihrer Produktivität überlegenen Konkurrenz aus dem Westen ausgesetzt, hat die ostdeutsche Wirtschaft im Übergang eine tiefgreifende Erschütterung erlitten, die in einem gewaltigen Abbau von Produktionskapazitäten und Arbeitsplätzen resultiert, insbesondere im primären und sekundären Sektor. Während durch den großzügigen Währungsumtausch Kaufkraft durchaus vorhanden war, verloren die Unternehmen ihre heimischen Märkte an westliche Konkurrenten, vor allem auch aufgrund der anfänglich starken West-Orientierung der Nachfrage; die mittlerweile wiedererstarkte Nachfrage nach Ostprodukten kann diesen Prozeß jetzt nicht rückgängig machen. Mit dem Zusammenbruch des RGW und den Transformationsproblemen seiner anderen ehemaligen Mitgliedsstaaten sowie den neuen Währungsrelationen büßte die ostdeutsche Produktion darüber hinaus traditionelle Märkte in Ostmittel- und Osteuropa ein. Die Investitionen durch die westlichen Übernehmer oder auch das Erstarken des Mittelstands (als lokale oder regionale Anbieter) können die Verluste nicht annähernd wettmachen. Die Durchdringung Ostdeutschlands als Markt für die Produktion aus Westdeutschland und dem westlichen Ausland führt dazu, daß Ostdeutschland hinsichtlich seiner Funktion innerhalb der großräumigen Arbeitsteilung gegenwärtig vorwiegend als Absatzraum und nur in vergleichsweise geringem Maße als Produktionsraum fungiert. Diese Deindustrialisierung in Ostdeutschland ist dabei zum einen natürlich die Folge des Produktivitätsrückstands der ehemaligen DDR-Betriebe gegenüber dem westlichen Niveau. Die Strategie der Treuhand, die ostdeutschen Betriebe bevorzugt an westliche Unternehmen zu veräußern (SINN/SINN 1993, S. 122), verschärft jedoch das Problem: Sie macht Unternehmen und Betriebsstätten in Ostdeutschland zu abhängigen Teilen der West-Unternehmen, für die angesichts der herrschenden Überkapazitäten Investitionszusagen mühsam erkämpft werden müssen und letztlich schwer durchsetzbar sind.

2.2. Entwicklung und Rolle des quartären Sektors im Transformationsprozeß in Ostdeutschland

Hinsichtlich der quartären Funktionen in Ostdeutschland kann festgehalten werden, daß auch hier weite Bereiche von Abbau gekennzeichnet sind. Die zentralen Steuerungsorgane in Staat und Wirtschaft wurden aufgelöst. Lediglich einzelne Institutionenbereiche wurden dabei in westdeutsche Verwaltungen übernommen – wie zum Beispiel Teile der DDR-Ministerien – oder existieren übergangsweise weiter. Gegenüber dieser De-Quartärisierung vollzieht sich der Neuaufbau von informationsbezogenen Einrichtungen, also die Re-Quartärisierung, für den Bereich der staatlichen Verwaltung und des Rechtswesens vor allem als Aufbau der Administrationen der neu entstandenen Bundesländer. Dies gilt auch für den größten Teil des Um- und Aufbaus von Bildungs- und Kultureinrichtungen, die im wesentlichen von den Ländern betrieben oder unter Länderhoheit eingerichtet werden. Würde nicht der föderale Staatsaufbau und die institutionelle Aufgabenverteilung, die mit ihm zusammenhängt, notwendigerweise die Ländereinrichtungen in den ostdeutschen Bundesländern erfordern, wäre die Disparität zwischen West- und Ostdeutschland bei der Ausstattung mit quartären Institutionen vermutlich noch um einiges größer.

Zum Ausgleich dieses Mißverhältnisses sehen die Beratungsergebnisse der Unabhängigen Föderalismuskommission von Bundestag und Bundesrat den Umzug von obersten Bundesbehörden und -gerichten von westdeutschen in ostdeutsche Standorte vor (vgl. DEUTSCHER BUNDESTAG 1992). Der Verlagerungsumfang von insgesamt rund 9 000 Stellen ist dabei beträchtlich geringer, als Ostdeutschland aufgrund seines Bevölkerungsanteils erwarten könnte.

Auf der Grundlage des im Grundgesetz verankerten Prinzips der Selbstverwaltung der Gemeinden haben außerdem die ostdeutschen Kommunen mittlerweile ihre Verwaltungsinstitutionen nach westdeutschen Vorbildern aufgebaut. Die dabei erreichte Personalausstattung liegt häufig über derjenigen vergleichbarer westdeutscher Gemeinden und wird vielfach entsprechend kritisch gesehen. Der Handlungsbedarf in ostdeutschen Gemeinden ist allerdings auch entsprechend größer.

Es ist zu vermuten, daß der bedeutendste Bereich der De-Quartärisierung im privatwirtschaftlichen Bereich zu suchen ist. Durch den bereits beschriebenen vorrangigen Verkauf der ehemaligen DDR-Betriebe an westliche Unternehmen werden Führungsfunktionen in Ostdeutschland abgebaut und von den übergeordneten auswärtigen Zentralen übernommen. In der Regel befinden sich die ostdeutschen Betriebe also in einer Situation der externen Kontrolle, bei der dispositive Unternehmensfunktionen tendenziell vom westlichen Sitz der jeweiligen Hauptverwaltung wahrgenommen werden.

Mit dem für das Überleben im westdeutschen Wirtschaftssystem notwendigen ökonomisch relevanten Wissen fehlt in Ostdeutschland ein entscheidender Produktionsfaktor. Während das alte DDR-Wissen mit einem Schlag obsolet wurde – und seine Träger häufig arbeitslos –, müssen all jene Menschen und Institutionen, die als Akteure im nun gesamtdeutschen Wirtschaftsgeschehen erfolgreich tätig sein wollen, das westdeutsche Regelsystem lernen. Mit dem Beitritt zur Bundesrepublik hat sich die Ex-DDR der Notwendigkeit eines großen kollektiven Lernprozesses unterworfen; und der Lernstoff ist dabei vermutlich auf keinem Gebiet so neu und umfangreich wie auf wirtschaftlichem.

Verschärft wird diese Problematik dadurch, daß die Treuhand parallel zum Abbau der endogenen Führungsfunktionen durch Ausgliederung vor Verkauf und Abwicklung den Großteil der ehemals in der DDR existenten industriellen Forschungseinrichtungen vernichtet hat (vgl. DIW 1993).

Bei der Verbreitung von relevantem Wissen über die Funktionsweise eines auf konkurrierenden selbständigen Unternehmen basierenden Wirtschaftssystems haben zum einen die eingerichteten Kammern und die öffentliche Verwaltung mit ihren Beratungsinstitutionen große Bedeutung. Zum anderen treten mit den verschiedenen Branchen der informationsbezogenen Unternehmensdienstleistungen (business services) jedoch auch kommerzielle Informations-Lieferanten auf. Unternehmensdienstleistungen wie Unternehmungsberatung, Steuerberatung, Rechtsberatung, aber auch Design oder Werbung, haben im Zuge der deutsch-

deutschen Vereinigung mit den Unternehmen in Ostdeutschland, die entweder neu entstehen oder als bestehende Firmen sich an marktwirtschaftliche Bedingungen und das Rechtssystem der Bundesrepublik anpassen müssen, ein riesiges Aufgabenfeld erhalten. Dieser Markt wird darüber hinaus häufig noch staatlich subventioniert. Entsprechend stellen die informationsbezogenen Unternehmensdienstleistungen auch einen der wenigen Wachstumsbereiche in Ostdeutschland dar. Nach einer Schätzung sind in diesen Branchen seit der Wende zwischen 15 000 und 20 000 Arbeitsplätze entstanden (DIW/IFW 1993, S.145). Einen weiteren Bereich von Informationsvermittlern für die ostdeutsche Wirtschaft bilden spezifische Aus- und Weiterbildungseinrichtungen, die häufig privatwirtschaftlich organisiert sind, deren Leistungen jedoch vielfach ebenfalls von der öffentlichen Hand, in diesem Fall der Arbeitsverwaltung, finanziert werden.

Für die Analyse nichtstaatlicher quartärer Funktionen in den neuen Bundesländern ergeben sich damit insgesamt zwei wesentliche Fragestellungen: Die eine zielt auf die Existenz von dispositiven Unternehmensfunktionen im Zusammenhang mit der überwiegend dependenten Entwicklung der Großunternehmen in der Wirtschaft Ostdeutschlands. Die andere bezieht sich auf Herkunft, Wirkungsweise und räumliche Verflechtungen der Unternehmensdienstleistungen, die als Informations-Lieferanten den Lernprozeß der ostdeutschen Wirtschaft begleiten. Es muß dabei angenommen werden, daß der Abbau von Hauptverwaltungs- und Forschungsfunktionen, gepaart mit dem Eindringen westlicher Berater, insgesamt zu einer Situation vorrangig externer Kontrolle führt, die durchaus Züge quasi-kolonialistischer Durchdringung aufweist (vgl. CHRIST/NEUBAUER 1993).

3. Probleme der empirischen Forschung zum quartären Sektor

Untersuchungen zu Struktur und Entwicklung der ostdeutschen Wirtschaft unterliegen gegenwärtig noch generell großen Restriktionen hinsichtlich der Verfügbarkeit von Daten der amtlichen Statistik, insbesondere in sachlich und räumlich tiefer Gliederung. Die Erhebungsweisen der DDR wurden nicht fortgeführt; die Statistiken nach westdeutschem Vorbild sind noch nicht verfügbar. So scheiden die etablierten Formen der Auswertung der Statistik der sozialversicherungspflichtig Beschäftigten oder der Bautätigkeitsstatistik als Untersuchungsansätze für Studien des quartären Sektors aus. Die Statistik der sozialversicherungspflichtig Beschäftigten ist zwar bereits in Ostdeutschland eingeführt, sie kann jedoch noch nicht räumlich differenzierend nach Wirtschaftszweigen ausgewertet werden, geschweige denn nach Berufsgruppen, was für eine Analyse quartärer Funktionen eigentlich wünschenswert wäre. Eine Auswertung der Bautätigkeitsstatistik, die ja eine fortlaufende Erhebung darstellt, ist nur sinnvoll bei einer ausreichend langen Zeitreihe; eine solche liegt für die neuen Bundesländer ebenfalls noch nicht vor.

Bei Untersuchungen müssen deshalb notgedrungen Primärerhebungen durchgeführt werden. Auch Adreßbücher oder Telefonverzeichnisse sind als Datenquellen kaum zu verwenden. Die erhältlichen Adreßbücher, die auf den Gewerbeanmeldungen basieren, stellen die tatsächliche Situation unzutreffend dar, insbesondere sind in einigen quartären Wirtschaftszweigen, wie z.B. Versicherungsvertretern und Werbeunternehmen, viele Gewerbe angemeldet worden, die tatsächlich nicht, zumindest nicht an der angegebenen Adresse, ausgeübt werden.

4. Der Beispielraum Cottbus

Für eine Fallstudie über die Ausstattung mit quartären Funktionen sowie deren Informationsverflechtungen in einem Teilraum Ostdeutschlands bietet sich die Stadt Cottbus aus verschiedenen Gründen an. Cottbus weist zum einen viele Charakteristika all jener Städte auf, die in der DDR-Zeit stark ausgebaut wurden. Als östlichste deutsche Großstadt, zweitgrößte Stadt in Brandenburg nach der Landeshauptstadt Potsdam und Rang 11 der Großstädte Ostdeutschlands, muß Cottbus außerdem seine Funktion als Oberzentrum zwischen Berlin und Dresden im wesentlichen für den Verflechtungsraum der Niederlausitz sichern. Damit ist eine Aufgabe für Raumordnung und raumbezogene Wirtschaftspolitik in Brandenburg definiert, für die entsprechende Grundlagenarbeit geleistet werden muß.

Cottbus kann zwar auf eine gewisse Tradition als Textilstandort der frühen Neuzeit und des 19. Jahrhundert verweisen, den größten Entwicklungsschub bekam die Stadt jedoch in der Nachkriegszeit mit dem massiven Ausbau des Niederlausitzer Braunkohlenreviers zum wichtigsten Energielieferanten der DDR. Damit wuchs auch Cottbus als funktionales und administratives Zentrum dieses Raumes. Zwischen 1955 und 1989 verdoppelte sich die Einwohnerzahl, sie nahm von rund 64 500 auf knapp 129 000 zu. Dabei befanden sich der Bergbau, die Kraftwerke sowie die Weiterverarbeitung der Kohle außerhalb des Stadtgebiets und die Leitung des Braunkohlenkombinats in Senftenberg, so daß Cottbus einen negativen Pendlersaldo aufwies. Die Stadt selbst war in erster Linie Dienstleistungsstandort: Nach der Berufstätigenerhebung von 1990 waren in der Stadt nur knapp 20% der Beschäftigten im Produzierenden Gewerbe tätig (das sind rund 13 000 Beschäftigte, im wesentlichen in den Branchen Textil, Bauwirtschaft, Elektrotechnik und Möbel), dagegen 29% in der öffentlichen Verwaltung und 47% in Dienstleistungen außerhalb der öffentlichen Verwaltung (BUTTLER/ FUHRMANN/KAISER 1993, S. 32). Zu den größten Arbeitgebern gehörten außerdem ein Ausbesserungswerk der Reichsbahn und das Militär.

Seit der Wende hat Cottbus einen Großteil seiner industriellen Arbeitsplätze verloren. Die Transformationskrise hat vor allem die Textilindustrie getroffen; von 5 200 Arbeitsplätzen im Jahr 1989 sind hier noch 430 übriggeblieben. Aber auch die anderen Industriezweige haben Arbeitsplätze verloren. Sie sind, wie Elektrotechnik und Metallbau, zum Teil stark von der Braunkohlenwirtschaft als Abnehmer abhängig. Der Beschäftigungsabbau in der Braunkohlenwirtschaft vollzieht sich langsamer; insgesamt soll die Beschäftigung dieses Bereichs in der gesamten Niederlausitz von ehemals 60 000 auf unter 10 000 zum Ende des Jahrzehnts sinken, wobei die Umweltsanierung andererseits mehrere tausend

Arbeitsplätze schaffen soll (BUTTLER/FUHRMANN/KAISER 1993, S. 3). Für 1992 wird das relative Defizit an normalen, ungestützten Arbeitsplätzen in Südbrandenburg (Arbeitsamtsbezirk Cottbus) mit rund 33% angegeben; Arbeitsförderungsmaßnahmen unterschiedlicher Art reduzieren allerdings die Arbeitslosenquote auf rund 13%.

In den letzten zwei Jahren sind am Stadtrand – gerade auch in den Nachbargemeinden – Baugebiete vorwiegend von großflächigen Einzelhandelsbetrieben aufgesiedelt worden. Der Beschäftigungseffekt macht jedoch die Verluste nicht wett. Die zahlreichen und zum Teil umfangreichen Brachflächen in den älteren inneren Stadtbereichen werden dabei erst ganz allmählich einer Nutzung zugeführt. Hier setzt man darauf, daß sie von tertiären und quartären Funktionen beansprucht werden.

Angesichts der starken Abhängigkeit der regionalen Wirtschaft von der Braunkohlenförderung und -nutzung sind die Zukunftsperspektiven der Niederlausitz und ihres Zentrums Cottbus sicherlich als äußerst problematisch zu bezeichnen. Als entscheidende Entwicklungsmaßnahme der Landesregierung kann die Umwandlung und der Ausbau der ehemaligen Hochschule für Bauwesen zu einer Technischen Universität angesehen werden, an der 1993 bereits rund 2 500 Studierende in zehn natur- und ingenieurwissenschaftlichen Studiengängen studieren, die mit der regionalen Wirtschaftsstruktur durchaus korrespondieren. Neben der Universität sind mit Stadtverwaltung und Reichsbahnausbesserungswerk ebenfalls zwei im weiteren Sinne öffentliche Einrichtungen die größten Arbeitgeber in Cottbus. Wesentliches Problem der Wirtschaftsentwicklung von Cottbus ist deswegen – über den Ausbau der materiellen und informationellen Infrastruktur hinaus – der Aufbau von (privatwirtschaftlichen) Produktions- und Dienstleistungsbetrieben.

5. Erfassung von quartären Arbeitsstätten in Cottbus 1993

Eine Erhebung über sämtliche quartären Arbeitsstätten im Sinne der oben gegebenen Definition wurde im Sommer 1993 für Cottbus (in der Abgrenzung vor den Eingemeindungen des Jahres 1993) durchgeführt. Dabei wurden alle bei Begehung physiognomisch unterscheidbaren Arbeitsstätten, die schwerpunktmäßig mit ‚Information' umgehen, also nicht der Sachgüterproduktion und -distribution oder materiellen Dienstleistungen an Personen oder Sachgütern dienen, nach Name, Wirtschaftszweig, geschätzter Größe und Lage innerhalb des Stadtgebiets (Adresse) aufgenommen. Auch Arbeitsstätten im Zusammenhang mit und innerhalb von Wohnungen wurden berücksichtigt, sofern ein gewisser spezifischer Flächenbedarf für sie angenommen werden konnte, was bei Ingenieurbüros und zum Teil auch bei Versicherungsagenturen der Fall ist, während es für die (häufigen) Beratungsstellen für den Versandhandel nicht gilt. Bankzweigstellen und Fahrschulen wurden nicht erfaßt. Auch öffentliche Schulen und die Universität wurden nicht aufgenommen, da sie hinsichtlich ihres Ausmaßes sowie ihrer räumlichen Verteilung innerhalb des Stadtgebiets ein spezielles Problem darstellen, auf das lediglich bei der Universität explizit eingegangen werden soll. Im wesentlichen handelt es sich bei den erfaßten Arbeitsstätten damit um Büros im Verständnis der Bürostandortforschung; zusätzlich sind einige spezielle Unterrichtsgebäude bzw. -flächen, Labors und ähnliche Forschungsstätten erfaßt worden.

Die Größe der erfaßten Arbeitsstätte wurde jeweils geschätzt und nach vier Größenklassen differenziert (1: kleiner als 100 qm, 2: kleiner als 500 qm, 3: kleiner als 1000 qm, 4: größer als 1000 qm) festgehalten. Aus dem so erhobenen Material läßt sich die quantitative Zusammensetzung quartärer Betriebsstätten im Untersuchungsraum annäherungsweise dadurch ermitteln, daß die erhobene Größenklasse einer Einrichtung jeweils mit einem geschätzten durchschnittlichen Größenfaktor multipliziert wird. Dementsprechend wurde die Größenklasse 2 mit dem Faktor 4 gegenüber der Größenklasse 1 gewichtet, die Größenklasse 3 mit dem Faktor 8 und die Größenklasse 4 mit dem Faktor 16.

Hinsichtlich der Verteilung der auf diese Weise in Cottbus ermittelten Bürofläche auf die Wirtschaftsabteilungen zeigt sich (Tab. 1), daß mehr als ein Drittel der Fläche (36,4%) den Sonstigen Dienstleistungen zuzurechnen ist und knapp ein Drittel (30,0%) der Wirtschaftsabteilung 9 (Gebietskörperschaften und Sozialversicherung). Dies ist nicht überraschend, befinden sich in ersterer Abteilung bekanntlich die verschiedenen informationsbezogenen Unternehmensdienstleistungen (business services) und in letzterer die öffentlichen Behörden. Als weitere Büroflächennutzer in Cottbus folgen die Banken und Versicherungen mit 10,7%, Verkehr und Nachrichtenübermittlung mit 8%, Organisationen ohne Erwerbscharakter mit 6,3% und Baugewerbe mit 4,4 %. Es ist auffällig, daß die Wirtschaftsabteilungen 0 bis 2 (Land- und Forstwirtschaft, Fischerei; Energie- und Wasserversorgung und Bergbau; Produzierendes Gewerbe) sowie der Handel dagegen fast keine Büroflächen in Cottbus belegt haben.

Ein differenzierterer Einblick in die Zusammensetzung der Büronutzungen in Cottbus läßt sich gewinnen, indem einzelne Wirtschaftszweige hinsichtlich ihrer Bedeutung dargestellt werden. Als wichtigster Flächennutzer erweisen sich dabei die Landesbehörden. Dies hängt damit zusammen, daß in Cottbus im Rahmen der dezentralen Behördenverteilung im Land Brandenburg drei obere Landesbehörden (Soziales und Versorgung; Bauen, Bautechnik und Wohnen; Verkehr und Straßenbau) angesiedelt wurden, und darüberhinaus eine ganze Reihe von unteren Landesbehörden in der Nachfolge der ehemaligen Bezirksverwaltung von hier aus für den Zuständigkeitsbereich Südbrandenburg operieren. Die führende Bedeutung der Landeseinrichtungen innerhalb des quartären Sektors würde sich noch beträchtlich verstärken, wenn man die Technische Universität mit ihrem ausgedehnten Campus hinzurechnen würde, ebenso die Kultureinrichtungen im engeren Sinne, wie Theater, Bibliotheken und Museen, die in Cottbus als Einrichtungen des Landes Brandenburg bestehen und in diesem Bereich Aufgaben auf oberzentraler Ebene erfüllen.

Den zweitstärksten Bereich innerhalb des quartären Sektors bilden die Privatschulen unterschiedlicher Art, die natürlich häufig schon als Einzelobjekte

Tab. 1: Anteile der Wirtschaftsabteilungen an der Bürofläche in Cottbus 1993 (geschätzt)

Wirtschaftsabteilung (bzw. Wirtschaftszweig)		Anteil	(%)
0 Land- und Forstwirtschaft, Fischerei			0,1
1 Energie- und Wasserversorgung, Bergbau			1,6
2 Verarbeitendes Gewerbe			1,0
3 Baugewerbe			4,4
4 Handel			1,5
5 Verkehr und Nachrichtenübermittlung			8,0
davon:	Eisenbahnen	5,0	
6 Kreditinstitute und Versicherungsgewerbe			10,7
davon:	Kreditinstitute	5,5	
	Versicherungen	5,1	
7 Dienstleistungen, von Unternehmen u. Freien Berufen erbracht			36,4
davon:	Privatschulen	8,7	
	Architekten und Bauingenieure	6,2	
	Rechtsberatung	2,3	
	Steuerberatung	2,2	
	Medien	2,2	
	Wohnungsunternehmen	1,7	
	Immobilienvermittler	1,7	
	Unternehmensberatung	1,6	
8 Organisationen ohne Erwerbszweck u. private Haushalte			6,3
9 Gebietskörperschaften und Sozialversicherung			30,0
davon:	Land	15,6	
	Bund	4,0	
	Stadt	3,5	
	Arbeitsverwaltung	2,5	
alle Wirtschaftsabteilungen			100

größere Flächen umfassen. Bei diesen Bildungseinrichtungen handelt es sich zumeist um Dependencen westdeutscher Schulen. Sie dokumentieren den Einsatz an Umschulung, Aus- und Weiterbildung, der in Cottbus wie generell in Ostdeutschland geleistet wird, zumeist von der Arbeitsverwaltung finanziert wird und einen wesentlichen Teil des Informationstransfers von West- nach Ostdeutschland trägt. Die Bildungseinrichtungen sind dabei in einigen Fällen jedoch als ein zeitlich begrenztes Phänomen anzusehen.

Die danach bedeutendste Einzelbranche bei den Büronutzern in Cottbus stellen die Architektur- und Bauingenieurbüros dar mit gut 6% der Cottbuser Bürofläche. Sie bilden den weitaus größten Bereich innerhalb der Gruppe der informationsbezogenen Unternehmensdienstleistungen der Wirtschaftsabteilung 7; zusammen mit der Bauindustrie, die selbst über 4% der Bürofläche in der Stadt besetzt und aus der die Büros häufig durch Ausgründung entstanden sind, umfassen sie über 10% der erfaßten Flächen. Darin zeigt sich die große Bedeutung des Bausektors in der Wirtschaftsstruktur der Stadt, die auf die Aufbauphase von Cottbus in der DDR-Zeit zurückgeht. Die Unternehmen sind mittlerweile jedoch auch stark auf den Export von Bauleistungen ausgerichtet, insbesondere nach

Osteuropa. Die öffentlichen Bauaufträge im Inland im Rahmen des Infrastrukturausbaus der neuen Bundesländer haben die Transformation im Baubereich dabei sicherlich von der Nachfrageseite her beschleunigt. Mit dem Nachlassen dieser Baukonjunktur könnten einige der in Cottbus so zahlreich erfaßten Einrichtungen in Zukunft jedoch in Schwierigkeiten geraten.

Hinter den erfaßten Flächen der Bankverwaltungen verbergen sich im wesentlichen die Sparkasse Cottbus sowie Kopffilialen von Landeszentralbank und sieben weiteren Groß- und Geschäftsbanken, die von Cottbus aus Südbrandenburg bedienen. Im Bankenbereich stehen einige größere Bauprojekte noch bevor. Bei den Versicherungen handelt es sich im Gegensatz zu den Banken um kleinere Flächeneinheiten verschiedenster Unternehmen, die ebenfalls im Rahmen der Marktdurchdringung Ostdeutschlands für die Niederlausitz in Cottbus Filialen errichtet haben, oder aber um Agenturen, die für unterschiedliche Gesellschaften tätig sind.

Auffällig ist der hohe Anteil, den Büroflächen von Reichsbahn und Bundesbahn in Cottbus besitzen. Sie sind vor allem auf die Existenz einer Reichsbahndirektion und mehrerer Einrichtungen der Sozialverwaltung der Deutschen Bahnen zurückzuführen. Eine der flächengrößten Behörden in Cottbus – und Spiegel der ganzen Beschäftigungsproblematik des schwierigen Transformationsprozesses der DDR-Wirtschaft – ist das Arbeitsamt, das vor einem geplanten Neubau gegenwärtig noch auf mehrere Gebäude verteilt ist. Den öffentlichen Dienst ergänzen darüber hinaus Bundeseinrichtungen und die Verwaltungen für die Stadt Cottbus sowie den Landkreis Cottbus. Die Bundesbehörden gehören dabei überwiegend zum militärischen Bereich (Heer, Luftwaffe und Kreiswehrersatzamt), da viele NVA-Einrichtungen von der Bundeswehr weiter genutzt werden. Cottbus ist außerdem Sitz einer Oberfinanzdirektion mit dem ihr angeschlossenem Hauptzollamt, die – wie die Landesoberbehörden – für das ganze Bundesland Brandenburg zuständig ist.

Büros von Parteien, Gewerkschaften, Wirtschaftsverbänden, Kirchen und Vereinen fallen hinsichtlich ihres Anteils an der gesamten Bürofläche nicht sonderlich stark ins Gewicht. Sie sind dabei mit ihren von der Größe her zumeist bescheidenen Niederlassungen durchaus in einem breiten Spektrum vertreten, wie dies für ein Oberzentrum eines kleinen Flächenstaates unterhalb der Ebene der Landeshauptstadt zu erwarten ist.

Von großem Interesse ist jedoch vor allem der Blick auf jene Wirtschaftsbereiche, in welchen Cottbus offensichtlich keine Lenkungsfunktionen wahrnimmt. Es handelt sich dabei insbesondere um den Bergbau sowie das Produzierende Gewerbe. Cottbus ist nicht Standort der dispositiven Funktionen des Braunkohlenbergbaus sowie der daran anschließenden, großräumlich orientierten Energiewirtschaft und weist mit einer Ausnahme keine nennenswerte physiognomisch unterscheidbare Büroeinheit eines Industrieunternehmens auf. Bei diesem einzigen Betrieb handelt es sich um das Werk für Kraftwerks- und Tagebautechnik, das von dem Konzern ABB übernommen worden ist, in Cottbus mehrere Einzelstandorte mit insgesamt noch rund 1 000 Beschäftigten unterhält und durchaus international tätig ist. Die Verwaltungsabteilungen der übrigen wenigen noch existenten Industriebetriebe haben zumeist eine nur ganz geringe Flächenausdehnung. Wichtigster Arbeitgeber für manuelle technische Tätigkeiten ist dabei das Reichsbahn-Ausbesserungswerk, das im Herbst 1992 noch 1 600 Arbeitskräfte beschäftigte.

Die Struktur der Büronutzungen in Cottbus wird damit insgesamt sehr einseitig von den öffentlichen Institutionen der Landesverwaltung, des Militärs, der Bahnverwaltung, des Arbeitsamts und der Kommunalbehörden dominiert. Wichtige ‚Informations'-Einrichtungen stellen darüber hinaus die Bibliotheken (Universitätsbibliothek sowie Stadt- und Regionalbibliothek), das Staatstheater Cottbus sowie die zum Niederlausitzer Landesmuseum zusammengefaßten Museen dar. Die überproportional starke Betonung des öffentlichen Dienstleistungsbereichs (bis hin zu den staatlichen Sporteinrichtungen), die schon die Wirtschaftsstruktur zur DDR-Zeit gekennzeichnet hat, setzt sich damit fort. Eine Rolle als privatwirtschaftliches Steuerungszentrum ist dagegen kaum zu erkennen. Wenn überhaupt ein Bereich existiert, bei dem privatwirtschaftliche Operationen überregional von Cottbus aus gesteuert werden, dann ist dies die Bauwirtschaft, sowohl hinsichtlich der Bauplanung als auch hinsichtlich der Bauausführung.

6. Analyse der räumlichen Interaktionsmuster von Unternehmensdienstleistungen in Cottbus

Es wurde bereits ausgeführt, daß Arbeitsstätten des quartären Sektors als Dienstleistungen anzusehen sind. Als solche zeichnen sie sich durch das wesentliche Charakteristikum aller Dienstleistungen aus: die notwendige Interaktion von Produzent und Konsument für das Zustandekommen des Arbeitsprozesses. Um in der Analyse von Standortorientierung und Raumprägung einen Schritt weiter zu gelangen, stellt sich deshalb die Aufgabe, die Interaktionsmuster der quartären Arbeitsstätten zu erfassen, auch hinsichtlich ihrer räumlichen Ausprägung.

Mit dem Ziel, für den wichtigen Teilbereich der unternehmensbezogenen Dienstleistungen Verflechtungsmuster zu erfassen, wurde deshalb im Sommer 1992 eine Befragung bei Betrieben in ausgewählten Branchen der informationsbezogenen Unternehmensdienstleistungen (business services) in Cottbus durchgeführt.

Neben der Betriebs- und Unternehmensgröße wurde dabei gefragt nach dem Status des Betriebs (ob Hauptsitz oder Filiale), der Herkunft des/r Betriebsleiters/in und der Angestellten und eventuell der früheren Tätigkeit, nach den Branchen und Unternehmensgrößen sowie den Standorten der Kunden und schließlich nach vorrangigen Informationskontakten zu anderen Informationsdienstleistungen, die als Informations-Zulieferer anzusehen sind, also gewissermaßen nach „backward linkages" bezüglich der Informationsgewinnung durch die befragten Betriebe.

Maßgeblich für die Auswahl war dabei der Aspekt des „Marktwirtschaft-Lernens". Insofern stehen die „neuen" Branchen der Unternehmensberatung, Steuerberatung, Auskunfteien und Werbebüros im Mittelpunkt des Interesses; eine Wirtschaftsprüfer-Kanzlei gab es 1992 in Cottbus noch nicht. Technische

Dienstleistungen wie Architekten und Bauingenieure wurden nicht untersucht.

Ziel war es, alle Betriebe der genannten Branchen und darüber hinaus exemplarisch einzelne Betriebe des Softwarebereichs und der Ausstellungsorganisation zu befragen, d.h. einen Fragebogen mit zum Teil geschlossenen und zum Teil offenen Fragen mit dem Betriebsleiter bzw. der Betriebsleiterin durchzusprechen. Dieses wurde jedoch nicht ganz erreicht, weil in einzelnen Fällen die zuständigen Verantwortlichen nicht zu einem Gespräch bereit waren bzw. ein Betriebsleiter auch bei mehreren Anläufen nicht erreichbar war. Bei einigen Betrieben war darüber hinaus auch nicht sicher zu ermitteln, inwieweit sie tatsächlich existierten. Fehlangaben in Firmenlisten – hinsichtlich Existenz und Tätigkeit der Betriebe – sowie das Ausmaß der Fluktuation der Betriebe sind so hoch, daß sich eine Gesamtzahl der Betriebe in den einzelnen Branchen nicht angeben läßt; so stellte sich bei den Unternehmensberatungsbüros zum Beispiel heraus, daß einige lediglich als Immobilienvermittler tätig sind. Für Unternehmensberatung, Steuerberatung, Werbung und Auskunfteien kann davon ausgegangen werden, daß jeweils mindestens die Hälfte und bis zu vier Fünftel aller in der Stadt existierenden Büros befragt wurden.

Insgesamt konnten 25 Interviews ausgewertet werden. Die dabei erlangten Informationen gehen dabei teilweise beträchtlich über den Umfang des Fragebogens hinaus; sie betreffen dann zumeist die Situation in bestimmten Wirtschaftszweigen ihrer Kunden sowie die generelle wirtschaftliche Entwicklung im Untersuchungsraum.

Tab. 2: Unternehmensbezogene Dienstleistungen in Cottbus – Befragung 1992

	Untern.'-beratung	Steuer-beratung	Werbung	Auskunftei	Software	Ausstellungen	insgesamt
Zahl der befragten Büros	6	7	6	3	2	1	25
Status:							
– Hauptsitz	5	2	6	3*	0	0	16
– Filiale	1	5	0	0	2	1	9
Beschäftigte:							
– befragte Betriebe	1–12	1–20	2–12	2–5	5–10	5	
– Unternehmen	2–12	2–300+	„	„	30–100	12	
Zahl der Betriebe mit Herkunft des/r Betriebsleiters/in							
– aus Cottbus	4	4	5	2	1	0	16
– aus Westdeutschland	2	3	1	1	1	1	9
Zahl der Betriebe in West-Besitz oder mit West-Betriebsleiter(in)							
	3	5	1	1	2	1	13
Anteil dieser an allen Betrieben (%)							
	50	71,4	16,7	33,3	100	100	52

* 2 der 3 sind Franchise-Nehmer

Bei der Mehrzahl der befragten Büros handelt es sich um den jeweiligen Hauptsitz des Unternehmens (Tab. 2). Dies ist vor allem bei Unternehmensberatungen und Werbebüros der Fall, während die Steuerberaterbüros und auch Softwareanbieter und Ausstellungsorganisatoren überwiegend bzw. ausschließlich Filialen sind. Bei allen Filialen befindet sich der Hauptsitz des Unternehmens in Westdeutschland. Zwei der drei Auskunfteien sind Franchise-Nehmer bekannter großer westdeutscher Unternehmen in diesem Bereich. Bei den befragten Betrieben handelt es sich durchweg um Kleinbetriebe; sofern sie Filialen darstellen, sind die dazugehörigen Unternehmen jeweils entsprechend größer.

In bezug auf den Status des Betriebs einerseits und die Herkunft des/r Betriebsleiters/in andererseits existieren alle vier denkbaren Kombinationen. Es gibt also Hauptsitze mit Betriebsleiter aus Westdeutschland (d.h. Verlagerungen: 4 Fälle), Hauptsitze mit Betriebsleiter aus Cottbus und Umgebung (d.h. autochthone Betriebe: 12 Fälle, vor allem bei Werbebüros, Auskunfteien und Unternehmensberatungsfirmen), Filialen mit westdeutschem (5) sowie Filialen mit ostdeutschem Betriebsleiter (4). Insgesamt überwiegen die Betriebe mit Betriebsleiter aus dem Raum Cottbus. 12 Ostfirmen mit Hauptsitz Cottbus und lokalem Betriebsleiter stehen 13 Unternehmen mit westdeutschem Einfluß (Verlagerungen oder Filialen von Unternehmen mit westdeutschem Stammsitz) gegenüber. Der West-Einfluß beträgt also knapp über 50%. Angesichts dessen kann für die Situation im Jahr 1992 durchaus nicht von einer quasi-kolonialen Situation auf dem Markt der Unternehmensdienstleistungen in Cottbus gesprochen werden.

Bei den Unternehmensberatungen sind ostdeutsche Betreiber bzw. Büroleiter stark vertreten. Diese haben in der Mehrzahl eine juristische Ausbildung, sind darüber hinaus jedoch auf Geschäftsverbindungen zu West-Rechtsanwälten, entweder in Cottbus oder in West-Deutschland, und auch zu Steuerberatern angewiesen. Die sämtlich kleinen Büros sind überwiegend auf die mittelständigen Kundenbranchen Gastronomie, Handwerk und Klein-Einzelhandel ausgerichtet. Eine Unternehmensberatung arbeitet als Ausgründung aus der Textilindustrie für diesen Wirtschaftszweig.

Bei dem gesetzlich geregelten Bereich der Steuerberater ist der Einfluß westdeutscher Unternehmer deutlich stärker ausgeprägt. Aber auch hier haben ostdeutsche Anbieter durchaus eine Chance. Mit entsprechender Qualifikation können ostdeutsche Steuerberater im Rahmen einer Übergangsregelung tätig sein und bis Ende 1997 eine spezielle Steuerberatungsprüfung für ostdeutsche Bewerber ablegen. Dennoch wird eine von einem Cottbuser geleitete Kanzlei als gemeinsames Unternehmen mit einem Partner in Westdeutschland geführt. Zwei der fünf Filialen westdeutscher Unternehmen werden von örtlichen Angestellten geleitet. Die Filialen sind teilweise aus Buchhaltungsbüros der DDR-Zeit hervorgegangen.

Die befragten Werbeunternehmen sind alle selbständig; unter ihnen befindet sich nur eines, das von auswärts, aus Westdeutschland, nach Cottbus verlagert worden ist. Es handelt sich in erster Linie um Unternehmen, die Werbegraphik erstellen, häufig auch auf der Basis von Desktop-Publishing-Programmen auf PCs.

Interessant ist die Herkunft der neun aus Westdeutschland stammenden Betriebe bzw. Betriebsleiter/innen: Fünf sind aus Nordrhein-Westfalen, drei aus dem Saarland. Auf die Frage, warum ihre Standortwahl auf Cottbus gefallen war, wurden von den befragten Dienstleistern in den meisten Fällen die Partnerschaften erwähnt, die zwischen Nordrhein-Westfalen und Brandenburg bzw. zwischen dem Saarland und dem ehemaligen Bezirk Cottbus bestehen, und die für Zusammenarbeit bzw. Verlagerung den Anstoß gaben. Letztere Partnerschaft geht dabei in die DDR-Zeit zurück: Saarbrücken und Cottbus sind bereits seit 1987 Partnerstädte, als (der Saarländer) Honecker die Verbindung der beiden Bergbauzentren genehmigte. Die politischen Verbindungen spiegeln sich damit auch im Bereich der informationsbezogenen Dienstleistungen als räumliche Verbindungen wider. Dies betrifft darüber hinaus auch andere Bereiche des quartären Sektors; so ist die dominierende Regionalzeitung der Niederlausitz, die in Cottbus produzierte Lausitzer Rundschau, in der Hand der Saarbrücker Zeitung.

Bezüglich der Notwendigkeit von Kontakten zu Informationsquellen sind vor allem die Aussagen der Unternehmensberater und der Steuerberater relevant; die anderen Branchen nannten im wesentlichen Kontakte zu Betrieben der jeweils gleichen Branche, spezifische Kooperationspartner (wie zum Beispiel Druckereien für die Werbebüros und Amtsgerichte für die Auskunfteien) sowie Fachliteratur als Informationsquellen. Von den Beratern nachgefragt werden vor allem Rechtsauskünfte, und zwar von westdeutschen Rechtsanwälten. Der mögliche Kontakt-Standort (West-)Berlin wurde dabei als „überlaufen" beschrieben, und sowohl Unternehmensberater als auch Steuerberater nehmen regelmäßig durchaus mühsame Reisen nach Westdeutschland auf sich, um die notwendigen Kommunikationsprozesse face-to-face abzuwickeln. Hier läßt sich für die Situation des Jahres 1992 eine Schwäche der kognitiven Struktur im Raum Cottbus vermuten. Durch den Zuwachs an Rechtsanwaltsbüros auf eine Gesamtzahl von 41 im Sommer 1993 hat sich diese defizitäre Situation mittlerweile jedoch vermutlich verbessert.

Befragt nach Standort und Betriebsgröße ihrer Kunden, gaben die befragten Betriebe fast ausnahmslos an, daß sie im wesentlichen für lokale Kleinbetriebe tätig sind. Großbetriebe wurden explizit als Kunden ausgeschlossen. Dafür sind zwei mögliche Gründe angebbar: Entweder existieren die Großbetriebe nicht mehr, oder aber von ihnen geht keine Nachfrage an das lokale Informationsgewerbe aus, und Dienstleistungen wie Unternehmensberatung, Steuerberatung und Werbung werden über die Muttergesellschaft bzw. die Treuhand bezogen – in diesem Fall dann aus Westdeutschland.

7. Fazit und weiterführende Fragestellungen

Aus den Befragungsergebnissen läßt sich der Schluß ziehen, daß es sich bei den ‚business services' in Cottbus um einen segmentierten Markt handelt, bei dem auf der einen Seite die wenigen größeren Unternehmen und Unternehmensteile ihren Bedarf an informationsbezogenen Unternehmensdienstleistungen in West-

Deutschland abwickeln und auf der anderen Seite die lokal angebotenen Dienstleistungen nur von lokalen Kleinbetrieben nachgefragt werden. Diese Hypothese muß allerdings noch in einer Befragung der Nachfrager geprüft werden, ebenso wie die Probleme, die sich aus dieser Dichotomisierung der Informationsbeziehungen zwischen regionsexternen Kontakten der wenigen großen Einheiten und den im wesentlichen regionsinternen Kontakten der Kleinbetriebe ergeben können. Diese müssen vor allem darin gesehen werden, daß den lokalen Anbietern von Informationsdienstleistungen lediglich Routine-Aufgaben zugewiesen werden, bei herausfordernden Fragestellungen dagegen westdeutsche Berater herangezogen werden, und daß damit auch Entwicklungsprozesse in der arbeitsteiligen Organisation von Wissen und in der kognitiven Struktur des Raumes Cottbus bzw. der Region der Niederlausitz nicht stimuliert werden. Es ist zu befürchten, daß die wenigen verbliebenen strukturbestimmenden wirtschaftlichen Einrichtungen, von der Braunkohlenwirtschaft bis zum Reichsbahn-Ausbesserungswerk, im wesentlichen von außerregionalen Entscheidungs- und Wissensbildungsprozessen abhängen und das lokale Informationsgeschehen daraus nur wenig Entwicklungsimpulse erhält.

Neben der peripheren Lage von Cottbus innerhalb Deutschlands sowie der wirtschaftlichen Monostruktur ist es vor allem das Fehlen von Institutionen der wirtschaftlichen und politischen Lenkung, das die Aneignung und Entwicklung ökonomisch relevanter Information in Cottbus und seinem Verflechtungsbereich der Niederlausitz erschwert. Das Defizit an dispositiven Unternehmensfunktionen hat die Büroflächenuntersuchung deutlich herausgestellt. Ohne existierende Unternehmen mit ihren Leitungs- und Entwicklungsabteilungen fehlen damit den staatlichen Informations-Einrichtungen, allen voran der Universität, die nötigen Partner zur Umsetzung und wirtschaftlichen Verwertung von Wissen. Mit dem Technologiezentrum COTEC existiert zwar ein Instrument, um die Gründung und den Aufbau von Unternehmen durch Bereitstellung von Gewerbeimmobilien und Beratung zu fördern. Das Defizit in dieser Hinsicht ist jedoch beträchtlich, und die Gefahr besteht, daß angesichts des Fehlens von Informationsnutzern und -anwendern die staatlichen Maßnahmen zum Aufbau der Informations-Infrastruktur hinsichtlich der privatwirtschaftlichen Verwertung ins Leere laufen. Da der Verlust dispositiver Unternehmensfunktionen ganz Ostdeutschland betrifft, ist anzunehmen, daß die für Cottbus dargestellten Probleme auch in anderen ostdeutschen Teilräumen anzutreffen sind.

Literatur

BRANDT, S. (1984): Aufgaben-Dezentralisierung durch moderne Kommunikationsmittel. Konsequenzen für die räumliche Struktur von Bürotätigkeiten. München.
BUTTLER, F., K. FUHRMANN und M. KAISER (1993): Der Arbeitsmarkt in der Region Süd-Brandenburg. Entwicklung – Stand – Perspektiven. Nürnberg. (IAB-Werkstattbericht 4)
CHRIST, P. und R. NEUBAUER (1993): Kolonie im eigenen Land. Die Treuhand, Bonn und die Wirtschaftskatastrophe der fünf neuen Länder. Reinbek.
DEUTSCHER BUNDESTAG (1992): Drucksache 12/2850 vom 17.6.1992.

DEUTSCHES INSTITUT FÜR WIRTSCHAFTSFORSCHUNG (DIW) (1993): Zur Situation der außeruniversitären und industriellen Forschung in den neuen Bundesländern. In: DIW-Wochenbericht 60. S. 643-649.

DEUTSCHES INSTITUT FÜR WIRTSCHAFTSFORSCHUNG (DIW) und INSTITUT FÜR WIRTSCHAFTSFORSCHUNG (IFW) (1993): Gesamtwirtschaftliche und unternehmerische Anpassungsprozesse in Ostdeutschland. Achter Bericht. In: DIW-Wochenbericht 60. S. 131–158.

ELLGER, Ch. (1988): Informationssektor und räumliche Entwicklung, dargestellt am Beispiel Baden-Württembergs. Tübingen. (Tübinger Geographische Studien 99)

GOTTMANN, J. (1961): Megalopolis. The urbanized northeastern seabord of the United States. New York.

HENSEL, M. (1990): Die Informationsgesellschaft. Neuere Ansätze zur Analyse eines Schlagwortes. München. (Medien-Skripten; 8)

SINN, G. und H.-W. SINN (1993): Kaltstart. Volkswirtschaftliche Aspekte der deutschen Vereinigung. 3. Aufl. München.

DEFIZITE UND NEUE KONZEPTE DER TECHNISCHEN INFRASTRUKTUR AM BEISPIEL DES RAUMES HALLE/SAALE

Wolfgang Walossek, Halle

1. Problemstellung

Infrastrukturinvestitionen sind entscheidende Voraussetzungen für den wirtschaftlichen Aufschwung im Osten. Dadurch werden Arbeitsplätze geschaffen, zunächst in den Zweigen der technischen Infrastruktur selbst und im Zusammenhang mit einer offensiven privaten Investitionstätigkeit dann auch in anderen Bereichen der Wirtschaft.

Der Wechsel von der nachfrageorientierten zur angebotsorientierten regionalen Wirtschaftspolitik vollzog sich sehr schleppend. Nicht geregelte Eigentumsfragen sollten nicht länger als Begründung für unzureichende Konzepte in der Kommunal- und Regionalplanung dienen. Der wirksame Einsatz der Fördermittel verlangt Kompetenz und verantwortungsvolle Sachkenntnis der Planungsbehörden; hier bestand in den letzten Jahren Nachholbedarf.

Projekte und Maßnahmen zum Ausbau der technischen Infrastruktur erfordern eine besonders sorgfältige, ökologisch orientierte, integrierte Kommunal- und Regionalplanung, da ihre Anlagen und Netze langfristig wirken bzw. auf Dauer errichtet werden. Eng damit im Zusammenhang steht nicht nur die Minimierung der Belastungen in den städtischen Gebieten, sondern auch der Ressourcenschutz (z. B. sparsame Inanspruchnahme und richtige Auswahl von Flächen), insbesondere wenn schützenswerte Landschaften betroffen sind. Wesentliche Voraussetzung für Infrastrukturplanungen und eine aktive Wirtschaftspolitik ist die Bilanzierung der bestehenden Ausstattung (Erfassung und Bewertung) zu diesbezüglichen Standort- bzw. Gebietspotentialen und -qualitäten. Der Ausbau der technischen Infrastruktur schafft neue Rahmenbedingungen für die der Wettbewerbsfähigkeit von Standorten, nicht nur bei der Angebotsplanung, sondern auch und beim Schutz des Naturraumes. Auf die Stadt Halle bezogen bedeutet dies vor allem:
- Schutz der Flußauenlandschaften (insbesondere der Auenwälder) an Saale und Weißer Elster,
- Renaturierung der kleineren Vorfluter im Zuge der Grünflächenvernetzung für die gesamte Stadtregion,
- Ausweitung der Unterschutzstellung von Landschaften zur Sicherstellung vor eventuellen Schädigungen,
- Ausschluß wertvoller Agrarlandschaften von der Bebauung.

Im gegenwärtigen Prozeß des umfassenden Strukturwandels genügt es nicht, nur von einer ökologischen Neuorientierung zu reden; jetzt ist theoretisch die Chance gegeben, nicht nur belastete Gebiete zu sanieren, sondern eine aktive Flächenschutzpolitik zu betreiben. Dem widersprechen die in jüngster Zeit in Angriff genommenen Vorhaben bzw. Maßnahmen im Rahmen der Verkehrsprojekte Deutsche Einheit (ICE-Trassenführung Erfurt – Halle/Leipzig – Berlin, Saale-Ausbau und Schleusenbau für Binnenschiffahrt), die neben der Zunahme des Kfz-Bestandes um ca. 38 % von 1990 bis 1992 als massivste negative Einflußgrößen in der stadtökologischen Entwicklung anzusehen sind.

Wesentliche Forschungsarbeiten des Bereichs Wirtschafts- und Sozialgeographie des Institutes für Geographie der Martin-Luther-Universität Halle-Wittenberg, die bis 1992 durch das Bundesministerium für Forschung und Technologie (BMFT) gefördert wurden, widmeten sich der ökologisch-orientierten Stadtentwicklung im Bereich der Flächennutzung und technischen Infrastruktur (ohne Energieversorgung). Auf der Basis eines Geographischen Informationssystems wurden vorerst für städtische Planungseinheiten Defizite hinsichtlich der technisch-infrastrukturellen Ausstattung aufgezeigt und neue Konzepte kritisch begutachtet. Ausgewählte Ergebnisse zur Verkehrs- und Abwasserinfrastruktur auf regionaler Ebene verdeutlichen nachfolgend die Problematik.

Mit Hilfe der Abb. 1 sollen ausgewählte Flächenansprüche innerhalb des administrativen Stadtgebiets gekennzeichnet werden unter räumlichem Bezug zur technischen Infrastruktur.

2. Defizite und neue Lösungsansätze

2.1. Wasserversorgung

Die Wasserversorgung basiert auf einem Hauptversorgungsring, der historisch aus einem Verästelungsnetz hervorgegangen ist. Letzter ist z. T. stark veraltet und von einer Rohrbruchquote größer 1 gekennzeichnet (d. h. Anzahl der Rohrbrüche pro km und Jahr). 70 % des Bedarfs wird aus dem Fernwasserverbund Ostharz, Elbaue-Nord und Elbaue-Süd gedeckt. Das alte Wasserwerk Beesen in der Elster-Saale-Aue liefert ca. 30 % des Wasserbedarfs, nur durch Mischung mit Fernwasser können die Qualitätsanforderungen in etwa erreicht werden.

Das seit 1988 im Bau befindliche neue Wasserwerk Beesen wird seit 1991 in Form eines Demonstrationsobjektes des BMFT als Beispielvorhaben für die neuen Länder gefördert. Es soll unabhängig von der Fernwasserzuführung die Qualitätsnormen erfüllen. Bedingt durch den Rückgang des Wasserbedarfs, ist die Versorgung in allen Bereichen des Netzes gesichert. Durch Sanierung wesentlicher Teile des Rohrnetzes einschließlich der Bauwerke zur Sicherung des Versorgungsdrucks sollen die Druckmangelgebiete der Stadt (vgl. Abb. 1) schrittweise beseitigt werden. Weitere Investitionen dienen ferner z.B. der extensiven Erweiterung des Netzes, der Installation von Wasserzählern, dem Austausch von Bleihausanschlüssen etc.

2.2. Abwasserentsorgung

Der Anschlußgrad der Einwohner an das Kanalnetz beträgt 96 %. Etwa 25 % der kanalisierten Stadtfläche mit rund 20 000 Einwohnern ist jedoch nur teilentsorgt (vgl. Abb. 1), d. h. die Grundstücke entwässern direkt in die Vorfluter ohne Anschluß an eine Kläranlage. Seit 1990 wurden 80 km Kanalnetz mit Videoauf-

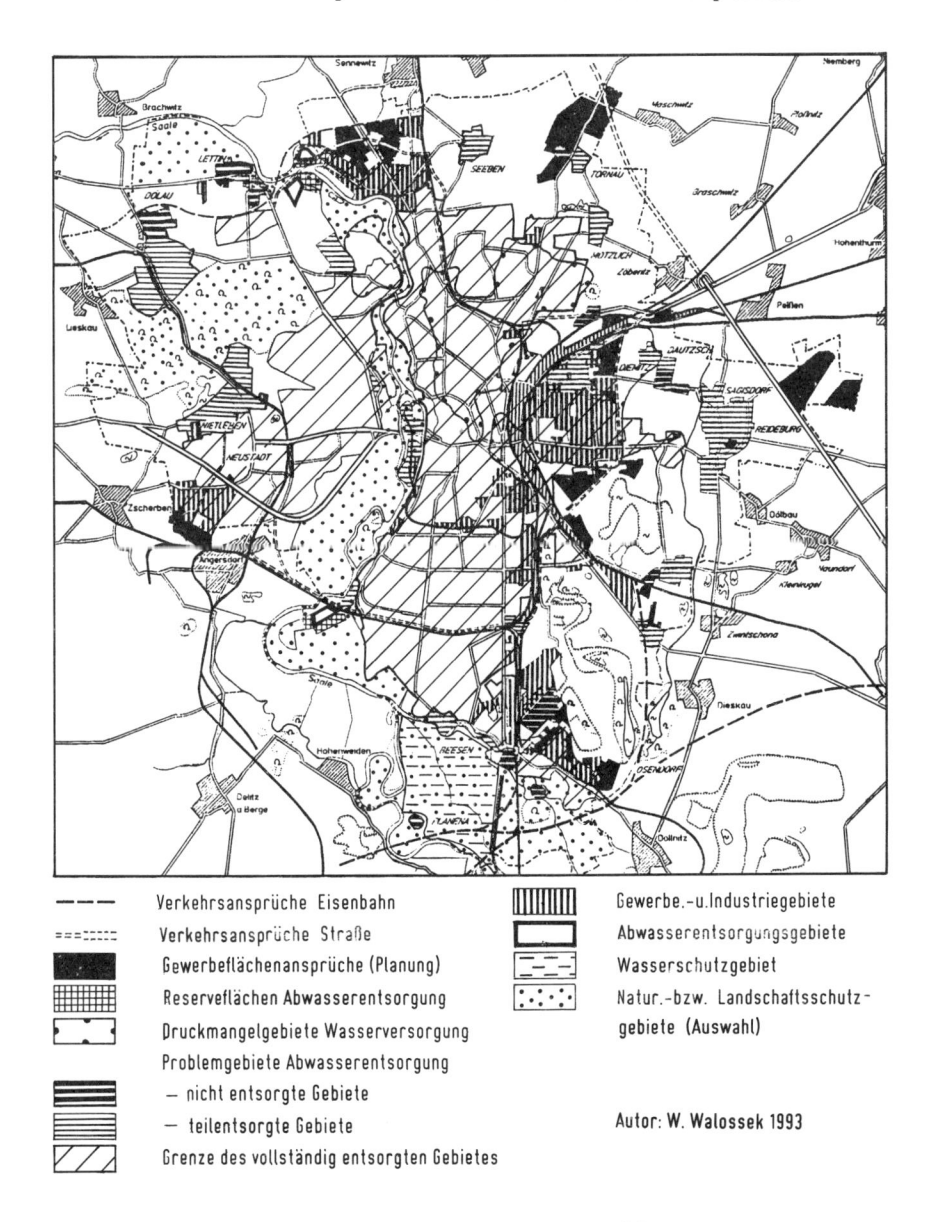

Defizite und neue Konzepte der technischen Infrastruktur am Beispiel Halle 173

Legende:
- —— Verkehrsansprüche Eisenbahn
- ==== Verkehrsansprüche Straße
- Gewerbeflächenansprüche (Planung)
- Reserveflächen Abwasserentsorgung
- Druckmangelgebiete Wasserversorgung
- Problemgebiete Abwasserentsorgung
- – nicht entsorgte Gebiete
- – teilentsorgte Gebiete
- Grenze des vollständig entsorgten Gebietes
- Gewerbe-u.Industriegebiete
- Abwasserentsorgungsgebiete
- Wasserschutzgebiet
- Natur.-bzw. Landschaftsschutz- gebiete (Auswahl)

Autor: W. Walossek 1993

Abb. 1: Halle/Saale – Infrastruktur: Defizite und Planung (Auswahl)

nahmen dokumentiert. Hochrechnungen zeigen, daß etwa ein Drittel des Kanalnetzes sanierungs- bzw. erneuerungsbedürftig ist; hierfür wären Kosten von ca. 400 Mio DM erforderlich.

Abb. 1 weist in Stadtrandlage auch nicht entsorgte Gebiete aus, die einer Kanalisation bedürfen. Von sieben Kläranlagen der Stadt besitzt nur eine die biologische Reinigungsstufe. Das Wasserhaushaltsgesetz ist nach der Wiedervereinigung auch für die neuen Bundesländer gültig und erfordert den zügigen Ausbau aller Klärstufen für die Anlagen, die bisher nur eine mechanische Abwasserbehandlung vornahmen.

Durch Inbetriebnahme von Fällmitteldosierstationen konnten die Abwasserabgaben der Stadt spürbar verringert werden. Die konkreten Entsorgungsverhältnisse der Stadt und benachbarter Saalkreisgemeinden bedingen den Bau einer weiteren Kläranlage in Halle-Lettin sowie den Ausbau der bestehenden Anlage Süd.

Der Osten der Stadt mit den angrenzenden Saalkreis-Gemeinden stellt bereits seit Jahrzehnten das Problemgebiet der Abwasserentsorgung dar, da die Entwässerung überwiegend in den Reidebach erfolgt. Die veraltete und unterdimensionierte Kläranlage Büschdorf (Abb. 2) wird Endpunkt eines neu zu bauenden Hauptsammlers. Von dort aus soll künftig die zentrale Überleitung mittels Abwasserpumpwerk und Druckleitung nach Halle-Nord erfolgen. Der Neubau des Einkaufszentrums Peißen und die Errichtung von Gewerbegebieten im Osten der Stadt sowie im Raum Mötzlich-Tornau (Abb. 1) bedingen diese Lösung.

Die Kläranlagen im Süden der Stadt (Ammendorf, Radewell und Osendorf), deren Einzugsgebiete aus Abb. 2 zu entnehmen sind, erlauben weder eine Erweiterung noch eine Modernisierung. Sie sollen Pumpstationen weichen, die bis zur Jahrhundertwende zu errichten sind, damit das anfallende Abwasser der Altbaugebiete zur Kläranlage Süd transportiert werden kann. In Abhängigkeit vom Investitionsgeschehen in den Abwasserproblemgebieten werden evtl. kostenaufwendige Zwischenlösungen (Containeranlagen) erforderlich. Bedingt durch die Gründung von Abwasserverbänden südöstlich (Döllnitz, Lochau, Burgliebenau) und südwestlich (Holleben, Angersdorf u.a.) der Stadt ist die Erweiterung der Kläranlage Süd unumgänglich. Freigefälleleitungen in Form eines Hauptsammlers parallel zur Weißen Elster ergänzen das Druckrohrleitungssystem. Bis zum Jahr 2000 sollen alle halleschen Haushalte und neuen Gewerbegebiete an Kläranlagen angeschlossen sein, Kosten von ca. 700 Millionen DM müssen aufgebracht werden.

2.3. Verkehrsnetzentwicklung

Aus Platzgründen können hier nur besonders dringliche Probleme angesprochen werden. Dem bereits eingangs erwähnten Anstieg der Motorisierung steht bis jetzt keine nennenswerte Erweiterung des Hauptstraßennetzes gegenüber, was katastrophale Zustände während der Hauptverkehrszeiten zur Folge hat. Rückstaus an den Ein- und Ausfallstraßen mit teilweise völligem Zusammenbruch des Straßenverkehrs zeugen von der hohen Störanfälligkeit und Überlastung des Straßennetzes mit allen Konsequenzen für Umwelt und Bevölkerung. Der dringende Bau der Autobahn Halle-Magdeburg und der Ausbau eines erweiterten Stadtrandverkehrs mit Hilfe eines Ring-Tangentensystems im Norden, Osten und Süden der Stadt (vgl. Abb. 3) kam über Absichtsbekundungen noch nicht hinaus. Gleiches trifft für das Park-and-Ride-System zu, das einer Überarbeitung bzw. Erweiterung bedarf. Von der Schließung des S-Bahn-Ringes als wesentlichem Bestandteil des Systems wurde sogar völlig Abstand genommen. Das Straßen-

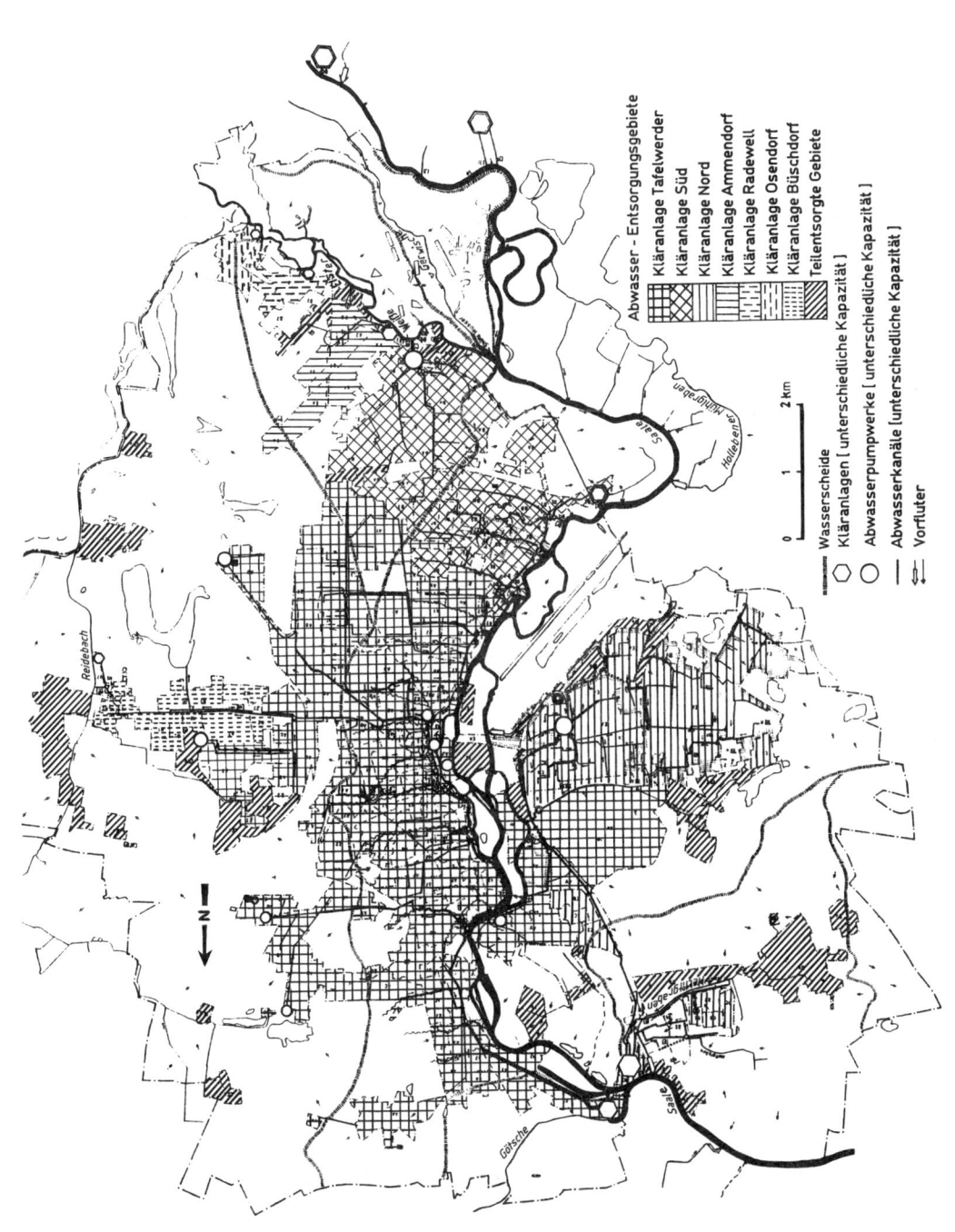

Defizite und neue Konzepte der technischen Infrastruktur am Beispiel Halle   175

Abb. 2: Halle/Saale: Gewässer und Entwässerung

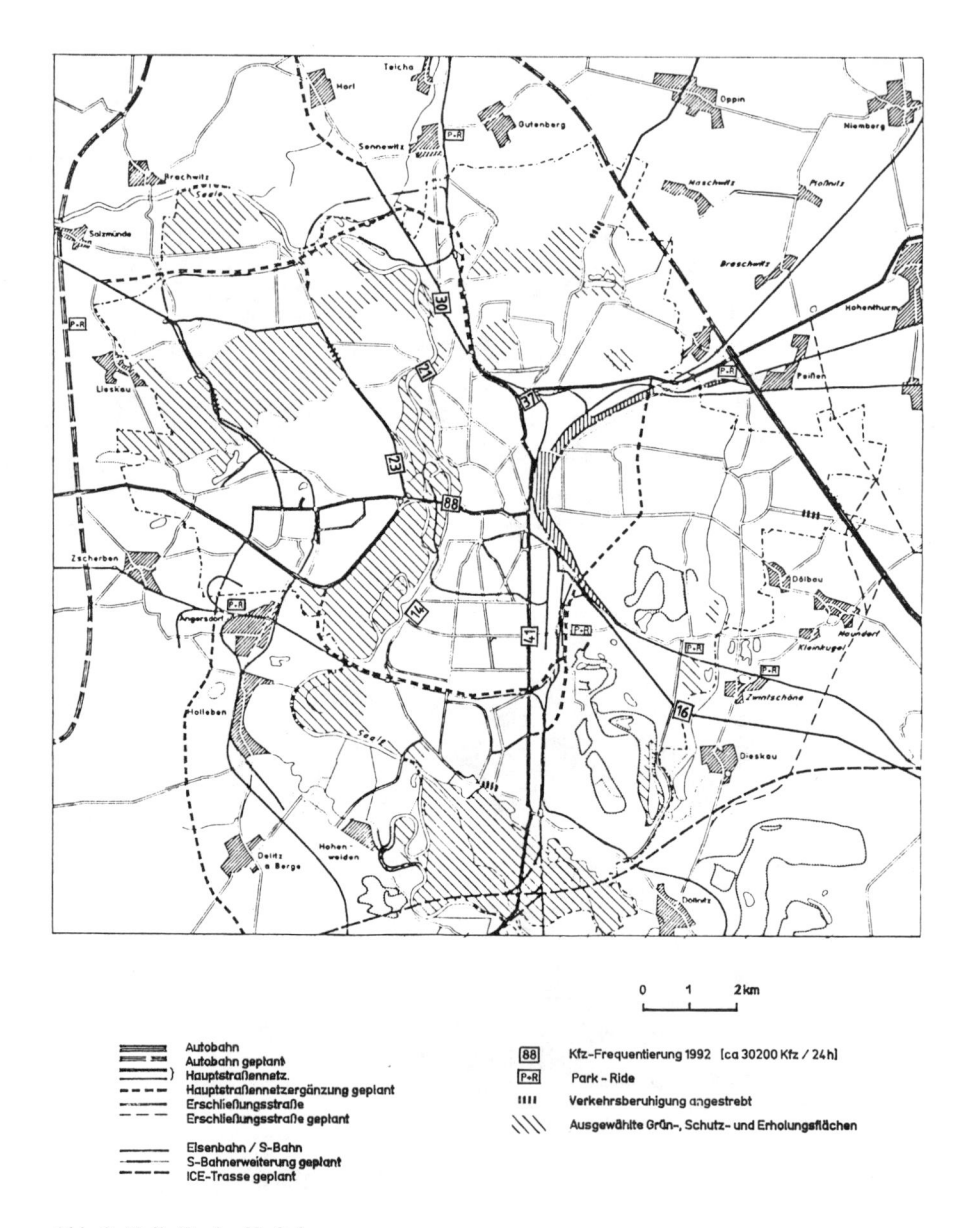

Abb. 3: Halle/Saale: Verkehr

Netzkonzept im Nordosten der Stadt führt zu einer verstärkten Belastung der Saale-Aue, der Verkehr wird in das Zentrum „hereingezogen", anstatt im Westen um die Stadt herumgeführt zu werden. Notwendige Maßnahmen zur Verkehrsberuhigung im unter Schutz gestellten Naherholungsbereich Dölauer Heide-Brandberge (Vernetzung von Grünflächen, Naturschutz) werden nicht erkannt bzw. vernachlässigt. Ein Parkkonzept, unter anderem mit Parkhäusern um den mittelalterlichen Stadtkern und um die gründerzeitliche Innenstadt sowie ggf. die angrenzenden Neubauwohngebiete, sollte die Basis für die Verkehrsberuhigung der Innenstadt bilden, wenn die Umleitung des Durchgangsverkehrs möglich wird.

Der stark störanfällige öffentliche Personen-Nahverkehr (ÖPNV) wird von der Straßenbahn, dem Busverkehr (Halle-Neustadt, Stadtrandzone) und einer S-Bahn-Strecke geprägt. Das fahrplanmäßige Angebot ist ausreichend.

Hochrechnungen aus konkreten Verkehrszählungen 1992 ergeben für die Stadt Halle folgende Verkehrsanteile:
- Durchgangsverkehr   19 %
- Quellverkehr   9 %
- Binnenverkehr   61 %
- Zielverkehr   11 %

Die größten Kfz-Ströme wiesen die Saaleüberquerung im Zuge der B 80 mit ca. 42 000 Kfz/Tag und die Kreuzung Dessauer Str./B100 mit ca. 37 000 Kfz/Tag auf (vgl. Abb. 3).

Der Fahrradverkehr bedarf einer völligen Neukonzipierung, da wegen der begrenzten Saale-Überquerungsmöglichkeiten, des Eisenbahngeländes im Osten sowie der stark trennenden Wirkung des Hauptstreckennetzes erst einmal bessere Voraussetzungen geschaffen werden müssen. An der Planung des Radwanderweges Saale von der Quelle bis zur Mündung waren Geographen der Universität beteiligt. Die Interessengemeinschaft Verkehrsökologie erfährt die Unterstützung des Umweltdezernates beim Magistrat.

Mit dem Zusammenbruch der industriellen Produktionskapazitäten und dem Verlagern von Transporten auf die Straße verlor der Schienentransport und damit auch der Güterbahnhof Halle, der einst wichtigster Verkehrsknoten im mitteldeutschen Raum war, gewaltig an Bedeutung. Standorte mit Gleisanschluß bzw. in direkter Nachbarschaft zum Güterbahnhof erfahren einen Nutzungswandel, der ihrer günstigen Verkehrslage nicht gerecht wird. Seitens der Kommunalplanung muß diesen Flächen besondere Beachtung geschenkt werden. Der Reichsbahn steht zur Zeit ein beachtlicher Immobilienfonds auf dem Gebiet der Stadt Halle zur Verfügung. Im Rahmen der Flächennutzungsplanung und Trassenfreihaltestrategie besitzen die Bundesfernstraßen (z. B. A 14, A 82 und A 140) zwar Priorität und beeinflussen die kommunale Verkehrsplanung entscheidend, auf die Konzipierung gebündelter Verkehrstrassen über die Saaleaue bei Lettin im Norden und Wörmlitz im Süden kann aber in keinem Fall verzichtet werden.

Im Rahmen der Verkehrsprojekte Deutsche Einheit berühren zwei Vorhaben den halleschen Raum besonders gravierend und führen zur Zerstörung wichtiger Landschaftselemente einer der letzten zusammenhängenden naturnahen Flußgebiete Deutschlands, der Saale-Elster-Aue. Durch die beabsichtigte ICE-Trassenführung Erfurt – Halle/Leipzig und den Saale-Ausbau für die Binnenschiffahrt (evtl. sogar bis Leipzig-Lindenau) kann die Auenlandschaft weder gestalterisch noch in ihrer vielfältigen Funktionalität ihre wichtigen Aufgaben erfüllen. Der landschaftsästhetische Wert und die weitgehend fehlende Verkehrserschließung dieses naturnahen Überschwemmungsgebietes mit den Auenrestwäldern und

Feuchtbiotopen verbietet es generell, die vorgesehenen Verkehrsmaßnahmen in Wasserschutzgebieten überhaupt in Erwägung zu ziehen. Hinzu kommt der unermeßliche lagebedingte Wert dieser Landschaft in der belasteten Agglomerationsregion Halle-Merseburg für die Bevölkerung und ihre Lebensbedingungen. Die Mehrfachfunktion und -unterschutzstellung der Elster-Saale-Aue wird repräsentiert durch Naturschutz-, Trinkwasserschutz-, Immissionsschutz-, Klimaschutz-, Retentions- und Erholungsfunktion. Umweltverträglichkeitsstudien können formal richtig abgearbeitet werden und auch die günstigste Kostenvariante ermitteln, im Fall des Projekts Schiene Nr. 8 (Neubaustrecke Erfurt – Halle/Leipzig) wurden jedoch nicht alle möglichen, umweltfreundlicheren Varianten in Erwägung gezogen. Die Bedeutung der Elster-Saale-Aue für den Ballungsraum wurde nicht voll erkannt und die Möglichkeiten der Trassenbündelung nördlich von Weißenfels vernachlässigt. Die Ausgleichs- und Ersatzmaßnahmen für die weitere Zerschneidung der Aue und die Beeinträchtigung der Ökosysteme in der Bauphase entbehren jeder Diskussionswürdigkeit. Die Durchsetzung der Variante 1 des Projekts hat mit der Bedeutung der ICE-Trasse für die wirtschaftliche Entwicklung der Stadt nichts zu tun, denn an der Notwendigkeit der Schaffung einer leistungsfähigen Eisenbahnverbindung Nürnberg – Erfurt – Halle/Leipzig – Berlin zweifelt niemand.

Die Fortsetzung des Baues des Saale-Elster-Kanals (1940 eingestellt) und der Ausbau der Saale zur Binnenwasserstraße setzt aus wirtschaftlichen Erwägungen den Einsatz des Europaschiffs mit 1350 t voraus. Derzeitig kann die Saale bis Halle-Trotha mit Schiffen bis 450 t genutzt werden. Umfangreiche Regulierungsarbeiten und Schleusenbauten wären die Folge, begleitet von Absenkungen des Wasserspiegels und schnellerem Wasserabfluß mit allen negativen Konsequenzen für die Feuchtbiotope der Flußlandschaft und die flußnahe Vegetation. Begradigungen des Flußlaufs, Dammbauten, Uferabbrüche, Tiefenerosion u.a. Folgen verbieten neben dem enormen finanziellen Aufwand jegliche weiteren Investitionen in das Vorhaben, zu dem kaum eine wirtschaftliche Notwendigkeit besteht. Die Schiffahrt sollte dem Fluß angepaßt werden und nicht umgekehrt, dies gilt insbesondere für kleinere, natürliche Wasserläufe. Einer ökologisch verträglichen Saaleschiffahrt sollte jegliche Unterstützung gewährt werden.

3. Konsequenzen für die Raumordnung und Raumplanung

Thesenhaft lassen sich aus den konkreten Forschungsergebnissen die folgenden Erkenntnisse ableiten:

Der quantitative und qualitative Nachholbedarf hinsichtlich der technisch-infrastrukturellen Ausstattung erfordert umfangreiche Investitionen, schafft aber auch zahlreiche Arbeitsplätze.

Die dauerhaft angelegten langlebigen Anlagen und Netze der technischen Infrastruktur verlangen eine besonders sorgfältige Planung bei Beachtung der Wechselwirkungen zwischen ökologischen, sozialen und ökonomischen Prozessen. In den historisch belasteten Regionen sind ökologisch verträgliche Lösungen bei den Flächennutzungskonkurrenzen besonders wichtig. Die umfangreichen ökologischen und sozialen Funktionen urbaner Freiräume (insbesondere der Grünflächen und Auengebiete) werden oft nicht gebührend beachtet und geschützt.

Ökologisch negative Flächenbeanspruchung kann nicht in jedem Fall durch Ausgleichsmaßnahmen kompensiert werden; hier ist größere Sorgfalt angebracht. Eingriffe in die Flußauenlandschaften zeigen dies besonders gravierend.

Eine geordnete Flächenhaushaltspolitik auf der Basis eines differenzierten Flächenkatasters als Bestandteil eines Geographischen Informationssystems (GIS) ist neben Planungskompetenz eine Notwendigkeit der Gegenwart.

Der Flächenbedarf für Verkehrsanlagen und -netze steigt im Zuge des Strukturwandels und der zunehmenden Motorisierung besonders schnell. Vorausschauende, sorgfältige Trassen- und Anlagenplanung (ruhender Verkehr) kann die negativen Umweltbelastungen spürbar reduzieren.

Aus den technischen, ökonomischen und ökologischen Merkmalen der Anlagen und Netze der Infrastruktur erwächst die Notwendigkeit einer Planung über Länder- und Kommunalgrenzen hinaus. Der Staatsvertrag zwischen dem Freistaat Sachsen und dem Land Sachsen-Anhalt bietet die Basis für die länderübergreifende Raumordnung und Landesplanung einschließlich der Regionalplanung für den Raum Halle-Leipzig.

Regionale Planungsverbände auf Kreisebene sind für die Planung der technischen Infrastruktur im Rahmen der Regionalplanung ebenso ein Erfordernis wie für eine effektive Raumplanung generell. Vorschläge der Geographen der Martin-Luther-Universität, bereits im April 1990 einen Regionalverband zu gründen, fanden bei den Parteien wenig Anklang. Die Zeit scheint immer noch nicht reif dafür, daß alle Kommunen und Kreistage die Bedeutung der Komplexität der Regionalentwicklung erkennen. Die gewonnene Freiheit von den Zwängen der Territorialplanung in der DDR wird *so* leider falsch interpretiert.

Literatur

Autorenkollektiv (1992): Stadtökologische Forschungen im Raum Halle. Teil 1: Sozioökonomische Untersuchungen. F-/E-Bericht Martin-Luther-Universität, Fachbereich Geowissenschaften, Institut für Geographie. Halle.

Flächenhaushaltspolitik (1988). Ein Beitrag zum Bodenschutz. Veröffentlichungen der Akad. für Raumforschung und Landesplanung. Forschungs- u. Sitzungsberichte 173. Hannover.

Planungsgesellschaft Bahnbau Deutsche Einheit mbH (Hrsg.) (1993):
Verkehrsprojekt Deutsche Einheit – Schiene – Nr. 8. Unterlagen zur Landesplanerischen Abstimmung einschließlich Umweltverträglichkeitsstudie (UVS).

Walossek, W., F. Herrmann und Th. Michel (1988): Stadtentwicklungsbedingungen aus der Sicht der Abwasserentsorgung für die Städtischen Planungseinheiten von Halle (Saale). Anlage zum F-/E-Bericht (G 4) „Modellstudien und Problemlösungen zur Diagnose gebietlicher Reproduktionsbedingungen in Stadtregionen der Ballungsgebiete im Süden der DDR – Stadtregion Halle und Vergleichsgebiete". F-/E-Bericht (Arbeitsstufe 2). Teil Flächennutzung und technische Infrastruktur. Sektion Geographie der Martin-Luther-Universität Halle-Wittenberg. Halle.

Wechselseitige Beeinflussung von Umweltvorsorge und Raumordnung (1987). Veröffentlichungen der Akad. für Raumforschung und Landesplanung. Forschungs- u. Sitzungsberichte 165. Hannover.

KONFRONTATION DER STADTPLANUNG UND STADTENTWICKLUNG MIT DEM IMMOBILIENMARKT: DAS BEISPIEL LEIPZIG

Helga Schmidt, Halle

1. Problemstellung

Unterstützt durch Bund-Länder-Programme, konnte in den ostdeutschen Städten seit 1990 der jahrzehntelange Verfall der Bausubstanz gestoppt und ein sichtbarer städtebaulicher Aufschwung erreicht werden.

In diesem Prozeß der Stadterneuerung kommt der kommunalen Bodenpolitik eine entscheidende Rolle zu. Zukunftsorientierte Stadtplanung bedarf eines Verfügungsrechts über den Boden. Das bundesdeutsche Planungsrecht, vor allem die im Baugesetzbuch verankerte Bodenordnung, unterstützt die Möglichkeiten einer zukunftsorientierten Flächennutzungs- und Bebauungsplanung.

Tab. 1: Grundbesitz der Stadt Leipzig 1936
(Stadtfläche insgesamt: 14 800 ha)

5 920 ha in der Stadt (= 40%)
3 800 ha im Umland
200 ha Waldflächen
100 ha Parkflächen
10 020 ha insgesamt

Mehr als 40% der Leipziger Stadtfläche waren bis 1945 im städtischen Besitz, dazu kamen zahlreiche Ländereien außerhalb der Gemarkungsgrenzen (Tab. 1). Es sind insgesamt etwa 10 000 Hektar Grundbesitz, über die seit der Wiedervereinigung die Treuhand verfügt. Jetzt geht der Altbesitz an die Stadt zurück. Für Leipzig bedeutet vor allem auch der Grundbesitz im Umland der Stadt eine gute Chance, eine mit den Umlandgemeinden abgestimmte Flächennutzungsplanung zu betreiben.

Trotz der Anpassungsschwierigkeiten an ein neues Wirtschaftssystem ist Leipzig, gemessen an seiner Größe, derzeit der lebhafteste Immobilienmarkt in Deutschland. Der wirtschaftliche Aufschwung der Stadt spiegelt sich in einem bedeutenden Gründungsboom für neue Unternehmen wider. Die Stadtverwaltung fördert diese Entwicklung nach Kräften, wie das stadtpolitische Entwicklungskonzept des Amtes für Wirtschaftsförderung zeigt:

- Bis 1996 Bau der „Neuen Leipziger Messe" am Standort Wiederitzsch-Seehausen (180 ha, 1,5 Mrd. DM Baukosten),
- Ausbau zum Standort für Medienwirtschaft mit Ansiedlungen im Graphischen Viertel sowie auf dem ehemaligen Schlachthofgelände für den Mitteldeutschen Rundfunk (120 ha, 450 Mio DM Baukosten),
- Ausbau als Finanzzentrum, Standort der Landeszentralbank für Thüringen und Sachsen sowie über 100 Kopffilialen der deutschen Großbanken,

- Bau des Güterverkehrszentrums und Rangierbahnhofs Leipzig-Wahren auf einer Fläche von 500 ha bis zum Jahr 2000,
- Großprojekt Mitteldeutsches Dienstleistungszentrum mit dem Technischen Zentrum der Deutschen Bank, dem Mitteldeutschen Mode Center sowie einem Hotel- und Kongreßzentrum am Schkeuditzer Roßberg (24 ha),
- Medizinisch-wissenschaftliches Zentrum für 2,8 Mrd. DM und 6 400 Arbeitsplätzen am Standort Leipzig-Probstheida.

Leipzig hat sich schnell zum größten Handels-, Finanz- und Dienstleistungszentrum in den neuen Bundesländern entwickelt. Die bereits begonnenen bzw. geplanten Bauvorhaben wirken als Multiplikator der Anziehungskraft von Stadt und Region und lösen lebhafte immobilienwirtschaftliche Reaktionen aus.

2. Entwicklung des Bauland- und Immobilienmarktes in Leipzig

Der gesamte wirtschaftliche Strukturwandel der Stadtregion Leipzig ist geprägt durch anhaltende Deindustrialisierung und eine starke Zunahme der Beschäftigten in den Branchen Handel, Banken, Versicherungen, Medien und sonstige Dienstleistungsbereiche. Diese Entwicklung wirkt sich in erheblichem Maße auf dem Grundstücksmarkt aus.

Seit 1990 wurden von der Stadtverwaltung Standortbescheide erteilt, die in den nächsten drei bis vier Jahren ein Investitionsvolumen von 5,7 Mrd. DM mit vertraglich zugesicherten 42 000 Arbeitsplätzen umfassen. Von den Investoren kommen ca. 80 % aus den alten Bundesländern sowie Westeuropa, 5–10 % sind öffentliche Bauvorhaben. Dieser Bauboom spiegelt sich auch in den Baulandpreisen wider (Tab. 2).

Tab. 2: Baulandpreise in Leipzig 1992 in DM/qm

Region	Wohnbauland	Gewerbebauland
Mitte	749	469
Nord	391	160
Ost	302	251
Süd	432	194
West	311	136
Stadt	390	198

Quelle: Stadtvermessungsamt Leipzig

Die Voraussetzungen für eine kleinräumige Bodenpreisanalyse sind derzeit noch nicht gegeben. Die Bodenpreise streuen stark. Für Grundstücke gleicher Lage, mit gleichen Zustandsmerkmalen, oft unmittelbar benachbart, werden extrem hohe und auch extrem niedrige Preise erzielt. Verhältnisse von 3:1 und sogar 4:1 sind keine Seltenheit. Die Baulandpreise für unbebaute Grundstücke beziehen sich auf 432 Kauffälle, ausgenommen waren Verkäufe in der City.

Der relativ hohe Durchschnittswert bei Wohnbauland in der Preisregion Mitte resultiert aus Verkäufen in den citynah gelegenen gründerzeitlichen Wohngebieten Musik- und Waldstraßenviertel.

Die Preisregionen Nord und Süd sind offenbar bevorzugte Standorte. Während in der Preisregion Süd ein Wohnbaulandpreis von 400 DM/qm erzielt wird, sinkt er in den westlichen Stadtteilen Kleinzschocher, Leutzsch und Lindenau auf durchschnittlich 310 DM/qm ab. Der Gesamtmittelwert von 390 DM/qm für baureifes Wohnbauland spiegelt die realen Verhältnisse des Leipziger Grundstückmarktes wider.

Die Mehrzahl der Verkaufsfälle bei baureifem Gewerbebauland lag in den Regionen Mitte und Ost. Der Mittelwert von 198 DM/qm zeigt das Marktverhalten an diesen Standorten. Das gewerbliche Rohbauland wurde im Mittel mit 73 DM/qm gehandelt. Die Flächen konzentrieren sich im Norden und Osten der Stadt. 1990 wurde der Quadratmeter gewerbliches Rohbauland noch für 5 DM/qm abgegeben.

Nachdem der Markt zunehmend funktionstüchtig wird, sind überhöhte Preise nicht mehr zu erzielen. Entsprechend den typischen Nutzungsformen der Stadt haben sich seit Mitte 1993 folgende lagebedingte Grundstückspreise herausgebildet:

- Für Cityobjekte werden 6 300 bis 16 200,- DM/qm je nach Lage und Geschoßflächenzahl gezahlt.
- Am Cityrand ergeben sich für Dienstleistungs-, Hotel- und Bürostandorte 1 000 bis 7 800 DM/qm.
- Für Gewerbestandorte am Cityrand werden 150 bis 250 DM/qm erzielt.
- Im bevorzugten Umland ergeben sich 80 bis 150 DM/qm.
- Für Wohnungsbaugrundstücke im Citybereich werden 300 bis 1 000 DM/qm gezahlt.
- Wohnbauland in der Stadtrandzone kostet dagegen nur 55 DM/qm.

Tab. 3: Immobilien in Leipzig 1992 nach Baugebieten in Mio DM

Region	Fläche unbebaut	Fläche bebaut	ETW	Summe
Mitte	223,27	1.225,56	6,14	1.454,97
Nord	127,18	263,94	78,96	470,08
Ost	222,75	259,40	45,79	527,94
Süd	21,34	70,26	13,08	104,68
West	109,86	282,13	25,14	417,13
Stadt	704,40	2.101,29	169,12	2.974,81

Quelle: Stadtvermessungsamt Leipzig

Um die Abhängigkeit von der Nutzungsstruktur der Stadt zu erkennen, wurde der Umsatz im Immobiliensektor nach Stadtteilen differenziert (Tab. 3). Zwei Hauptmerkmale lassen sich hervorheben:

(1) Bei nur knapp 13 % Flächenanteil entfallen knapp 50 % des Umsatzes auf die City und die citynahen Bereiche City Nord, City Süd, Medienviertel sowie die Wohngebiete Waldstraßenviertel und Musikviertel.
(2) Die Südregion, immerhin mit ca. 21 % Flächenanteil an der Stadt, weist sowohl im Geld- als auch im Flächenumsatz mit jeweils 3,5 % einen äußerst geringen Anteil am gesamten Marktgeschehen der Stadt auf. Die Ursachen für das derzeit geringe Interesse an dieser Region liegen vermutlich in der schlechten Verkehrsanbindung an das Umland und der Nähe zu den Braunkohlentagebauen im Weichbild der Stadt. Die Regionen Nord, Ost und West sind bei den Verkaufsfällen und Umsätzen in etwa gleicher Größenordnung beteiligt.

3. Beziehungen zwischen Bauvorhaben und Projektentwicklung

Die Stadt berücksichtigt bei der Flächennutzungs- und Bebauungsplanung vor allem folgende Sachverhalte:
- Das Hauptinteresse des Grundstücksmarktes ist seit 1990 auf die mit 48 ha sehr kleine City und die citynahen Bereiche jenseits des Promenadenrings gerichtet. Banken, Versicherungen, Hotelgewerbe und Handelsketten drängen auf den Markt. Die Bausubstanz der City stammt zu großen Teilen aus der Zeit vor und um 1900, wobei die meisten Gebäude unter Denkmalschutz stehen. Der Erhaltungszustand ist im allgemeinen nicht zufriedenstellend. Infolge Kriegsschäden und Abriß gab und gibt es noch relativ viele Freiflächen in der City und im citynahen Bereich.
- Die hochverdichtete City wird 1993/94 einen vollständigen Wandel erfahren (Abb. 1). Insgesamt entstehen derzeit in der City 25 Objekte mit zusammen 250 000 qm Bürofläche. Die Fußgängerbereiche entwickeln sich zu attraktiven Einzelhandelslagen. Die in Leipzig historisch gewachsenen Einkaufspassagen werden revitalisiert und erweitert, die Waren- und Kaufhäuser großstadtgerecht ausgebaut. Büro- und Geschäftshäuser entstehen teilweise auch unter Nutzung der alten Messepaläste (Dresdner Hof, 10 500 qm, Specks Hof, 12 500 qm), die von der Messegesellschaft verkauft worden sind.
Die geplanten Vorhaben tragen dazu bei, den unverwechselbaren Charakter der Leipziger City als Einkaufszentrum mit Passagen, Innenhöfen, Galerien wiederherzustellen (Abb. 2).
- Nach wie vor kritisch muß die anhaltend unkoordinierte Ausweisung von Gebieten für großflächigen Einzelhandel im Leipziger Umland verfolgt werden, die in Konkurrenz zum innerstädtischen Einzelhandelsangebot stehen. Bereits vorhandene Überkapazitäten werden deutlich durch folgende Zahlen. An einem Tag wurden im Saalepark bei Günthersdorf 58 600 Kunden gezählt, zur gleichen Zeit in der Leipziger Innenstadt 59 000. Im Großraum Leipzig mit angrenzenden Gebieten von Sachsen-Anhalt sollen weitere 990 000 qm Verkaufsflächen in großflächigen Handelseinrichtungen entstehen

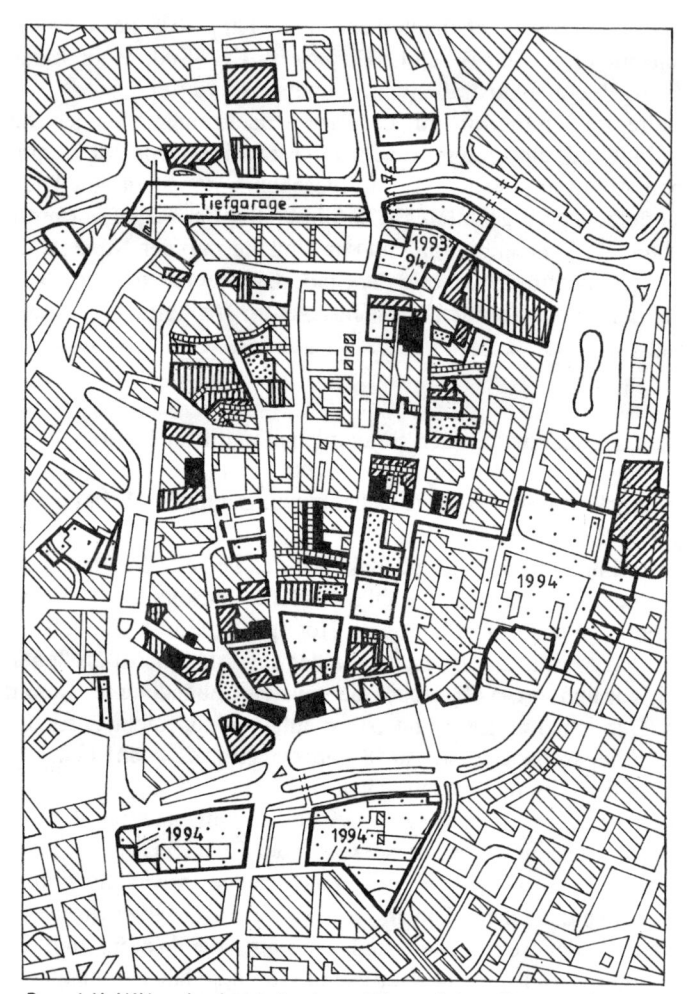

Abb. 1: Bauaktivitäten in der Leipziger City und den Cityerweiterungsgebieten (Stand September 1993)

Bauvorhaben in der Leipziger City [Stand 1993]

Warenhäuser / Kaufhäuser
- W1 Petersstraße — Karstadt
- W2 Preußergäßchen — Peek & Cloppenburg
- W3 Grimm. Straße — Kaufhof
- W4 Neumarkt — Kaufhof
- W5 Markgr. straße — C & A

Hotels
- H1 Hallisches Tor — Mövenpick
- H2 Brühl (einschl. Erw. Parkhotel) — Hotel Stadt Leipzig
- H3 Gr. Fleischerga. — N.N. / Fa. Munte
- H4 Nikolaistraße — Hotel Maritim

Banken / Versicherungen
- B1 Burgplatz — ab 3.OG DB, Hypobank, ADAC
- B2 H.-Licht-Str — Erw. Deutsche Bank
- B3 Thomas-Kirche — Commerzbank
- B4 Brühl / Ritterstr. — Dt. Bau u. Bodenbank
- B5 Hainstr 6/8 — Bay. Landesbank
- B6 Schulstr. — Bay. Hypobank
- B7 Petersstr 22/24 (Grönländer) — Westdt. Landesbank
- B8 Brühl 10/12 — Leonberger Bausparkasse
- B9 Schillerstr. 6 — BHF - Bank
- V1 Grimm. Str. 23 — Alte Leipziger

Bürohäuser
- BH1 Reichsstr. — Specks-Hof/Bilfinger
- BH2 Mädler Pass. — Schneider AG
- BH3 Kupfergasse — Dresdner Hof AG
- BH4 Klostergasse — Paulaner Palais
- BH5 Bartels Hof — Schneider AG
- BH6 Brühl — Zübling AG
- BH7 Brühl — Heeger
- BH8 Burgplatz — Bauwenshaus

Abb. 2: Bauvorhaben in der Leipziger City (Stand 1993)

(Planungsstand September 1993). Auf jeden Leipziger kommen zur Zeit 0,63 qm Verkaufsfläche, im Umland mit einem Radius von 15 km sind es pro Kopf schon über 4 qm. Um diesen Wildwuchs zu stoppen, wäre ein strikter Ansiedlungsstopp für jeglichen großflächigen Handel außerhalb der Stadt erforderlich.

- Da weder alle Handels- noch Bürofunktionen im nachgefragten Maße innerhalb des flächenlimitierten Innenstadtrings untergebracht werden können, konzentriert sich der Schwerpunkt der Stadtentwicklung künftig auf die „Ringlagen", die City-Süd und City-Nord. Schrittweise werden hier ab 1994 attraktive Büros und Warenhäuser, Hotels sowie umfangreiche Laden-, Dienstleistungs-, Gastronomie- und Wohnflächen entstehen.
- Neubaumaßnahmen in direkter „Ringlage" sind nur noch in Einzelfällen möglich. Die wichtigsten Komplementärlagen zur City sind das östlich des Innenstadtringes anschließende Graphische Viertel sowie das Gelände der Technischen Messe, mit dessen Verkauf der Neubau im Norden der Stadt mitfinanziert wird, sowie das Gelände des ehemaligen Schlachthofs. Hier ergeben sich in drei bis vier Jahren Entwicklungschancen für Ansiedlungen von Büro-, Verwaltungs-, Kultur- und Wissenschaftseinrichtungen sowie für den Wohnungsbau, die weder im Cityrandbereich noch in der engeren Innenstadt vorhanden sind. Als Entwicklungsachsen für großteiligere Büro- und Gewerbeflächen sind insbesondere die wichtigsten Ausfallstraßen vorgesehen (vgl. Abb. 3). Insgesamt befinden sich 500 000 qm Bürofläche im Bau und weitere 800 000 qm in der Planung. Der Gesamtbedarf wird mit 2,0-2,8 Mio qm bis zum Jahr 2010 angegeben.
- Als Gegengewicht zu den Shopping Center auf der grünen Wiese werden in den wichtigsten Wohngebieten neue Stadtteilzentren errichtet. Ein Beispiel dafür ist das Center im Neubaugebiet Leipzig-Mockau, fertiggestellt im März 1993. Es umfaßt 20 Geschäfte, einen Verbrauchermarkt und wichtige Service-Einrichtungen wie Sparkasse, Reisebüro, Arztpraxen, Apotheke, Restaurants. Die Miete beträgt 20,- DM/qm. Das Parkproblem wurde durch eine überdachte Parkfläche mit 340 Stellplätzen gelöst. Es ist zu hoffen, daß sich durch den Ausbau oder Neubau von bestehenden bzw. neuangesiedelten Stadtteil- und Einkaufszentren ab Mitte der 90er Jahre eine deutliche Innenstadtorientierung akzentuieren kann. Da die geplanten Stadtteilzentren neue Attraktivität versprechen, schnellen die Bodenpreise an diesen Standorten in die Höhe: Am Connewitzer Kreuz beispielsweise beträgt der Bodenpreis 1993 mit 1 500 DM/qm das Doppelte gegenüber 1991.
- Ein nachhaltiger Bedarfsschwerpunkt der Stadtentwicklung liegt in der Schaffung und Sanierung von Wohnraum für alle Preis- und Bedarfsgruppen. Gegenwärtig vollzieht sich in Leipzig die gegenüber den Großwohnsiedlungen der 80er Jahre „normalisierte" Wohnbautätigkeit in weit größerem Maße im Rahmen der Innenstadtentwicklung, d. h. in der Sicherung des Gebäudebestandes, in der Baulückenschließung sowie in der kleinräumigen Umnutzung vorhandener Bausubstanz und Bauflächen. Der Wohnungsbedarf lag 1993 bei 10 000 Wohnungen und bei einem Sanierungspotential von rd.

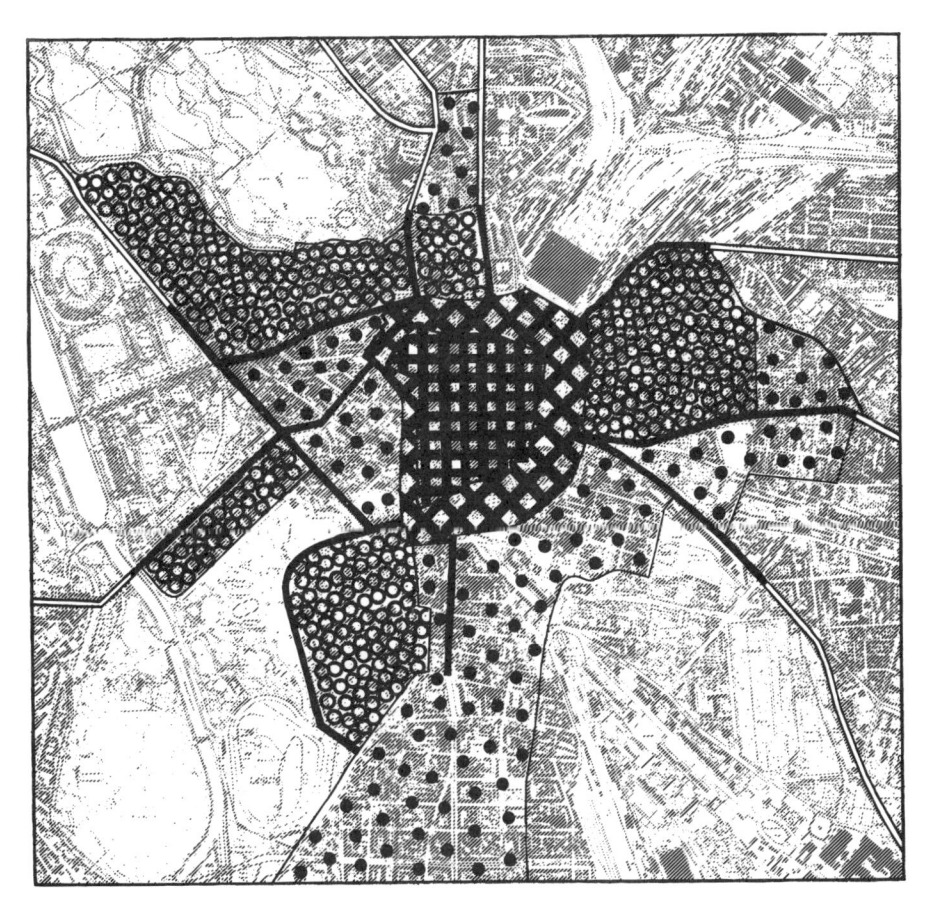

Büromietwerte 1993 in der Innenstadt Leipzig
Quelle: Markt und Fakten 1993 / 94

- 1a Lage Citykern / bis DM 40,- / m²
- 1a Lage Ringstraße / DM 35,- bis 40,- / m²
- 1b Lage bevorzugte Wohnviertel / DM 30,- bis 35,- / m²
- 2a Lage Misch- und Wohnviertel / DM 25,- bis 30,- / m²
- 1b Lage Ausfallstraße / Dm 30,- bis 40.- / m²
- 2a Lage Ausfallstraße [Außenbezirke] / DM 25,- bis 30,- / m²

Abb. 3: Büromietwerte 1993 in der Innenstadt Leipzig

200 000 Wohnungen, das sich auf insgesamt 19 gründerzeitliche Sanierungsgebiete sowie die randstädtischen Großwohnstandorte Grünau und Paunsdorf verteilt. Großflächige Wohnbauareale können z. Z. noch nicht erschlossen werden, da die entsprechend dimensionierten infrastrukturellen Vorleistungen fehlen. Zur Komplettierung der Neubaugebiete sollen in Paunsdorf auf ca. 40 000 qm Grundstücksflächen ca. 6 000 Wohneinheiten entstehen. Eine

- Bestandserweiterung ist auch in Grünau auf ca. 300 000 qm Grundstücksfläche mit 2 000 Wohneinheiten vorgesehen.
- Das Gewerbeflächenangebot der Stadt Leipzig beträgt ca. 1 000 ha, darin sind 180 ha für den Neubau der Leipziger Messe enthalten. Mit der Erschließung von Gewerbeflächen und Gewerbeparks wurde bereits 1992 begonnen. In den Gewerbeparks siedeln sich hauptsächlich klein und mittlere Unternehmen an. Damit wird teilweise auch eine Verlagerung aus Sanierungsgebieten der Stadt möglich. Vorgesehen sind meist Büro- und Verwaltungsgebäude mit integrierten Lager- und Serviceflächen. Produktive Bereiche fehlen weitgehend. Zahlreich projektierte und bereits realisierte Objekte für Gewerbeparks liegen jedoch im Umland von Leipzig, vor allem zwischen Halle und Leipzig entlang der A 14 und B 6. Sie fördern die Tendenz beider Städte, sich aufeinander zuzuentwickeln und einen einheitlichen Wirtschaftsraum zu bilden. Im Raum Halle-Leipzig werden derzeit von insgesamt 110 Gewerbegebieten 56 öffentlich mit einem Erschließungsaufwand von über 800 Mio Mark gefördert. Der Flächenverbrauch beträgt ca. 1 418 ha. 60 % der Gewerbeflächen sind nach Angaben der Wirtschaftsförderung Sachsen bereits an Investoren vergeben.

Demgegenüber nehmen sich die Bemühungen zur Bestandssicherung ansässiger Betriebe in der Innenstadt sehr bescheiden aus. Bei differenzierter Betrachtung der innerstädtischen Industriebrachen wird deutlich, daß die Nachnutzung des Gebäudebestandes und der Flächen vorwiegend durch Dienstleistungen erfolgt.

4. Schlußfolgerungen

Nach nur 18 Monaten Bearbeitungszeit liegt für die Stadt Leipzig bereits ein Flächennutzungsplan vor. Wichtige Änderungen gegenüber dem Flächennutzungsplan von 1989 sind die Ausweisung neuer Gewerbe-, Misch- und Sondergebiete. Für Investoren ergibt sich damit eine größere Planungssicherheit. Die Stadtverwaltung legt großen Wert auf transparente stadtplanerische Entscheidungen. Um den Verkauf von Grundstücken aus städtischem Besitz schneller zu regeln, wurde ein mit neun Abgeordneten besetzter Grundstücksverkehrsausschuß gebildet, der über Kauf und Verkauf von Grundstücken entscheidet.

Eine zukunftsträchtige Entwicklung der Stadt erfordert vor allem die Modernisierung und Ergänzung der Infrastruktur sowie die Sanierung und Erweiterung des Wohnungsbestandes. Nur bei einer befriedigenden Infrastrukturausstattung und einem ausreichenden Wohnungangebot werden sich neue Unternehmen in der Region ansiedeln und neue Arbeitsplätze schaffen.

Dem Immobilienmarkt kommt in diesem Prozeß eine Doppelrolle zu. Einerseits löst er vielfältige Investitionen mit entsprechender Kapitalbildung aus, andererseits ist er der unmittelbare Nutznießer dieser differenzierten Investitionstätigkeit, z. B. durch die Bildung „neuer Lagen" und Nutzungsstrukturen innerhalb der Stadt. Die Vielzahl der in Aufstellung befindlichen Bebauungspläne läßt vermuten, daß die Stadt auf dem besten Wege ist, die anstehenden Probleme zu lösen.

Literatur

Aengevelt/Research (1993): City-Report Leipzig-Halle 1993/1994, Nr. 2. Leipzig.
Jones Long Wootton, GmbH (1993): The German Property Market 1993. Frankfurt/Main.
Mai, U. (1975): Städtische Bodenwerte und ökonomische Raumstrukturen. Erläuterungen zu einer Bodenwertkarte der Stadt Bielefeld. In: Geographische Rundschau 27, S. 293–302.
Stadt Leipzig, Stadtvermessungsamt (1993): Der Grundstücksmarkt Leipzig im Jahr 1992. Leipzig.
Wachter, D. (1993): Bodenmarktpolitik. Bern, Stuttgart, Wien.

VERZEICHNIS DER AUTOREN

Dr. Andreas Berkner, Diplom-Geograph,
Leiter der Braunkohlenplanungsstelle,
Staatliches Umweltfachamt Leipzig, Bautznerstr. 67,
04347 Leipzig

Prof. Dr. Hans-Heinrich Blotevogel,
Fach Geographie, Gerhard-Mercator-Universität – GHS – Duisburg,
47048 Duisburg

Prof. Dr. Bernhard Butzin,
Geographisches Institut, Ruhr-Universität Bochum,
44780 Bochum

Dr. Christof Ellger,
Institut für Geographische Wissenschaften,
FU Berlin, Grunewaldstr. 35,
12165 Berlin

Prof. Dr. Jürgen Gramke, Verbandsdirektor,
Kommunalverband Ruhrgebiet, Kronprinzenstr. 35,
45128 Essen

Prof. Dr. Hans-Dieter Haas,
Institut für Wirtschaftsgeographie, Universität München,
Ludwigstr. 28,
80539 München

Dr. Josef Hilbert,
Institut Arbeit und Technik, Florastr. 26-28,
45879 Gelsenkirchen

Prof. Dr. Manfred Hommel,
Geographisches Institut, Ruhr-Universität Bochum,
44780 Bochum

Prof. Dr. Klaus R. Kunzmann,
Institut für Raumplanung, Universität Dortmund,
44221 Dortmund

Dr. Robert Marks, Diplom-Geograph, Leiter der Unteren Landschaftsbehörde, Stadt Dortmund, Umweltamt,
44122 Dortmund

Prof. Dr. Günther Meyer,
Geographisches Institut, Johannes-Gutenberg-Universität Mainz,
55099 Mainz

Dr. Hans-Peter Noll, Diplom-Geograph, Geschäftsführer, Entwicklungsagentur Östliches Ruhrgebiet, Kleiweg 10,
59192 Bergkamen

Prof. Dr. Franz Schaffer,
Lehrstuhl für Sozial- und Wirtschaftsgeographie der
Universität Augsburg, Universitätsstr. 10,
86135 Augsburg

Prof. Dr. Eike W. Schamp,
Institut für Wirtschafts- und Sozialgeographie,
Johann-Wolfgang Goethe-Universität
Frankfurt, Dantestr. 9,
60325 Frankfurt

Dr. Helga Schmidt,
Institut für Geographie, Martin-Luther-Universität Halle-Wittenberg,
06099 Halle (Saale)

Prof. Dr. Georg Simonis,
Fernuniversität Hagen,
58084 Hagen

Prof. Dr. Otto Sporbeck,
Büro Froelich & Sporbeck, Herner Str. 299,
44809 Bochum

Dr. Rolf Sternberg,
Geographisches Institut, Universität Hannover, Schneiderberg 50,
30167 Hannover

Dr. Wolfgang Walossek,
Institut für Geographie, Martin-Luther-Universität Halle-Wittenberg,
06099 Halle (Saale)